WILFRIED ERDMANN

Mein Schicksal heißt ›Kathena‹

Als Einhandsegler um die Welt

Delius Klasing Verlag

Von Wilfried Erdmann sind noch folgende Titel erschienen:
Gegenwind im Paradies, Köln, 1980
Tausend Tage Robinson, Köln, 1983
Der blaue Traum, Köln, 1983
Segeln auf See, Bielefeld, 1995
Die magische Route, Bielefeld, 1995
Ein unmöglicher Törn, Bielefeld, 1996
Mein grenzenloses Seestück, Bielefeld, 1997
Das Logbuch, Hamburg, 1999
Segeln mit Wilfried Erdmann, Hamburg, 2004
Allein gegen den Wind, Bielefeld, 2004
Ein deutscher Segelsommer, Bielefeld, 2004
Segelzeit, Bielefeld, 2006
Nordsee-Blicke, Bielefeld, 2006
Ostsee-Blicke, Bielefeld, 2008

Bibliografische Information der Deutschen Nationalbibliothek
Die Deutsche Nationalbibliothek verzeichnet diese Publikation
in der Deutschen Nationalbibliografie; detaillierte bibliografische
Daten sind im Internet über http://dnb.d-nb.de abrufbar.

3. Auflage
ISBN 978-3-7688-3254-0

Das Buch erschien 1969 als Jugendbuch im Oetinger Verlag, Hamburg,
und 1986 bei Edition Maritim, Hamburg.
Der Text wurde von Ortwin Fink bearbeitet.
Fotos:
Titelfoto: Wilfried Erdmann
Bild/Peter Timm, Hamburg 230, 237, 242 o.
Bild/Heiner Wederhake. Hamburg 245
Kai Greiser, Hamburg 61 o. + u.
Quick/Lutz Bergmann, Hamburg 228/229
stern/Anders, Hamburg 11
YACHT/Hamburg 254/255
Alle anderen Fotos Wilfried Erdmann, Goltoft
Umschlaggestaltung: Buchholz/Hinsch/Hensinger, Hamburg
Druck und Bucheinband: CPI – Clausen & Bosse, Leck
Printed in Germany 2011

Delius Klasing Verlag, Siekerwall 21, 33602 Bielefeld
Tel.: 0521/559-0, Fax: 0521/559-115
E-Mail: info@delius-klasing.de
www.delius-klasing.de

DELIUS KLASING

Inhalt

Vorwort zur Neuauflage

»Allein um die Welt segeln« – von diesem Satz geht ein unwiderstehlicher Sog aus. Das klingt mutig, verführerisch, wild. Man denkt an Einsamkeit und stürmische Nachtwachen, sieht ferne Horizonte, hört die Brandung aufs Riff donnern und läßt sich von tropischen Gerüchen einlullen.

Genau das wollte ich damals – allein um die Erde segeln. Unter diesem Aspekt erwarb ich 1965 im Hafen von Alicante, an der spanischen Mittelmeerküste, meine erste KATHENA. Eher zufällig fand ich das zum Verkauf stehende Boot. Das Wunderbare an der zufälligen Begegnung war, daß ich nicht ahnte, daß das sieben Meter lange Boot zu meinem Schicksal wurde. Es brachte mich tatsächlich um die Welt, mit eindrucksvollen Erlebnissen auf dem Meer wie unter Palmen, ich lernte unterwegs meine Frau kennen, und überhaupt bestimmte das Boot mein Leben.

Der Name KATHENA begleitet mich heute noch – mehr als 40 Jahre danach. Alle nachfolgenden Schiffe bekamen diesen Namen. Einmal wurde eine Zahl angefügt, ein anderes Mal ein Attribut. Ich segelte mit diesem Namen über alle Weltmeere – allein und mit Familie, mal härter – nonstop und solo, mal ganz nah – mit einer Jolle durch die mecklenburgischen Gewässer oder rund um unsere beiden Hausmeere – die Nord- und Ostsee. Mein weiteres Leben unter Segel, nach der ersten Fahrt, habe ich weder angestrebt noch war es geplant, es ist mir einfach so zugefallen.

Dies ist nun die Geschichte, wie alles begann. Mitte der 1960er-Jahre – zu einer Zeit, als Weltumsegeln in Deutschland überhaupt nicht populär und folglich eine echte Sensation war – segelte ich allein um die Erde. Außerdem zu einer Zeit, als Ozeansegeln noch nicht von Selbststeueranlagen, Rollsegeln und GPS diktiert wurde. Ich orientierte mich mit Hilfe des Sextanten, pflegte mein Rigg mit Klarlack und Leinöl, beherrschte das Morsealphabet.

Ich unternahm die Fahrt damals mit sehr geringen Mitteln und einem Boot, das weder für eine solche Reise konstruiert noch gebaut war. Ja, selbst das Segeln habe ich mit meinem gerade erworbenen Boot erst gelernt – das aufgeschlagene Lehrbuch im Cockpit. Das mag sich rückblickend verwegen anhören, aber ich war mir der Gefahren eines solchen Abenteuers sehr wohl, ja, vielleicht allzu sehr bewußt und deshalb höchst aufmerksam. Daß mir die Einhand-Weltumseglung gelang, lag hauptsächlich daran, daß ich mit sehr viel Willen und noch mehr Leidenschaft dabei war. Als die hölzerne KATHENA durch Wurmfraß zuviel Wasser zog, brach ich die Reise nicht ab, sondern nahm Streichhölzer und dichtete die Löcher damit. Und: Hindernisse wie Geldmangel, zerfetzte Segel, hübsche Mädchen konnten mich unbekümmerten Fant nicht aufhalten. Nach 20 Monaten, am 7. Mai 1968 war ich samt Boot in Helgoland.

Danach fehlte es jedoch beim Abfassen dieses Erlebnisberichtes an Zähigkeit, an Ausdauer. Das weiße Blatt Papier wirkte nach der Weite des Meeres einengend. Ich gab das Aufschreiben nach gut 100 Seiten auf. Daß es letztlich doch zu diesem Buch gekommen ist, habe ich dem STERN-Journalisten Ortwin Fink zu danken, mit dem ich mich befreundete. Er hat an Hand meiner Aufzeichnungen, Tage- und Logbücher dieses Buch bearbeitet. 1969 wurde es als Jugendbuch im Oetinger Verlag veröffentlicht. Als ich das erste Exemplar in der Hand hielt, war ich schon wieder auf Tahiti im Südpazifik.

KATHENA hat Tahiti leider nie wieder erreicht. Für 8000 Mark habe ich sie nach meiner Fahrt verkauft. Über Elbe, Ostsee, Schlei, Main, Mittelmeer, Biggesee, Veere (Holland) ist sie inzwischen beim achten Eigner – nach mir – in Bonn/Hersel. Dort wird sie gerade generalüberholt und wieder in den Originalzustand zurückversetzt. Noch heute fühle ich mich diesem Schiff – durch das einzigartige Erlebnis einer gemeinsamen Aufgabe – mehr verbunden als allen nachfolgenden.

Die Besonderheit meiner damaligen Reise wirkt übrigens auch auf andere Weise bis heute nach: Im Laufe der Jahre erfuhr ich in vielen Gesprächen, dass gerade dieses Buch den ein oder anderen überhaupt zum Segeln gebracht hat. Ein Interview mit einem von ihnen habe ich – ganz aktuell – am Ende dieser Auflage angehängt.

Wilfried Erdmann, Goltoft, im Dezember 2010

Gibraltar

Flucht und Reinfall

Gibraltar, 10. September 1966

Meine Weltumseglung fing mit einem Reinfall an – im wahrsten Sinn des Wortes. Noch dazu war es ein folgenschwerer Reinfall, wie sich später erwies. Einen Tag später, als ich schon weit draußen auf dem Weltmeer segelte und in den Sturm geriet. Zum ersten Mal in meinem Leben und mutterseelenallein.

Der Reinfall fand am 9. September 1966 statt. Ich hatte mein Boot, die KATHENA, in der Bucht von Gibraltar verankert und war mit meinem Dingi, einem winzigen Schlauchboot, an Land gepaddelt, um ein wenig spazierenzugehen.

In der Main Street, der schmalen, kurzen Hauptgeschäftsstraße von Gibraltar, traf ich rein zufällig Astrid und ihre Mutter. Ich kannte die beiden nur flüchtig. Ihr schönes, großes Dreirumpfboot, der Trimaran ULTIMA RATIO, lag in der Nähe der KATHENA, und ich hatte einige Tage zuvor beobachtet, wie die beiden an Bord mit irgend etwas herumwerkelten, ohne zurechtzukommen. Da war ich mit dem Dingi hinübergepaddelt, hatte mich mit »Hallo!« vorgestellt und Hilfe angeboten. Es stellte sich heraus, daß der Unterwasserabfluß ihrer Toilette verstopft war. Ich tauchte in die ölige Brühe des Hafenwassers, behob den Schaden von außenbords und machte mich ohne Abschied davon.

Jetzt steuerten die beiden nach dem Einkaufsbummel in der Main Street auf mich zu und luden mich zu einem Drink, als Dank für meine Hilfe.
Wir saßen eine ganze Weile in dem kleinen Restaurant. Die beiden bestellten »Vino tinto«, spanischen Rotwein, ein Glas nach dem anderen. Und sie begannen zu fragen, woher ich komme und wie mein Boot ausgerüstet sei. Und vor allem, was ich eigentlich vorhätte.
Die Sache wurde mir unbequem. Erstens, weil ich es nicht mag, wenn man mich ausfragt. Und zweitens, weil mich selbst noch Zweifel quälten, ob ich's wirklich schon wagen wollte...
Die Sache wurde brenzlig, als ich – beim vielleicht fünften »Tinto« – feststellte, daß ich mich zu verlieben begann. Astrid war blond und hatte langes Haar. Haar ist das, was ich an Mädchen besonders mag. Beim vielleicht achten »Tinto« erkannte ich die Gefahr: Während meine Gedanken, ganz auf große Fahrt gerichtet, noch ziemlich unklar waren, begannen sich jetzt auch noch meine Gefühle zu verwirren. Ich drohte rettungslos an Land hängenzubleiben.
Da half nur die Flucht. Abrupt stand ich auf, gab spontan meine Absicht kund, am nächsten Morgen um acht zu einer längeren Segeltour auszulaufen – und ging schnurstracks zum Hafen. Betont aufrecht. Vielleicht ein wenig zu betont.
Ich fand mein Dingi an der Pier, sah draußen im Dunkeln verschwommen die Silhouette meiner KATHENA und paddelte heftig drauflos.
Da passierte mir der Reinfall von Gibraltar. Ich weiß nicht, ob ich mehr verwirrt als betrunken war. Jedenfalls griff ich zu kurz, als ich auf die KATHENA übersteigen wollte, fiel kopfüber ins Wasser und zog mich nur mit Mühe an Bord.
Ich ließ meine klitschnassen Klamotten einfach auf die Planken fallen, kletterte durch das enge Luk in die Kajüte, zog als letztes meine Armbanduhr aus, legte das teure Stück irgendwo aufs Bord und fiel todmüde in die Koje. Mein letzter Gedanke: Morgen werde ich es wagen.

Was gibt es Faszinierenderes: Allein mit einem Segelboot über die Weite des Meeres

Trimaran ULTIMA RATIO von Ingeborg von Heister

Am nächsten Morgen bin ich nicht mit meinem Boot unterwegs, sondern mit der ULTIMA RATIO. Astrid und ihre Mutter, Ingeborg von Heister, wollen nach Alicante segeln, und ich begleite sie. Schon am frühen Morgen war Astrid bei mir, um mich zu dieser Fahrt zu überreden. Da wir uns mochten, war es für mich keine Frage, zudem interessierte mich so ein großer Trimaran. Versorgt von Tochter und Mutter genoß ich den 4-Tage-Törn.
Erst am Sonnabend, dem 10. September 1966 ist es soweit. Nachdem ich mich in Alicante von den Frauen getrennt hatte, ist mein Entschluß unabänderlich geworden. Automatisch verrichte ich die letzten Handschläge – so als hätte ich nur eine kleine Routinefahrt vor. In meinem Logbuch steht darüber: *8 Uhr. Mit etwas verschlafenen Augen schaue ich aus dem Luk. Leichter Nebel liegt über Hafen und Bucht. Hieve Anker. Geht leicht aus dem Grund.*

Nehme an, daß sich das neblige Wetter später aufklart. Heiße Groß- und Vorsegel. Kreuze mit leichtem Nordostwind aus dem Hafen. Auf der Mole stehen einige Leute und winken. Ob jemand von ihnen ahnt, wo meine Reise hingeht? Erzählt habe ich es niemandem; man hätte doch nur gelächelt, denn zu viele hatten große Pläne und haben nichts erreicht.

Draußen, in der Straße von Gibraltar, wird der Nebel immer dichter. Dazu frischt der Wind auf und wird böig. Jetzt erst, als die KATHENA in der Dünung den Bug hebt und sich in der ersten Bö auf die Seite legt, kommt mir zu Bewußtsein, daß meine große Fahrt begonnen hat. Aber ich werde nicht recht froh darüber. Es ist seltsam bedrückend, in dichtem Nebel ganz allein zum erstenmal aufs offene Meer zu steuern und dabei nichts zu sehen. Wie benommen starre ich auf den Kompaß. Kurs Südwest, 230 Grad.

Plötzlich erschrecke ich zu Tode. Hinter mir ertönt ein Tuckern, das stetig näher kommt. Ein großes Schiff, das meine kleine hölzerne KATHENA auf dem Radarschirm sicherlich nicht erkennt. Und das auch ich nicht früh genug sehen kann, um noch rechtzeitig auszuweichen. Vertrackte Seefahrt im Nebel. Sonst ist einem in der Not ein anderes Schiff immer willkommen. Jetzt wird das andere Schiff selbst zur Gefahr.

»Die können mich samt meiner KATHENA unterbügeln, ohne daß sie es auch nur merken«, durchfährt es mich. Soll meine Reise, soll vielleicht sogar mein Leben schon hier und jetzt enden?

Das Motorengeräusch wird immer stärker. Ist das andere Schiff noch hundert Meter entfernt – oder nur noch dreißig? Man kann schlecht schätzen im Nebel. Mir wird meine Ohnmacht bewußt: Ich kann überhaupt nichts tun. Noch nicht einmal schreien. Die hören mich doch nicht.

Erst hinterher, als das Schiff zum Greifen nah vorbeigezogen ist, ohne daß ich es gesehen habe, erst da wird mir klar, daß ich dennoch fürchterlich geschrien haben muß. Meine Kehle ist trocken und rauh, das Kratzen im Hals läßt sich auch mit einem Schluck Wasser nicht wegspülen, die Beklemmungen in der Brust schon gar nicht.

Der Nebel bleibt während des ganzen Tages über der Straße von Gibraltar hängen, und als er sich gegen Abend endlich lichtet, werde ich auch nicht fröhlicher. Denn die erste Nacht in Einsamkeit auf See steht mir bevor. Und der Zeiger des Barometers wandert immer mehr in Richtung »Tief«. Das bedeutet Sturm!

In der Dämmerung frischt der Wind auf. Schräg von achtern, aus Nordost, türmt er die Wellen höher und höher gegen das Heck der KATHENA. Als die ersten Spritzer überkommen, drehe ich sieben Reffs in das Großsegel. Aber das hilft nicht lange. Immer heftiger pfeift der Wind in den Wanten. Ich schätze: Stärke sieben. Als es in der Dunkelheit backbord querab regelmäßig aufblitzt und ich vermuten kann, daß das der Leuchtturm von Kap Espartel ist, der äußersten Nordwestspitze Afrikas in der Nähe von Tanger, da muß ich das Großsegel ganz wegnehmen und segele bei gleicher Geschwindigkeit nur mit der Fock weiter.

Ich sitze seit dem frühen Morgen am Ruder. Eigentlich müßte ich jetzt nach dem nervenaufreibenden ersten Tag etwas schlafen und die KATHENA zum erstenmal der kunstvoll zurechtgebastelten Selbststeueranlage überlassen. Aber ich traue mich nicht.

Gegen Mitternacht ist es soweit: voller Sturm! Ich habe inbrünstig gehofft, einen Sturm erst dann zu erleben, wenn ich schon einige Erfahrungen auf See gesammelt hätte. Aber jetzt gibt es kein Ausweichen und kein Zurück. Ich muß auf der Stelle zeigen, was ich kann.

Ich drehe bei, um die Sturmfock zu setzen. Ich habe dieses Manöver oft im Hafen geübt, aber jetzt ist es plötzlich sehr viel schwieriger. Ich krieche nach vorn über das nasse, glatte Deck, das Segel unter den Arm geklemmt, doch noch ehe ich mich versehe, hat es der Sturm mir fast entrissen. Ich kralle meine klammen Finger in den letzten Zipfel, den ich gerade noch zu fassen kriege, hole das klatschnasse Tuch Hand über Hand wieder ein und brauche dreimal so lange wie im Hafen, bis die Fock endlich steht.

Als ich wieder an der Pinne sitze, habe ich keinen trockenen Faden mehr

Wilfried Erdmann zu Beginn der Reise

№ 98

PORT OF GIBRALTAR

Pratique Note

The G. yt Katena-
whereof W. Erdmann is the Master,
with 1 crew and 2 passengers,
arrived 11/8/1966 is admitted to pratique.

PORT RULES

17. (1) Every vessel shall occupy the berth assigned to her by the Captain of the Port whether at a quay or elsewhere, and shall be removed to any other berth which the Captain of the Port may direct; and the master or person in charge of any vessel at all times shall obey the directions of the Captain of the Port.

21. (3) All ships alongside in the Port shall affix efficient rat guards on every line and wire connected to or reaching the shore.

In pursuance of Port Rule 17 (1) above, you are hereby directed to berth in the following position :-

Berth 7/B

Boarding Officer
for Captain of the Port.

A fine of £50 is laid down for each stowaway landed without the permission of the Commissioner of Police.
Masters are warned against allowing oil, oil sullage, dirt, bilge water or other filth to be discharged into the Bay The law provides for heavy penalties.

P.T.O.

Einklarierung des Hafenkapitäns von Gibraltar

am Leib. Und während die KATHENA selbst unter der kleinen Sturmfock noch rasende Fahrt macht, erheben sich riesige steile Seen von achtern. »Von dieser Welle wirst du zugeschüttet«, denke ich mitunter. Doch im letzten Augenblick hebt die KATHENA immer wieder ihr Heck, und der weiße Wellenkamm gleitet leicht unter ihr durch.
Ich bleibe die ganze Nacht wach. Ich starre auf den Kompaß, aber meine Blicke schweifen häufig zum Himmel ab, folgen den bizarr zerfetzten Wolken. Das einzige, was mich wach hält: Es ist bitter kalt.
Als die Sonne hinter mir am Horizont aufgeht, läßt der Sturm schlagartig nach. Schlafen, nur schlafen! Doch ein anderer Gedanke hält mich wach: »Vorwärts, vorwärts!« Ich setze wieder alle Segel. Unter normalen Umständen ist das eines Augenblicks Sache. Jetzt brauche ich länger als eine halbe Stunde dazu. Die Fallen verheddern sich, und ich habe kaum genug Kraft, die Segel hochzuziehen. Ich verbinde zum erstenmal die Pinne mit der Selbststeueranlage und falle dann wie tot in die Koje.
Ich schlafe sehr unruhig. Denn es ist das erste Mal, daß ich außer Sicht des Landes segele. Und so darf ich die Mittagszeit nicht verpassen, damit ich, wenn die Sonne ihren höchsten Stand erreicht hat, eine astronomische Ortsbestimmung mache und ausrechne, wo ich bin. Ob's klappt? Ich habe es theoretisch einige Male geübt, doch heute kommt es wirklich darauf an.
Erschrocken fahre ich aus der Koje hoch. Wie lange habe ich geschlafen? Ist es schon zwölf? Ich angele nach der Armbanduhr, die ich vorm Schlafengehen in Gibraltar irgendwo aufs Bord gelegt habe. Ich blicke aufs Zifferblatt, einmal, zweimal, wische mir über die schlafverquollenen Augen. Was? Die Uhr – steht.
Das darf doch nicht wahr sein! Erst langsam wird mir bewußt, wie folgenschwer mein »Reinfall von Gibraltar« ist, mein unfreiwilliges Bad im Hafen: Wasser ist in die Uhr gedrungen. Kaputt. Dabei trägt sie den Vermerk waterproof.

Ich denke, die Welt bricht zusammen. Ich bin erst einen Tag auf Weltreise und fühle mich schon völlig am Ende. Erst reibe ich meine Nerven im Nebel auf. Dann verschleiße ich meine Kräfte im Sturm. Und jetzt, jetzt ist auch noch mein wichtiges nautisches Instrument ausgefallen. Ohne genaue Uhrzeit kann ich gar nicht feststellen, wo ich auf dem weiten Meer bin.
Wie gelähmt sitze ich im Cockpit. Und wieder, wie so oft in meinem Leben, beginne ich an mir selber zu zweifeln. Stelle mir all die Fragen und mache mir all die Vorwürfe, die später auch die Kritiker erheben. Jahre später, als ich in Deutschland ankomme und mir kaum jemand glaubt, daß ich die Welt umsegelt habe.
»Wilfried«, sage ich zu mir, »hat dich der Leichtsinn gepackt? Ist dein Boot nicht viel zu klein für eine Weltumseglung? Und obendrein viel zu schlecht ausgerüstet? Reichen Ersatzteile und Segel, Seekarten und Instrumente? Hast du Wasser und Proviant genug für einen ganzen Ozean? Und – sei mal ehrlich – hast du je von einem berühmten Segler gehört, der nur eine einzige Uhr hatte und diese auch noch achtlos naß werden ließ, sie dann einfach weglegte und losfuhr, ohne nachzuprüfen, ob sie überhaupt geht?«
»Wilfried«, sage ich, »hat dich der Übermut gepackt? Nie zuvor bist du zusammen mit anderen probeweise auf großer Segeltour gewesen. Nie zuvor hast du außer Sicht von Land unter der Obhut eines erfahrenen Nautikers eine Ortsbestimmung durchgeführt. Nie zuvor hast du deine Nerven im Nebel, deine Körperkräfte im Sturm erprobt. Nie bist du längere Zeit allein gewesen, ganz auf dich selbst angewiesen in Einsamkeit. Willst du das alles, und kannst du das wirklich, was du da willst? Wie kommst du eigentlich dazu?«

Mein Leben

Vom Rennfahrer zum Segler

Ich, Wilfried Erdmann, wurde am 15. April 1940 geboren, zu einer Zeit, als niemand nur so zum Spaß um die Welt segeln konnte. Denn damals war Krieg.

Ich wurde in eine Familie geboren, die nie ein Verhältnis zur Seefahrt hatte: Meine Eltern sind einfache Handwerker. Da kann man sich auch gar keine Segelyacht leisten.

Ich wurde tief im Binnenland geboren, Scharnikau heißt der Ort, aber ich habe keine Erinnerung mehr daran. Denn Scharnikau liegt in Pommern, das heute zu Polen gehört, und als der Krieg zu Ende ging, mußten wir flüchten. Da war ich fünf und wußte nur, was Hunger, aber nicht, was Segeln ist. Ich kann mich allerdings genau daran erinnern, daß ich schon damals keinen Fisch gegessen habe, so böse auch der Magen knurrte. Fisch habe ich nie vertragen können.

Meine Eltern fanden für uns Unterschlupf in Waterloo bei Karstädt, einer kleinen Gemeinde in Mecklenburg, das heute mit zur DDR gehört. Waterloo ist ein Bauerndorf wie tausend andere in Deutschland, und es gab auch dort nichts Besonderes, was mich zur See hätte ziehen können. Lediglich hinter dem Schloß des verjagten Gutsbesitzers, in dem ich aufwuchs, war Wasser – mehrere Karpfenteiche. Später zogen wir ins nächst größere Dorf um, in das fast städtische Karstädt. Karstädt liegt an der Bundesstraße 5, die Hamburg mit Berlin verbindet. Aber ich kann noch nicht einmal sagen, daß der Interzonenverkehr mein Fernweh geweckt hat, etwa die vielen fremden Aufschriften auf den Lastwagen, die pausenlos durch unser Dorf hindurch von der einen Weltstadt zur anderen Weltstadt rollten. Denn ich konnte ja noch kaum lesen und mußte erst in Erdkunde pauken, wo all die Städte lagen, deren Namen groß auf den Planen der Lastwagen standen: Hamburg und Kiel und Bremen und manchmal sogar Rotterdam oder Esbjerg.

Ich habe die Schule in Karstädt besucht. Erdkunde war meine Stärke, Geschichte und vor allem auch Rechnen, und im Sport war ich immer vorneweg.

Ich war ein ganz normaler Junge, nicht einmal ein Lausejunge, denn um etwas auszufressen, tut man sich ja meist mit anderen zusammen. Und dazu hatte ich wenig Gelegenheit. Meistens wurde ich für Haus, Garten und Vieh gebraucht. Es war Nachkriegszeit, und wir Kinder mußten kräftig mit anpacken.

Dabei hatte ich als Junge gar keine großen Pläne oder ausgefallenen Wünsche. Ich hatte noch nicht mal ein Hobby, wie es jeder Junge zeitweise pflegt: Steine oder Vogeleier sammeln oder Briefmarken tauschen, und an eine elektrische Eisenbahn war damals gar nicht zu denken. Ich hatte auch nie einen Traumberuf, wie die meisten Jungen von Jahr zu Jahr einen anderen haben: Schornsteinfeger zu werden, Lokomotivführer oder Seeräuber. Und mein Vater drang nicht in mich, daß ich seinen eigenen Beruf, Fleischer, ergreifen sollte. Das hatte ich auch nicht vor.

So war ich bei der Wahl meines Berufes frei, als ich mit 14 aus der Volksschule kam. Übrigens: Im Abschlußzeugnis stand die Gesamtnote »Gut«. Ich hatte die freie Berufswahl, soweit man das als Volksschüler hat in einem Dorf mit seinen beschränkten Möglichkeiten.

Beim Werkunterricht in der Schule hatte ich für Holzarbeiten ein besonderes Interesse gehabt. Da lag es nahe, daß ich als Lehrling in einer

Tischlerei anfing, an der mein Schulweg mich täglich vorbeigeführt hatte. Natürlich füllt einen ein solcher Beruf nicht aus, vor allem nicht, wenn man 14 Jahre alt ist. Ich mußte etwas unternehmen. Beat-Schuppen gab's damals noch nicht, in der DDR schon gar nicht, Rocker-Banden auch nicht. Aber bei uns gab's ein Idol, dem viele nacheiferten: Straßen-Radrennfahrer Täve Schur. So wurde ich Mitglied in der Radsportabteilung von Medizin Perleberg. Der Radrennsport, muß man wissen, wird nicht nur in Frankreich und Italien sehr groß geschrieben, sondern auch in östlichen Ländern, in Polen zum Beispiel und in der DDR.
Ich fuhr Straßenrennen in Schwerin und Magdeburg, das Vögenteichrennen in Rostock und die Harzrundfahrt. Erfolgreich war ich nur bei kleinen Rennen in Wittenberge, Wittstock oder Pritzwalk. Gesiegt habe ich nur ein einziges Mal. Trotzdem genoß ich es, zum Training ganz allein loszufahren, mir selbst zu zeigen, was ich konnte, und – aus der Radfahrersicht – die Fremde kennenzulernen.
Dabei lernte ich auch mich selber etwas besser kennen. Ich stellte fest, daß mir die Disziplin fehlte, um ein ganz großer Radrennfahrer zu werden, die Disziplin zum Konditions- und Mannschaftstraining, zur sportlichen Lebensweise, zur Enthaltsamkeit. Ich wollte essen, wann und was ich wollte, trainieren, wann es mir Spaß machte, und die Freiheit haben, bis spät in die Nacht zu lesen.
Denn schon im letzten Schuljahr hatte mich der Leseteufel gepackt und ließ mich nicht wieder los. Zunächst verschlang ich wahllos alle Abenteuergeschichten, wie es jeder Junge in diesem Alter tut. Aber dann kam ich von den Phantasiegestalten Karl Mays und von Robinson schnell zu Schilderungen wahrer Abenteuer. Ich mochte keine Geschichten von der verwegenen Mannhaftigkeit wilder Draufgänger mehr, sondern schätze viel eher Berichte von besonnenen Männern, die ihr Wagnis nüchtern planten. Forscher also wie Amundsen, Peary und Scott, die die Polargebiete der Erde erkundeten, Sven Hedin, der Expeditionen in das unbekannte Asien

unternahm. An alledem faszinierte mich weniger, was diese großen Männer schließlich erreichten, als vor allem, was sie vorher dachten und planten, wie sie jede Einzelheit sorgfältig vorbereiteten.
Ich hatte gerade meine Tischlerlehre mit der Gesellenprüfung abgeschlossen und war 17, als mir die Erkundungstouren mit dem Rennrad hinter die nächsten Dörfer und das Nacherleben großer Reisen bei nächtlicher Lektüre nicht mehr genügten. Die Sehnsucht nach Ferne und Freiheit hatte mich endgültig gepackt. Sollte ich nicht mal nach Büchen fahren, dem einzigen mir theoretisch in der ferneren Fremde wohlbekannten Ort? In Büchen hatte ich nämlich Verwandte, das war ein vertrautes Ziel. Büchen, das lag fast hundert Kilometer weiter westlich, ein kleines Städtchen in der Bundesrepublik, unweit der Zonengrenze und schon nahe bei Hamburg. So beantragte ich die Ausreise aus der DDR – das ging damals, 1957, noch – und kroch bei meiner Tante besuchsweise unter. Ich hatte weder die Absicht, in die DDR zurückzukehren, noch die, meinen Verwandten auf der Tasche zu liegen, und so blieb ich dort nur, bis ich als Westdeutscher eingebürgert war. Als ich Personalausweis und Reisepaß hatte, hielt mich nichts mehr in Büchen.
Die Welt stand mir offen, und ich erkundete sie mit vorsichtig tapsenden Schritten, wie es einem unerfahrenen Siebzehnjährigen wohl ansteht. Ich hatte keinen festen Plan - außer, mir den Wind um die Nase wehen zu lassen. Der Wind wehte mich von Büchen nach Westfalen, von dortaus unternahm ich 1958 eine Radtour nach Indien und trampte, weil mir das Strampeln zu mühsam war, weiter nach Japan. 1960 war ich erst wieder zurück – in Hamburg. Ich arbeitete viele Monate als Tischler in der Deutschen Werft Finkenwerder. Danach, um mehr zu verdienen, als Zimmermann im Akkord auf verschiedenen Baustellen.
Ich ließ mich ohne feste Absichten treiben – bis zu jenem entscheidenden Tag im Frühsommer 1960, als mich die Sonne zu einem kurzen Urlaub auf der Ostsee-Insel Fehmarn verlockte. In Heiligenhafen traf ich meinen

Vetter, der hatte da ein Faltboot mit Segel und lud mich zur Ausfahrt ein. Es war die erste Segeltour in meinem Leben, aber sonst nichts Besonderes, nur eine kleine Nachmittags-Kreuzfahrt in der Bucht. Doch als ich sah, wie mein Vetter das Ruder bediente, wie das Boot fuhr, wohin er nur wollte, als ich hörte, wie der Wind leise im Segel rauschte, und als ich mich dann zurücklegte und den ziehenden Wolken am Himmel nachzuträumen begann, da überkam mich plötzlich die Sehnsucht: So müßtest du mal um die Welt segeln!

Von dieser Stunde an lebte ich für nichts anderes mehr. Kritisch begann ich, die Voraussetzungen zu überdenken und mir einen Plan zu machen, wie ich es von den großen Expeditionsreisenden noch gut in Erinnerung hatte.

Vor allem brauchte ich ein Boot. Da ich nie das Große Los gewonnen und auch keinen reichen Onkel hatte, mußte ich's mir selbst verdienen. Das bedeutete Jahre harter Entbehrungen, schwerer Arbeit und eisernen Sparens. Keine leichte Sache für einen, der zwar als Zimmermann auf dem Bau gut bezahlt wird, aber auch gerne gut lebt, ein Auto fahren möchte und sich ohne Widerstreben von Mädchen zu Vergnügungen wie Kino und Tanz verleiten läßt. Damit mußte nun Schluß sein, und um's mir zu erleichtern, beschloß ich, zur See zu fahren. Auf Schiffen gibt es keine verführerischen Mädchen, kein Kino und kein Tanzparkett.

Dieser Entschluß paßte auch gut zu meiner zweiten Voraussetzung: Ich mußte zunächst den Beruf des Seemanns erlernen, um zu wissen, was See und Seefahrt ist, mußte den Anblick von Weite und Wellenbergen gewohnt sein und auf schwankenden Planken Knoten knüpfen können, bevor ich mich ganz allein einem kleinen Boot anvertraute.

Allein? Da fiel mir die dritte Voraussetzung ein: Was ist, wenn man unterwegs krank wird? Zwar war ich sicher, daß ich kerngesund war, aber aus den Forschungsberichten wußte ich auch, daß manche Expeditionsteilnehmer sich vorher sicherheitshalber den Blinddarm herausnehmen ließen, weil der im ungeeignetsten Moment, fern jeder ärztlichen Hilfe, zu meutern beginnen konnte. So etwas hat nicht nur den Erfolg von Expeditionen gefährdet, sondern sogar schon manchem das Leben gekostet. Das durfte ich natürlich nicht riskieren. Und so begann ich die praktischen Vorbereitungen zur Weltreise bei meinem Blinddarm.

Es ist gar nicht so leicht, sich den Blinddarm herausnehmen zu lassen, wenn er nicht weh tut. Das merkte ich in Lübeck, wo ich gerade arbeitete und in einem Krankenhaus vorsprach.

»Kein Bauchweh?« fragte der Oberarzt. »Dann können wir Ihnen den Blinddarm auch nicht 'rausnehmen.« Er erzählte von Vorschriften und vom Bettenmangel, und daß sie sogar dringende Fälle abweisen müßten. So wurde der Blinddarm zur ersten Klippe auf dem Weg zu meiner Weltumseglung. Damit hatte ich nicht gerechnet. Verlegen biß ich mir auf die Unterlippe. Jetzt mußte ich den Mann auch noch überreden – ausgerechnet ich, der ich gar nicht gern rede und meinen Plan abergläubisch geheimhalten wollte. Ich gab mir einen Ruck und erzählte. Dieser Arzt blieb der einzige Mensch, dem ich, gewissermaßen notgedrungen, die Idee von meiner Weltumseglung vorher offenbarte.

Der Oberarzt schien aus dem Fenster zu sehen und gar nicht zuzuhören, während ich sprach. Er zögerte eine Weile, murmelte etwas von eigenen unerfüllten Jungenträumen. »Kein Bauchweh?« fragte er abermals – und entschied: »Dann machen wir es ohne.«

Als ich acht Tage später ohne Blinddarm aus dem Krankenhaus entlassen wurde, führte mich mein erster Weg zu den Behörden. Anstandslos bekam ich das beantragte Seefahrtsbuch und konnte nun beginnen, meinen zweiten Beruf zu erlernen: Seemann.

Das bedeutete zunächst einen großen Verzicht für mich. Auf dem Bau als Zimmermann hatte ich schon tausend Mark im Monat verdient. Jetzt fing ich wieder ganz unten an, als Jungmann, wie die Matrosenlehrlinge heißen, für zweihundert Mark Heuer im Monat.

Franz Suel hieß mein erster Pott. Als Heimathafen stand »Malmö« am

Heck. Es war ein Tanker, der in ewiger Pendelfahrt Öl vom Persischen Golf durch den Suezkanal übers Mittelmeer nach Genua brachte. So schiffte ich mich nach langer Bahnfahrt in Genua ein zur ersten Seereise meines Lebens.

Es war, wie der Seemann sagt, eine »Schietreise«. Denn ich wurde schwer seekrank beim ersten Seegang. Daran habe ich auch später auf allen anderen Schiffen gelitten, allerdings immer nur während der ersten Tage der Reise. Mit einer Ausnahme: Das war die KATHENA. Ich weiß bis heute nicht, woran das lag. Vielleicht an der Arbeit, die mich ausfüllte und ablenkte?

Aber Arbeit hatte ich auch auf der FRANZ SUEL genug. Mehr als genug. Als Jungmann mußte ich flitzen und schuften und schrubben und putzen und war doch, so sehr ich mich auch anstrengte, der Prügelknabe für alle.

Ich muß ein guter Prügelknabe gewesen sein, denn nach knapp zehn Monaten wurde ich zum Leichtmatrosen befördert und schon einen Monat später zum Matrosen. Und mit der neuen Würde suchte ich mir ein neues Schiff, die BYKLEFJELL aus Oslo, ein Frachter, der im Sommer die großen Seen ansteuerte und in den Wintermonaten eine Südamerikafahrt unternahm. Mein nächstes Schiff war auch ein Tanker – CRESTA hieß er und stammte aus Norwegen. Das war kein Zufall. Ich suchte mir absichtlich ein Schiff aus Skandinavien, denn bei denen ist alles sauber an Bord, und man wird gut bezahlt. Dazu kam noch etwas, was in meinen Plan paßte: Auf skandinavischen Schiffen ist die Besatzung international bunt gemischt. »Bunt« wortwörtlich genommen: Nicht nur alle Nationalitäten, sondern auch alle Hautfarben kommen da vor, und oft ist nur der Kapitän ein Skandinavier. Deshalb ist die Verständigungssprache an Bord Englisch. Und so verbesserte ich bei dieser Gelegenheit auch noch wesentlich mein Englisch. Wie sonst wollte ich mich später auf meiner Weltumseglung in fremden Seekarten zurechtfinden, die Seehandbücher lesen und die Wetternachrichten im Radio verstehen?

Auf der CRESTA fing ich als Matrose an und blieb ihr zwei Jahre lang treu, obwohl ich sie und die sogenannte christliche Seefahrt keineswegs liebte. Denn eine schöne Illusion, die wohl jeder Junge hat, war dabei sehr schnell flötengegangen. Ich hatte gedacht, bei alledem die Liebe zur See und die Romantik der Schiffahrt kennenzulernen. Ich wurde bitter enttäuscht. So ein moderner Tanker ist gar kein richtiges Schiff mehr, ein Frachter fast ebensowenig. Diese Schiffe sind so perfekt automatisiert, daß die Seeleute sie nur noch »schwimmende Transportbehälter« nennen und sich selber ironisch »Transportbegleiter« schimpfen. Solche Schiffe sind lediglich schwimmender, automatisch beladener Frachtraum mit ein bißchen Maschine, die nur noch Ingenieure und Hilfsarbeiter braucht. Selbst der Matrose, der am Ruder die Kommandos des wachhabenden Offiziers auszuführen hat, ist heute nichts weiter als ein Hilfsmaschinist. Er hat meist nicht mal mehr ein Steuerrad vor sich, sondern nur noch zwei Druckknöpfe. Und er hat mit diesen Schaltern nur noch die elektrischen Impulse auszulösen, die der Rudermaschine die Drehrichtung geben. Zum Teufel mit der Seefahrts-Romantik!
Immerhin hatte ich Seebeine bekommen und das Spleißen und Knoten gelernt. Aber ich hätte abgemustert, wenn sich mir nicht zufällig die Chance geboten hätte, meine beiden Berufe – Matrose und Zimmermann – miteinander zu verbinden: Ich wurde Schiffszimmermann. Diese Stellung als eine Art Facharbeiter oder Unteroffizier zur See war finanziell so ergiebig, daß sie mich meinem Traum einen kräftigen Schritt näher brachte. Ich konnte jeden Monat einige Hunderter auf die Sparkasse schicken – für mein eigenes Schiffchen.
Ich hatte schon eine ganze Menge auf der hohen Kante, als mein Traumziel unversehens in Gefahr geriet. Auf dem Schiff, das ich befuhr, tauchten plötzlich Mädchen auf. Nicht als Besuch, sondern als Mitglieder der Besatzung. Es ist, muß man wissen, auf skandinavischen Schiffen nichts Ungewöhnliches mehr, daß Mädchen als Stewardessen mitfahren oder sogar als

Funker. Und als ich feststellte, daß es mit einem dieser Mädchen richtig ernst wurde, was bei einem Kavalier auch arg an den Geldbeutel geht, da beschloß ich, der ungeliebten Seefahrt und der geliebten Seefahrerin schnell den Rücken zu kehren. Ich mustere ab. Ich hatte noch nie in meinem Leben richtig Urlaub gemacht. Was man in Deutschland gemeinhin so unter »Urlaub« versteht: mal allen beruflichen Ärger vergessen, sich für das schwer verdiente Geld bedienen lassen und auf heißem Sandstrand oft entbehrte Sonne auf dem nackten Bauch fühlen.
Mit dieser Sehnsucht fuhr ich im Oktober 1965 an die Costa de Levante bei Alicante in Spanien.

Alicante

Mein Schicksal heißt »Kathena«

Mittelmeer
Oktober 1965 bis 10. September 1966

Ich aalte mich auf feinem weißem Sandstrand in der Sonne von Alicante, und während die Wellen des Mittelmeeres sacht meine Sohlen streichelten, überdachte ich meine Lage.

Auf meinem Konto bei einer Hamburger Sparkasse ruhten einige Tausender, und ich war Seemann genug, um zu wissen, was Steuerbord ist und Spleißen. Aber mein Traum von einer Weltumseglung auf einem eigenen Boot schien mir unerfüllbarer denn je.

Erstens konnte ich gar nicht segeln, ich mußte diese Kunst noch gründlich lernen, und wenn ich in den Prospekten sah, was eine Stunde Unterricht in einer Segelschule kostete und wie viele Stunden man braucht, um endlich zum erstenmal selbständig zu einer Nachmittagsausfahrt bei Sonntagswetter starten zu können, dann tat mir mein schönes, mein schwerverdientes Geld leid.

Zweitens hatte ich ja gar kein Boot. In meinem Gepäck schlummerten zwar die letzten Exemplare der deutschen Seglerfachzeitschrift »Die Yacht«, und ich hatte mir vorgenommen, mich beim Kauf nach dem Anzeigenangebot zu orientieren, aber ich war bisher vor lauter wohligem Nichtstun noch gar nicht dazu gekommen. Und wenn ich beim Klönschnack mit den Bootsbesitzern im Yachthafen von Alicante erfuhr, wieviel Geld, Zeit und Mühe sie in ihre Schiffchen gesteckt hatten, ohne je auf die erträumte große Tour zu gehen, dann sah ich mich noch als alten Mann in einem Schlauchboot auf dem Dorfteich paddeln.

Da war zum Beispiel Herr Henze aus Hamburg mit seiner 21 Meter langen Yacht INKA. Sie sollte ihm auf seine alten Tage den Jungentraum von einer Weltumseglung erfüllen. Zusammen mit anderen, weil man ein Schiff dieser Bauart und Größe nicht allein segeln kann. Acht Jahre lang hatte er mit seiner Frau zu Hause das Schiff selber gebaut, und als es dann fertig war, fuhr er hierher; Alicante sollte sein Starthafen sein. Nach monatelangen Vorbereitungen suchte er sich zum erstenmal Gleichgesinnte für die Weltumseglung. Aber kurz bevor es losgehen sollte, platzte die Crew irgendwie. Ich glaube, einer wurde krank, einer heiratete, und ein dritter hatte das Geld für die Selbstbeteiligung nicht. Oder irgend so was. Nach einem weiteren Jahr rüstete Herr Henze zum zweitenmal zur Weltumseglung – und es ging auch wirklich los. Aber schon auf der ersten Etappe zu den Kapverdischen Inseln gab es handfesten Streit an Bord, und Herr Henze konnte nur mit Mühe dem Messer eines rasend gewordenen Mitseglers entkommen. Er lief sofort einen Nothafen an und bootete den Übeltäter aus. Aber da ging auch der Rest der Crew auseinander, und Herr Henze schaffte, zusammen mit seiner Frau, das Meisterstück, sein großes Schiff nur zu zweit zum Ausgangshafen Alicante zurückzubringen. Hier lag er nun schon drei Jahre vor Anker, und nachdem er vor insgesamt elf Jahren die Verwirklichung seines Traumes in Angriff genommen hatte, gab er nun auf und beabsichtigte, seine Yacht zu verkaufen.

Die INKA war natürlich nichts für mich. Nach alledem, was Herr Henze hineingesteckt hatte, hätte ich sie nie bezahlen können, und ich wollte ja auch nicht zu mehreren um die Welt, sondern mit einem kleineren Schiff allein. Aber seine Geschichte gab mir zu denken: daß man alles hat und dennoch jahrelang gehegte Träume unverhofft wie Seifenblasen platzen können.

Herr Henze hatte mir seine Geschichte gerade an diesem Nachmittag

erzählt und glaubwürdig versichert, daß sehr viele, so wie er, seit Jahrzehnten den Traum von einer Weltumseglung träumten und seit Jahren ein Schiff dafür hätten und sie alle trotzdem nicht zur Abfahrt kämen.
An diesem Abend saß ich nachdenklich in einer Bodega bei einem »Vino tinto« und wägte kritisch alle meine hochfliegenden Pläne, als sich ein Herr neben mich an die Theke setzte. Ein Herr gesetzteren Alters, gegen sechzig, mit weißem Haar, Pfeife und Schnauzbart unschwer als Engländer zu erkennen. Wir kamen übers Segeln ins Gespräch, und dabei stellte er sich als Mr. Nuttall vor, Hotelier aus Hawes in Yorkshire. Beim zweiten »Tinto« klagte er, wie schwer doch die Kunst des Segelns im fortgeschrittenen Alter zu erlernen sei. Ich meinte dazu, daß es für mich jungen Habekaum viel schwieriger sei, ein Boot zu erwerben, als die Fähigkeit, es zu bedienen.
»Suchen Sie denn ein Boot?« fragte Mr. Nuttall überrascht.
»Ja«, entgegnete ich,»aber ich kann mir keines leisten.«
»Nein, junger Mann«, tönte es bedächtig aus dem Schnauzbart, »es geht nicht darum, ob einer es den Vermögensverhältnissen nach verdient, sondern ob er es nach Wunsch und Können verdient.«
Wir bestellten mittlerweile den fünften »Tinto«.
Mr. Nuttall schien meine Gedanken erraten zu haben und wurde plötzlich deutlicher. »Junger Mann«, sagte er, »vielleicht hätte ich da was für Sie. Ich habe auch mal von Segeltouren in die große, weite Welt geträumt und mir zur Erfüllung meines Traumes ein Boot gekauft. Doch dann mußte ich feststellen, daß die Wirklichkeit ganz anders ist. Segeln, das ist nicht sanftes Wiegen in der Hängematte, sondern harte Arbeit an Deck. Nichts für mich, in meinem Alter. Jetzt liegt das Boot drüben im Hafen von Altea, ist schon seit einem Jahr nicht mehr gesegelt worden. Ich habe auch nichts mehr an Bord gemacht; infolgedessen sieht es äußerlich ein wenig schäbig aus. Bin es deshalb auch bisher noch nicht losgeworden, weil die meisten Käufer ja auf Sauberkeit sehen und gleich lossegeln wollen. Wenn Sie da ein bißchen Arbeit 'reinstecken ...«

Bis zu den Kanarischen Inseln ist das Rennrad noch an Bord . . .

. . . dann mußte Platz für Proviant und Ausrüstung geschaffen werden

Wir waren beim achten »Tinto«.
»... über den Preis werden wir uns dann schon einig.«
»Wie heißt denn das Boot überhaupt?« fragte ich.
KATHENA, sagte Mr. Nuttall.
Hm. Ich überlegte. Das Wort hatte selbst im schnauzbartumrankten Mund dieses Engländers einen weichen, lockenden Klang. Nicht schlecht. Faszinierend sogar.
KATHENA, sprach ich nach. »Merkwürdiger Name. Was hat der denn zu bedeuten?«
»Well«, sagte Mr. Nuttall, »das kann ich Ihnen glücklicherweise erklären, denn die Geschichte dieses Namens hat mir zufällig noch der Vorbesitzer der KATHENA erzählt, und der hat sie direkt von dem Mann, der sich das Boot mal bauen ließ. Übrigens auch ein Engländer. Als es beim Stapellauf um den Namen für das Boot ging, wollte er es gern nach seinen beiden Töchtern nennen, die Kathleen und Elena hießen. Aber der Doppelname KATHLEEN-ELENA klang, weder so noch umgekehrt, so gut wie zum Beispiel EVA-MARIA oder was es da gibt. Er war auch zu lang, zu anspruchsvoll für so ein kleines Boot. Also verfiel jener Gentleman auf die Idee, aus der ersten Hälfte des einen und der zweiten Hälfte des anderen Namens ein Kunstwort zusammenzusetzen. KATHENA. Praktisch, nicht wahr? Sie werden sehen, das Boot ist genauso.«
Es war spät geworden. Zu spät und zu dunkel, um jetzt noch zur Besichtigung nach Altea zu fahren. So verabredeten wir uns für den nächsten Morgen.
KATHENA, dachte ich, als ich mich leicht wankend auf den Weg zu meinem Quartier machte KATHENA. Das klang gut, das ließ sich sogar singen. Und während ich einschlief und mich noch Zweifel plagten, ob ich denn überhaupt ohne Erfahrung das erstbeste Boot kaufen sollte, da kam mir immer wieder dieser Name in den Sinn und begleitete mich sanft in die Träume wie der Name eines geliebten Mädchens.

Es war Liebe auf den ersten Blick, als ich am nächsten Morgen die KATHENA sah. Es ging mir wie in dem Musical »My Fair Lady« dem Professor Higgins, als er seine Eliza kennenlernt: ein hübsches Mädchen, aber zerlumpt, verdreckt, verloddert. Man mußte erst noch eine Dame aus ihr machen.

Meine »fair lady«, die KATHENA, war trostlos anzusehen. Überall abgeplatzter Lack, blätternder Rost, lose Wanten, verrottete Taue, Risse in den Planken. Aber ich sah durch Dreck und Unordnung hindurch ein Schiffchen mit wohlabgewogenen Formen, einen Bootskörper mit schönen, vollen Linien. Kein schneller, schmaler Flitzer, dessen Bug und Heck weit aus dem Wasser ragen, sondern ein kurzer, gedrungener Kraftprotz, der sich zuverlässig durch die Wellen schiebt, wenn jene Schwäne unter den Booten schon längst die Segel streichen müssen. »Slup« nennt der Fachmann diesen Bootstyp, das kommt von dem alten Wort »Schaluppe«, wie früher die Holländer ihre kleinen, aber kräftigen Fischerboote nannten, die sich durch die tückische Brandung vor der Küste hinausboxen mußten zur Arbeit in schwerer See.

Mr. Nuttall nannte mir die Daten: Das Boot war 7,62 Meter lang, 2,32 Meter breit an seiner breitesten Stelle; 90 Zentimeter Tiefgang bei eingefahrenem Schwert und 1,50 Meter, wenn das Schwert aus seinem Kasten abgesenkt wurde. Ich hatte kaum eine Ahnung von Booten, aber als gelernter Tischler verstand ich etwas von Holz. Und so registrierte ich fachmännisch: Der Bootskörper hatte Rundspanten aus Eiche, Planken aus Lärche, ein Deck aus Fichtenholz, mit Tuch überzogen, Aufbauten, Innenausbau und Schwertkasten aus afrikanischem Mahagoni, der Mast aus tadellos verleimtem Kiefernholz. Das Ganze 1952 gebaut auf der kleinen Werft von John A. Ley in Scarborough. 3,5 Bruttoregistertonnen groß. Segelfläche: 24 Quadratmeter.

Größe und Alter der KATHENA waren genau meine Kragenweite. Groß genug, um Vorräte für eine lange Tour zu stauen, klein genug, um sie allein zu segeln und sie einer Selbststeueranlage zu überlassen. Jung genug, um noch nicht morsch zu sein, und alt genug, um im Holz nicht mehr zu arbeiten. Die Segeleigenschaften konnte ich nicht beurteilen, denn von Segeln verstand ich nichts.

Und der Preis? Entsprach er meinem Portemonnaie?

Mr. Nuttall und ich wurden uns handelseinig bei ein paar hundert englischen Pfund, also ein paar tausend Mark – fast die Hälfte meiner Ersparnisse. Ein Handschlag unter Gentlemen – und die KATHENA gehörte mir. Das war am 2. November 1965 – und einen Tag später wurde der Kaufvertrag unterschrieben. Und noch einmal gab ich an diesem Tage Geld aus. Ich kaufte mir ein Logbuch, das ich auch als Tagebuch benutzen wollte. Dort trug ich fortan, wenn ich auf See war, nicht nur auf der rechten Seite in den vorgedruckten Spalten die nautischen Daten ein, also alle zwei Stunden die Geschwindigkeit und den Kurs, Windstärke, Windrichtung und Barometerstand, sondern vertraute dem Logbuch auch, auf der linken Seite unter der Überschrift »Tagesnotizen«, alle meine Erlebnisse, Gedanken und Gefühle an. Meine erste Notiz: *Was bin ich glücklich! Ein lang ersehnter Wunsch ist in Erfüllung gegangen, der Lohn jahrelanger Entbehrungen: Ich bin Herr über ein eigenes Schiff. Endlich kann ich tun und lassen, was ich will, kann überallhin (denn das Boot sieht sehr seetüchtig aus) und habe mein Zuhause immer bei mir. Nur das Segeln – das muß ich noch lernen!*

Der Tag war mit Besichtigung und Beratung, Verhandlung und dem Weg zur Bank dahingegangen. Es dämmerte schon, als ich zu meinem kleinen Hotel ging, um die Rechnung für die letzte Nacht zu begleichen - ich hatte noch vor 24 Stunden nicht geahnt, daß es die letzte Nacht sein sollte, die ich an Land schlief, in einem richtigen Bett, zum letztenmal für Jahre.

Ich schleppte meinen Seesack mit meiner wenigen Habe an Bord, als es schon dunkel war, machte überglücklich meine erste Eintragung ins Logbuch beim Schein der Petroleumlampe und löschte gleich danach das Licht, um zu schlafen.

Ich schlief schlecht in dieser ersten Nacht an Bord. Die schmale, enge Koje war ebenso ungewohnt wie das leichte Wiegen des Bootes im müden Wellenschlag des Hafenbeckens und das Aneinanderklappern irgendwelcher losen Teile an Deck. Natürlich hatte das Boot keinen Ofen und keine Zentralheizung, und wir schrieben November. Da ist es auch am Mittelmeer kalt, und die vorgefundenen Decken, die ich mir über die Ohren zog, waren feucht und rochen muffig.

Ich schlief schlecht, denn es ging mir wie einem jungen Mann, der sich verliebt hat und seine Angebetete noch gar nicht richtig kennt. Also wachte ich schon auf, bevor es richtig hell war, und erkundete mehr tastend als sehend das Innere des Schiffes.

Die Kajüte war nicht länger als die Koje, und die war für mich gerade lang genug, um darin liegen zu können. Und gleich nach dem Aufstehen, als ich mir die Fingerknöchel beim ersten Räkeln an der Decke stieß, wurde mir schmerzhaft bewußt, daß ich mich in der niedrigen Kajüte nur gebückt bewegen konnte. Stets spürte ich in der Magengrube die Kante des Tisches, der die ganze Mitte des Raumes einnahm. Jenseits davon, längs der anderen Bordwand, noch mal eine Koje. Darüber Bücherborde.

Ich wollte 'raus aus der Enge und schlängelte mich am Schaft des Mastes vorbei nach vorn. Die falsche Richtung. Sackgasse. Vor dem Mast fand ich den Stauraum voll verschiedener Segel – genau: fünf Segel in tadellosem Zustand – Taue, Ersatzteile und Werkzeuge.

Dazwischen die Ankerkette und ein aufblasbares Gummi-Dingi, ein Beiboot.

Ich kroch zurück, am Mastschaft vorbei, klemmte mich zwischen Tisch und Koje hindurch, doch bevor ich die Ausstiegluke nach achtern erreichte, inspizierte ich noch den Vorraum der Kajüte, kaum einen Meter lang, mit dem Gang in der Mitte: an Steuerbord ein Plumpsklosett, mit Handpumpe zu spülen. Gegenüber, an Backbord, die Pantry mit einem einflammigen Propangaskocher, dahinter entdeckte ich ein Schapp mit

Bestecken, Tellern, Tassen, Töpfen und was sonst noch zu einem spartanischen Einpersonenhaushalt gehört.
Nirgendwo an Bord war ein Spind oder ein Kleiderschrank. Es wäre auch gar kein Platz mehr dafür gewesen. So mußte ich in den nächsten Jahren, was die Kleidung anbetraf, aus dem Seesack leben, den ich vorn im Schiff verstaute. Und mein einziger Anzug sah bald entsprechend gräßlich aus. Ich schlug bei dieser ersten Besichtigung die Luke nach achtern auf, stieg hinaus ins Cockpit und streckte die Glieder in der frischen Morgenluft, die mich sehr schnell vollends wach werden ließ. Unter mir entdeckte ich die Klappe zum Motor. Ich öffnete die Klappe und versuchte die 8-PS-Maschine zu starten. Sie spuckte und tuckerte zwei-, dreimal – und dann kam nichts mehr. Ich riß wie wild an dem Anlasserriemen, ich riß mir fast die Hände daran wund, säuberte die Zündkerzen, prüfte die Ventile, pustete die Treibstoffleitung durch. Nichts!
Nach zwei Stunden gab ich die Versuche auf. Ich hatte mich abgerackert und war von oben bis unten ölverschmiert und hatte doch nichts ausgerichtet. Meine erste Arbeit an Bord war völlig sinnlos gewesen. Hätte ich das nur geahnt, daß der Motor nicht ging! Vielleicht hätte ich den Kaufpreis damit noch heruntergehandelt oder mich sogar doch anders entschieden? Denn ein Hochsee-Segelboot braucht einen Motor. Nicht, daß man damit längere Strecken zurücklegen könnte, etwa bei Flaute. So viel Treibstoff kann man gar nicht mitnehmen. Es ist nur ein kleiner Hilfsmotor, den man anwirft, um aus dem Hafen auszulaufen oder eine Einfahrt anzusteuern. Denn die meisten Häfen sind so verkehrsreich und eng und liegen so ungünstig im Windschatten von Vorgebirgen oder hohen, langen Molen, daß es besonderer Kunst und Anstrengung bedarf, um dort noch zu segeln. Und von Kunst konnte bei mir ja noch längst keine Rede sein.
Von technischen Kenntnissen auch nicht. Das war meine bittere Einsicht, als ich mich erschöpft an Deck niederließ. Ich mußte einen Mechaniker beauftragen, den Motor in Ordnung zu bringen, und das würde viel Geld

kosten. Ich wäre vollends verzweifelt gewesen, wenn ich zu dieser Zeit schon gewußt hätte, daß der Motor trotz fachmännischer Reparatur niemals richtig funktionieren würde. Ich konnte ihn später nur einige Male verwenden, bis er seinen ölig bockigen Geist endgültig aufgab. Unterwegs auf meiner Weltumseglung baute ich deshalb die Schiffsschraube aus und dichtete das Loch zur Schraubenwelle ab, weil die Schraube meine KATHENA doch nur bremste, statt sie voranzubringen.

Nach der Pleite mit dem Motor sah ich mich an diesem ersten Morgen als Schiffseigner nach neuer Arbeit um. Nicht, daß ich danach hätte suchen müssen. Im Gegenteil: Ich wußte gar nicht, wo ich anfangen sollte. Alles an Bord, ob aus Holz oder Metall, verlangte nach Pflege, Sauberkeit und Ordnung. Überall mußte ich schmieren, ölen, spachteln, malen und reparieren. Nicht nur aus Gründen der Schönheit, sondern zu meiner eigenen Sicherheit. Denn Eisenteile, die nicht gründlich geschmiert sind, rosten im Salzwasser viel schneller als normalerweise, und dann brechen sie auf See gerade während eines Sturms, wenn man gar keine Möglichkeit zur Reparatur hat. Abgesehen davon, daß man nicht für alles Ersatzteile mitnehmen kann.

Besonders gründlich waren auch alle Risse im Holz des Bootskörpers ebenso wie auf dem Deck mit Spachtelmasse auszukitten, bevor ich daranging, das ganze Schiff zu streichen. Und ein guter Bootsanstrich besteht aus sieben Schichten Lack! Denn auch am Holz frißt das Seewasser, fressen vor allem Algen, Würmer und Schnecken; Seegang und Sonne machen Holz schnell morsch. Risse, Löcher und morsches Holz aber sind auf See lebensgefährlich.

Ich kramte ein paar Tage ziemlich planlos herum, bis ich mich entschloß, zunächst noch einmal zu meinen Verwandten nach Büchen in Deutschland zu fahren. Erstens stand Weihnachten vor der Tür, und ich hatte dieses Fest noch nie in meinem Leben allein verbracht. Zweitens hatte ich dort ohnehin noch meine wenigen letzten Habseligkeiten abzuholen. Und drittens

C. PLATH
FABRIK NAUTISCHER INSTRUMENTE
HAFENBÜRO
2 HAMBURG 11 · STUBBENHUK 25 · FERNSPRECHER 34 24 35

Laufende № 6020

Einzahlungsbeleg

Kassenbuch Nr.

Heute eingezahlt von Herrn Erdmann

für 1 Kompaß Zeta 2
Lg # 60554

DM 130.-

in Worten einhundertdreißig 00/00 Deutsche Mark

Hamburg, den 27/1. 1966

Konto

C. PLATH

Die Quittung für meinen Kompaß, der auch auf der südlichen Halbkugel funktionierte

wollte ich mir den kleinen Spaß gönnen, mich meinen Verwandten, die mich nur als jungen Habenichts kannten, nun als Schiffseigner und Kapitän zu präsentieren. Wie die Nußschale wirklich aussah, wußten sie ja nicht.
Es ist wohl ziemlich selten, daß ein Kapitän und Reeder per Autostopp fährt, noch dazu quer durch Europa von Alicante nach Büchen. Aber ich nahm diese viertägige Strapaze auf mich, um Fahrgeld zu sparen. Ich war mir selbst gegenüber so geizig geworden wie ein Kapitän gegenüber seinem Schiffsjungen. Denn ich lebte von der in langen Jahren zusammengesparten Substanz. Und wann würde ich je wieder Geld verdienen?
Auf der Rückfahrt hatte ich recht umfangreiches Gepäck. Das waren nicht nur meine restlichen Sachen aus Büchen, sondern auch zusätzlich nautische Utensilien, die ich auf der Durchfahrt in Hamburg erstand – darunter ein großes Paket mit einem sorgfältig eingepackten Präzisionskompaß, der mich bei der Herstellerfirma C. Plath in Hamburg hundertdreißig Mark kostete.
Die KATHENA lag unversehrt an der »Muelle de Yates«, der Yachthafen-Mole, als ich am 4. Februar 1966 nach Alicante zurückkam. Freunde – und unter Seglern wird man überall schnell Freund – hatten unterdessen auf mein Schiffchen aufgepaßt. Noch nicht einmal in der Bilge, dem Hohlraum kurz über dem Schiffsboden, war Leckwasser. Also war der Bootskörper wirklich dicht.
Und so begann ich zuversichtlich mit den Vorarbeiten für meine Weltumseglung. Nicht nur Überholungsarbeiten wie Spachteln, Schmieren und Streichen standen auf meinem Programm. Sehr schnell wurde mir klar, daß für eine Weltumseglung teilweiser Um- und Neubau notwendig waren.
Ich legte nicht nur, mit Hilfe meiner Bootsnachbarn und Freunde, den Mast, um ihn an Land zu überholen, gründlich abzukratzen und siebenmal zu streichen, zuletzt mit Leinöl, das einen Schlag Lack bekam. Ich mußte auch, so rieten mir die Freunde, die Plicht verkleinern, die man auch Cockpit nennt. Das ist der offene Decksraum zwischen Kajüte und Ruder – für

überkommende Seen ein willkommener Aufenthaltsplatz. Außerdem würde dieses Wasser nicht ablaufen, ich mußte die Plicht also selbstlenzend bauen, das heißt, Öffnungen in die Bordwand kurz oberhalb der Wasserlinie bohren, durch die das Wasser wieder nach draußen ablief, das von oben eingestiegen war.

Während all dieser Arbeiten luden mich Bootsnachbarn nicht nur gelegentlich zum Essen ein, sondern auch zu kurzen Ausfahrten mit ihren Booten, und ich nahm diese Gelegenheiten gerne wahr, um ihnen ein wenig von der Kunst der Segelführung abzugucken. Ich diente dabei als Vorschotmann und durfte mitunter sogar die Pinne führen.

Der Frühling 1966 zog ins Land, am Mittelmeer ein berauschender Frühling mit lauer Luft und Orangenblüten. Ich lernte immer noch bei anderen Segeln, arbeitete weiterhin wie ein Besessener an Überholung und Umbau der KATHENA und sah schon mit Entsetzen, wie das alles mein Sparkonto völlig aufzufressen drohte, bevor ich noch zu meiner Weltreise aufgebrochen war.

Da bot sich für mich ebenso zufällig wie plötzlich die Chance eines Nebenverdienstes, die mir dazu noch sehr schmeichelte. Hochgestochen ausgedrückt: Ich wurde für den Film entdeckt.

Ein Mann sprach mich an auf der Yachthafen-Mole: Ob ich mitmachen wolle bei einem Film, ich hätte die richtige Statur für die Rolle, und natürlich bekäme ich auch Gage. Es war ein italienischer Film, den sie in Spanien drehten unter dem englischen Titel »Help Gemini« mit dem französischen Filmstar Janine Reynaud und dem deutschen Filmstar Wilfried Erdmann. Um ehrlich zu sein: Es war eine winzige Nebenrolle, die ich da spielte. Ich bekam einen dicken Pullover, eine Schiffermütze – und fertig war der Matrose. Da stand ich nun auf der Mole an einer Gangway, die zu einer Luxusyacht hinunterführte, und hatte Janine Reynaud hilfreich die Hand entgegenzustrecken, wenn sie von Bord ging. Und sie ging unzählige Male von Bord. Es wird später im Film nur eine winzige Szene von wenigen

Ein Sonntag während der Vorbereitung in Alicante

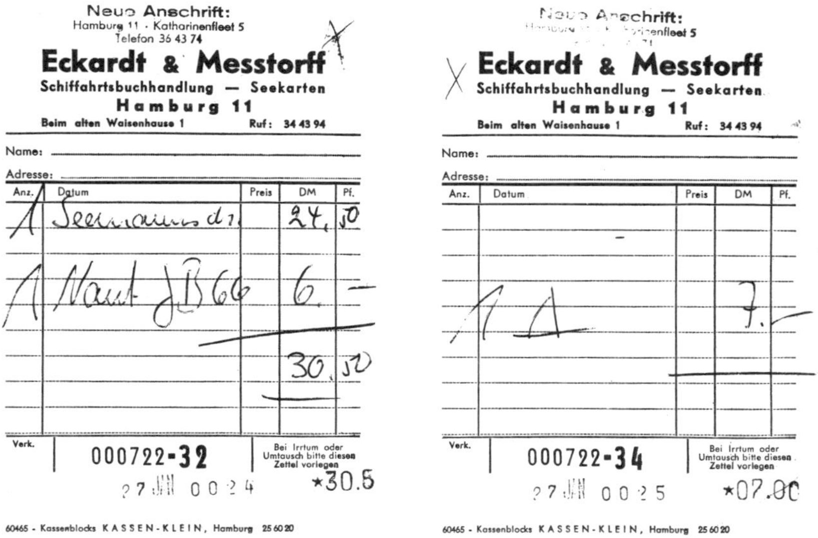

Neue Anschrift:
Hamburg 11 · Katharinenfleet 5
Telefon 36 43 74

Eckardt & Messtorff
Schiffahrtsbuchhandlung — Seekarten
Hamburg 11
Beim alten Waisenhause 1 Ruf: 34 43 94

Name:
Adresse:

Anz.	Datum	Preis	DM	Pf.
1	Seemannsch.		24,	50
1	Naut JB 66		6.	–
			30,	50

Verk. 000722-32 Bei Irrtum oder Umtausch bitte diesen Zettel vorlegen

27 JAN 0024 *30.5

60465 - Kassenblocks KASSEN-KLEIN, Hamburg 25 60 20

Neue Anschrift:
Hamburg 11 · Katharinenfleet 5

Eckardt & Messtorff
Schiffahrtsbuchhandlung — Seekarten
Hamburg 11
Beim alten Waisenhause 1 Ruf: 34 43 94

Name:
Adresse:

Anz.	Datum	Preis	DM	Pf.
1	Δ		7.	–

Verk. 000722-34 Bei Irrtum oder Umtausch bitte diesen Zettel vorlegen

27 JAN 0025 *07.00

60465 - Kassenblocks KASSEN-KLEIN, Hamburg 25 60 20

An Bord inzwischen auch die Seemannschaft, das Nautische Jahrbuch und ein Kursdreieck

Sekunden gewesen sein, aber sie wurde wieder und wieder geprobt, bis der Regisseur damit zufrieden war. Das dauerte einige Tage, und ich zog mich danach mit einer willkommenen Gage von etlichen hundert Peseten von meiner Rolle als Filmstar wieder in mein Privatleben zurück.

Mein Privatleben war in der nächsten Zeit aufregender als der spannendste Film. Denn zum erstenmal hieß es auf der KATHENA unter meinem Kommando: »Leinen los!« Das Kommando war allerdings auch das einzige, was ich überhaupt zur Ausfahrt beisteuerte. Denn ich fuhr natürlich nicht allein, sondern hatte erfahrenere Freunde dabei und sah ihnen und der KATHENA auf diesen kurzen Sonntagsnachmittagsausfahrten in der Bucht von Alicante nur zu, wie sie sich zueinander verhielten, wie sie miteinander rangen. Und ich merkte dabei schnell, daß die KATHENA bei dem einen bockte, bei dem anderen unter denselben Umständen willig folgte, kurzum: daß sich ein Boot noch viel mehr wie ein Individuum gegenüber seinem Führer verhält als zum Beispiel ein Auto vom Fließband. Und selbst von diesen Dutzendautos weiß man, daß sie ein ganz verschiedenes Fahrverhalten haben, je nachdem, ob sie wechselweise oder hintereinander von verschiedenen Fahrern gelenkt werden oder von Anfang an immer von ein und demselben. Wieviel empfindlicher noch reagiert da ein Boot, das schließlich nicht vom Fließband stammt, sondern jeweils nur in einem Exemplar vorhanden ist! Schon bei diesen ersten Ausfahrten unter der Führung von Freunden wurde mir klar, daß so ein Schiff nicht nur ein Individuum ist, das falsche Behandlung krummnimmt oder einer einfühlsamen Hand willig folgt, sondern daß es wirklich eine eigene Seele hat. Und seit dieser Erkenntnis ließ ich niemanden mehr an meine KATHENA heran.

Die nächsten kurzen Ausfahrten mit der KATHENA unternahm ich bald allein. Ich war dabei stolz und unsicher zugleich, ich schwitzte vor Aufregung und fror vor Nässe und war letztlich immer heilfroh, wenn ich nach wenigen Stunden wieder an der Muelle de Yates in Alicante festmachte. So konnte es nicht lange weitergehen. Und deshalb beschloß ich, einmal eine Ganztagstour zum nächsten Hafen zu machen. Der nächste Hafen, das war Benidorm, nur 20 Meilen entfernt. Das kam mir schon wahnsinnig weit vor. Aber wann wollte ich dann die Welt umsegeln, die, am Äquator gemessen, allein schon 22 700 Meilen mißt? Und da man nicht den Äquator entlangsegeln kann, bedeutete eine Weltumrundung auf dem Wasser mindestens 28 000 Meilen.

»Du Feigling«, sagte ich mir, »wenn du erst mal ein alter Mann wie Mr. Nuttall bist, wirst du es nie mehr schaffen!« Und ich gab mir einen Ruck und setzte die Abfahrt zu meiner ersten »Ferntour« auf den nächsten Tag fest. Es war der 13. Mai.

Ich habe es ja immer gewußt, daß ein Kapitän von altem Schrot und Korn nie an einem Freitag, den 13., ausläuft. Das bringt Unglück, heißt es. Aber jener 13. war kein Freitag, und so dachte ich mir nichts bei diesem Datum. Dennoch ging die ganze erste »Reise« schief. Und seither bin ich abergläubischer denn je.

Am Morgen dieses 13. Mai stieß ich von der Pier ab, setzte Großsegel und Klüver und brauste los. Nicht sehr weit. Ich kam der Kaimauer an der Ausfahrt bedenklich nahe und wäre mit der KATHENA unweigerlich dagegengebrummt, wenn ich nicht tags zuvor vergessen hätte, den Spinnakerbaum einzuholen. Der ist wie ein Klüverbaum, der noch einen Meter weiter hinaussteht. Er fing den Anprall ab – und zersplitterte dabei. In drei Stücke. Drei Stücke sind eigentlich ein gutes Zeichen. Doch mir brachte es dreifach Unglück. Und das zweite Unglück ließ auch nicht lange auf sich warten. Kaum war ich draußen auf See, da frischte es enorm auf. Ich hatte Spaß daran, wie die KATHENA dahinschoß, und vergaß dabei, mich rechtzeitig um die Segel zu kümmern. Das heißt, ich hatte auch keine Ahnung, wie man die Zeichen von Wellen und Wolken und Wind richtig deutet.

Untätig saß ich im Cockpit an der Ruderpinne, als eine heftige Sturmbö in die Segel fiel. Die KATHENA holte so stark über, daß ich mich mit beiden Händen festhalten mußte. Langsam neigte sich der Mast dem Horizont

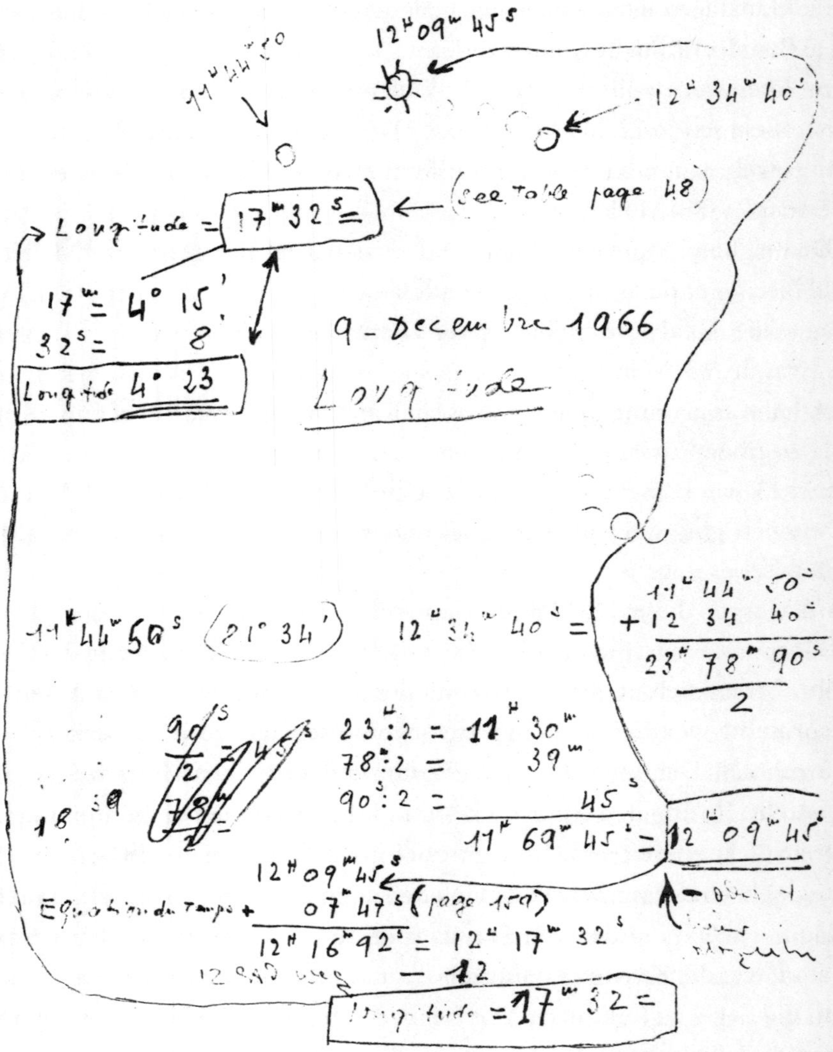

Auf diesem Notizzettel erklärt mir Bernard Moitessier eine Möglichkeit der Standortbestimmung: Die Länge zum Zeitpunkt der Kulmination zu berechnen

entgegen. Dann gab es im Heulen des Windes einen Knall, so laut wie ein Kanonenschuß. Mitten durch die Fock, von oben bis unten, klaffte ein Riß, und bevor ich irgend etwas unternehmen konnte, flog das Baumwollsegel über See davon wie ein geplatzter Luftballon. Das war das zweite Unglück. Wie gelähmt erwartete ich das dritte. Aber es schien auszubleiben. Der Wind flaute ab, wurde sanft und gleichmäßig, und Benidorm lag voraus. Ich erkannte bereits einzelne Bäume, Menschen und Häuser. Schon schalt ich mich wegen meines Aberglaubens.

Siegessicher steuerte ich die Pier an. Ich war noch einige Kabellängen weit vor dem Kopf der Mole, die ein ganzes Stück ins Meer hinausragte, als es plötzlich unter mir heftig bumste und ich vornüber an Deck flog. Ich brauchte eine Weile der Besinnung, bis ich begriff, was geschehen war: Ich hatte nicht auf die Seekarte gesehen, und die KATHENA war auf die Buhne aufgelaufen, die sich vom Molenkopf aus unter Wasser – und bei Ebbe besonders flach – nach See hin fortsetzt. Und es war gerade tiefste Ebbe. Jetzt auch in meiner Stimmung.

Fischer, die mein drittes Unglück an diesem Tag aus der Nähe beobachtet hatten, warfen mir ein Tau zu, schleppten mich vom Grund frei und zogen die KATHENA in den sicheren Hafen. Sie lachten mir fröhlich – und, wie es schien, aufmunternd – zu, doch ich schämte mich so, daß ich mich gleich nach dem Festmachen in die Kajüte verkroch, mich auf die Koje warf und schließlich ganz verzweifelt einschlief.

Ein solches dreifaches Unglück wiederholte sich später auf meiner ganzen Weltumseglung nicht mehr. Das lag indessen nicht nur daran, daß mir der Windgott künftig wohler gesonnen war. Das lag auch an meiner besonderen Sorgfalt und Umsicht, die ich mir von diesem bösen Tag an auferlegte. Ich erkannte, daß ich noch viel zu unerfahren war, und verlangte mir in der nächsten Zeit bei verschärftem Selbsttraining doppelte Disziplin ab.

Ich kam voran. Nicht nur auf meiner Rückreise von Benidorm nach Alicante, die ohne besondere Vorkommnisse verlief, sondern auch auf meinen Probetörns, die ich von nun an alle zwei, drei Tage von Alicante aus startete. Ich lernte schnell – nicht nur aus Büchern und auch nicht von Segellehrern, sondern allein durch eigene Erfahrung –, über den nächsten Wellenkamm hinaus die Zeichen der See zu deuten und an den Wolken zu erkennen, woher und wie stark der Wind in einer Viertelstunde blasen würde. Bald war ich so sicher, daß ich mir guten Gewissens zutrauen durfte, zahlende Gäste für einige Stunden auf See hinauszuschippern. Das war gerade zu Beginn des Sommers, als es an Land unerträglich heiß zu werden begann und selbst die sonnenhungrigen Touristen aus dem heimatlichen Norden nach Kühlung lechzend am Hafen herumstromerten, neidvolle Blicke werfend auf uns stolze Yachtbesitzer, die wir ihren begrabenen Kindheitsträumen von Freiheit und ungebundener Herrschaft über ein eigenes Schiff viel näher waren. Herablassend erbarmten wir uns ihrer, segelten mit ihnen schon zur eigenen Erfrischung hinaus in den lauen Wind vor der Küste – und ließen uns dafür auch noch bezahlen. Das war mir von alledem das angenehmste, denn schon wieder drohte meiner Kasse gefährliche Ebbe.

Meine Verschönerungs- und Umbauarbeiten waren währenddessen weitergegangen. Jetzt wurde es unumgänglich, die KATHENA auch unter der Wasserlinie zu überholen. Dazu mußte sie auf einer kleinen Bootswerft aufgeslipt werden: Ein Wagen mit Böcken wurde auf Schienen, die weit ins Wasser führten, unter die schwimmende KATHENA hinabgelassen, dann zogen Seilwinden den Wagen samt Boot hoch aufs Land. Eine ganze Woche brauchte ich, um den Schiffsboden zu säubern und nachzukalfatern, das heißt, alle Ritzen zwischen den Planken mit einem Dichtungsmittel nachzukeilen. Dann erhielt der Rumpf zwei Anstriche mit Kupferfarbe. Fast Tag und Nacht arbeitete ich daran, damit ich in einer Woche fertig wurde. Denn eine Woche auf dem Slip kostete 400 Peseten oder 38 Mark.

Ich war sehr knauserig geworden, damals, und sparte, wo ich nur konnte. Deshalb wagte ich mich auch an Arbeiten, für die ein Fachmann viel Geld nimmt. Zum Beispiel an den Bau von Bug- und Heckkorb. Das ist eine Reling, ein Geländer vorn und achtern am Schiff, damit ich nicht ins Wasser fiel, wenn ich mich unterwegs auf See zu Reparaturen oder zur Bedienung der Segel außenbords lehnen mußte.

Ich besorgte mir ein paar Meter Gasrohr aus der Stadt, lieh mir schweres Werkzeug von Bootsnachbarn, schnitt mir die Rohre selber zurecht und bog sie in die richtige Form – mit nichts als der Kraft meiner Hände, wie Störtebeker einst Hufeisen verbogen oder Graf Luckner, der »Seeteufel«, mit den Händen dicke Telefonbücher zerrissen hatte. Nur die Verbindungen zwischen den einzelnen Stücken mußte ich bei einem Schlosser schweißen lassen.

Während meines Kraftakts in der glühenden Sonne am Kai stand eine Menge gaffender Menschen um mich herum. »Typisch deutsch«, dachten sie wohl, »macht alles selber, und das bei dieser Hitze!« Und dann wandten sie sich kopfschüttelnd ab.

Es war einer dazwischen, der mir besonders kritisch zusah, Bernard Moitessier. Ich mühte mich gerade damit ab, den Bugkorb am Rumpf zu befestigen, da sprang er wortlos von der Mole aufs Boot und legte einfach mit Hand an.

Ich blickte ihn überrascht an. Daß mir Bernard Moitessier half, verblüffte mich. Der Franzose ist einer der berühmtesten Hochsee-Segler der Welt. Er hatte gerade eine Rekordfahrt hinter sich, war mit seiner Frau Françoise an Bord seiner Yacht JOSHUA in nur 125 Tagen von Tahiti rund um Kap Hoorn nach Alicante gesegelt und hatte sein Boot nun zu einer längeren Rast hier festgemacht. Genaugenommen selten zu sehen, er arbeitete täglich an einem Buch.

Bernard war wortkarg und wirkte versonnen, und vielleicht mochten wir uns deshalb gleich auf Anhieb, denn auch ich halte nichts von dauerndem Gerede. Und ich glaube, ich gehöre zu seinen wenigen Freunden, überhaupt zu den wenigen Menschen, die ihn verstanden, als er später die größte Leistung in der Geschichte des Segelns vollbrachte und trotzdem von den meisten als Irrer verlacht wurde.

Das war im Frühjahr 1969. Bernard lag vorn im Rennen um den Preis für jenen Mann, der als erster allein und ohne irgendwo anzulegen um die ganze Erde segelte. Das hatte noch keiner gewagt, geschweige denn geschafft.

Bernard war im englischen Hafen Plymouth gestartet, hatte den Atlantik südwärts um Afrika, den Indischen Ozean und den Pazifik durchschifft, schließlich die Klippen von Kap Hoorn umrundet und brauchte nur noch das »letzte Stückchen« durch den Atlantik nordwärts nach England zu segeln, als er plötzlich nach 204 einsamen Tagen auf See wie ein fliegender Holländer unerwartet in die Tafelbucht von Kapstadt an der Südspitze Afrikas einlief, ohne anzulegen, nur eine Runde durch den Hafen drehte, um eine Flaschenpost abzuwerfen und in den Indischen Ozean statt in den Atlantik abdrehte. Damit verschenkte er den offiziellen Sieg als erster Nonstop-Einhand-Weltumsegler in der Geschichte der Seefahrt.

In seiner Flaschenpost versuchte er zu erklären, was dennoch kaum jemand verstand: »Meine Absicht ist, die Reise fortzusetzen, immer noch nonstop, aber in Richtung auf die pazifischen Inseln. Denn da gibt es viel Sonne und mehr Frieden als in Europa. Bitte, glaubt nicht, daß ich Rekorde aufstellen will. ‚Rekord' ist ein dummes Wort auf See. Ich fahre weiter, einfach, weil ich auf See glücklich bin – und vielleicht, weil ich meine Seele retten will.«

Da behaupteten viele, Bernard sei durch die lange Einsamkeit auf See verrückt geworden, und die pazifischen Inseln erreiche er in dieser Verfassung nie.

Natürlich erreichte er sie – nach einer längeren Segeltour als der Engländer Robin Knox-Johnston, der kurze Zeit später in das Logbuch der Geschichte als erster Nonstop-Einhand-Weltumsegler nach den Regeln des Wettbewerbs einging.

In Europa erwarteten ihn nur viele fremde Menschen, um ihn zu bejubeln, auszufragen und um Autogramme zu bestürmen. Alles Dinge, auf die man keinen Wert legt. Ebensowenig wie auf rote Ampeln und Parkplatzmangel, auf Lärm von Nachbarn im Neubau nebenan, auf den Ärger mit dem Finanzamt und auf das miese Fernsehprogramm.

An diesem Abend in Alicante an Deck der KATHENA wußten Bernard und ich genau, was wir dagegen sehr viel sehnlicher begehrten. Mir schwebte es wie ein alter, unerfüllter Jungentraum vor. Bernard indessen wußte schon, wie das aussah, seit er 1965 mit seiner Frau lange Zeit in der Inselwelt um Tahiti verbracht hatte: die Südsee – rauschende Palmen, schlohweiße Strände, ewige Sonne, anmutige Mädchen, wiegende Hängematten.

Wir sprachen kein Wort miteinander von unseren Träumen an diesem Abend, als wir uns an Deck meiner KATHENA kennenlernten. Ich hatte ihn nur nach ein paar nebensächlichen technischen Dingen gefragt, als er sich plötzlich zu mir umwandte, mich direkt ansah und mir auf den Kopf zusagte: »Du hast was Besonderes vor, nicht wahr?«

»Well,« entgegnete ich nur. Damit war nicht mehr und nicht weniger gemeint, als wenn man im Deutschen »Nun ja« sagt. Ich wollte wirklich niemandem verraten, was ich plante.

»Ich kann dir da ein paar Tips geben, wenn du willst«, sagte Bernard, als er gegen Mitternacht von Bord ging. Und von diesem Abend an war Bernard Moitessier nicht nur mein Freund, sondern auch mein Lehrmeister.

Er kam in den nächsten Tagen häufiger von seiner JOSHUA herüber und gab mir fachmännische Ratschläge, als ich daranging, mir meine Selbststeueranlage zu bauen. Das ist eine Art Windfahne, etwas größer als ein Kuchenblech, die fest mit der Ruderpinne verbunden wird und über Seile und Rollen automatisch auf die Pinne wirkt, damit das Boot auf dem gewünschten Kurs bleibt und sich praktisch selber steuert. Denn man muß ja auch mal schlafen, wenn man ganz allein segelt, muß nach vorne, um die Fock zu bergen, muß in die Kajüte, um sich ein Süppchen zu kochen oder

das Logbuch zu führen. Das geht ohne Selbststeueranlage schlecht, und da man so etwas nicht fertig aus der Fabrik bekommt, muß es sich jeder nach eigenem Bedürfnis selber bauen. Bernard beriet mich dabei, und als die lebenswichtige Vorrichtung fertig war, hatte sie mich nicht nur lediglich 60 Mark an Material und einige Schweißtropfen gekostet, sondern sie funktionierte auch vom ersten Augenblick an recht ordentlich.
Und ebenso lernte ich unter Bernards Anleitung theoretisch die notwendigen Grundbegriffe der Navigation. Die brauchte ich, um auf dem offenen Meer täglich genau feststellen zu können, wo ich war, damit ich den Kurs stets neu auf mein Ziel einstellen konnte. Zwar hatte ich mir dicke Lehrbücher nach Alicante mitgebracht, aber darin war alles so umständlich beschrieben – und das Leben um mich herum war so verführerisch einfach –, daß ich die dicken Schwarten bald in die hinterste Kajütenecke warf.
Ich gestand Bernard mein Problem, und spontan bot er sich an, mir zu helfen. Er führte mich auf seine JOSHUA, holte aus der Kajüte Papier und Bleistift, Tabellen und einen Sextanten hervor, drückte mir das Gerät in die Hand und sagte: »Paß auf, das ist doch eigentlich gar nicht so schwierig ...«
Es war auch gar nicht so schwierig für mich, als ich das Ding erstmal in der Hand hatte. Ich selber besaß noch keinen Sextanten, weil ich in meiner Sparsamkeit die Anschaffung eines so außerordentlich teuren Präzisionsinstruments immer noch vor mir hergeschoben hatte. Jetzt aber, beim praktischen Gebrauch, kapierte ich schnell, was mir all die theoretischen Abhandlungen der Lehrbücher nicht verständlich machen konnten. An einem Tag verbrachte ich den ganzen Nachmittag bei Bernard. Und als ich am Ende dieses Blitzlehrganges für Navigation von Bord der JOSHUA ging, trug ich nicht nur zwei von Bernard mit Zahlenbeispielen, Gleichungen und Ausrechnungen vollgekritzelte Blatt Papier mit auf meine KATHENA, wo ich diese »Lehrbriefe« sorgfältig in das Logbuch einklebte, sondern ich hatte auch das Prinzip der Ortsbestimmung nach der Sonnenhöhe begriffen.

Jetzt besaß ich ein Boot mit selbstlenzender Plicht und Selbststeueranlage. Jetzt konnte ich segeln. Jetzt konnte ich sogar, rein theoretisch, navigieren. Was hielt mich noch an Land?

Es dauerte lange, bis mir die Erkenntnis kam. Mehr als dreißig Yachten lagen jetzt im Sommer an der Muelle de Yates von Alicante vertäut. Nur selten wurden auf ihnen die Segel gesetzt, und wenn, dann höchstens für einen Sonntagnachmittagsausflug. Dabei waren die meisten dazu geschaffen, viel bequemer und gefahrloser die Welt zu umsegeln als meine KATHENA. Aber der eine Eigner sagte, er bekomme die richtige Crew nicht zusammen, der andere gab vor, er hätte noch eine Grundüberholung an seinem Boot auszuführen, und der dritte räumte schon kleinlaut ein, er sei durch dauernde Grundüberholung und jahrelange Suche nach der geeigneten Mannschaft zu alt geworden fürs Hochseesegeln und wolle seine Yacht jetzt nur noch als Wohnboot benutzen und in Alicante bleiben. Bootsführer wieder anderer Yachten klagten mir genüßlich ihr Leid, daß sie ja nur Angestellte ihres steinreichen Bootsbesitzers seien, der lediglich zu einer kurzen Mehrtagestour auf dem Mittelmeer während der Ferien aus Nordeuropa oder Amerika herüberfliege – und sie müßten das Boot während des ganzen restlichen Jahres im Hafen hüten und pflegen.

So verschaukelten sie alle ihre Monate, Jahre oder sogar den Rest des Lebens im Hafen von Alicante und fanden vor lauter Ausreden nicht mehr den Absprung. Der wirkliche Grund war jedoch das verführerische Wohlleben in dieser lebendigen, billigen, sauberen Stadt mit ihrem schönen, geschützten Hafen und dem mehr als angenehmen Mittelmeerklima. Als ich merkte, daß auch ich schon in diesem Tran lebte und hängenzubleiben drohte, erschrak ich. Länger als zwei Jahre lag die KATHENA, abgesehen von den kurzen Stippfahrten vor die Küste, nun bereits im Hafen vertäut. Fast ein Jahr gammelte ich hier schon herum. Es wurde höchste Zeit für mich. Jeden Morgen, wenn ich aus meiner Kajüte kroch, schnupperte ich nun prüfend in den Wind, sah sehnsuchtsvoll den Wolken nach und hörte aufmerksam die Wetternachrichten. Am Morgen des 25. Juli 1966 wirkte alles zusammen besonders günstig. Da machte ich die KATHENA mit ein paar letzten Handgriffen seeklar, hievte gegen Mittag den Anker und lief von Alicante unter Vollzeug aus.

Ich hegte nicht etwa das stolze Gefühl in meiner Brust: He hopp, jetzt werde ich Weltumsegler! Je mehr Erfahrungen ich mit Wind und See, mit der KATHENA und mir gesammelt hatte, um so bescheidener war ich geworden. Jetzt hatte ich mir nicht die Weltumseglung vorgenommen, sondern lediglich den Absprung vom faulen Leben in Alicante. Ohne genaueres Ziel wollte ich mich erst einmal in kleinen Schritten von Tag zu Tag und von Hafen zu Hafen die Küste entlanghangeln. Westwärts nach Gibraltar. Und dann mal sehen...

Ich schaffte die 27 Meilen von Alicante nach Torrevieja bis abends und kam gerade noch rechtzeitig, um in einer Hafenkneipe auf dem Fernsehschirm das Fußballspiel Deutschland gegen Sowjetunion anzusehen. Es endete zwei zu eins für Deutschland, und damit waren wir in der Endrunde. Das gab mir Auftrieb für den nächsten Tag.

Am nächsten Tag segelte ich 40 Meilen, von Torrevieja nach Cartagena, am dritten Tag von Cartagena nach Aguilas – nur 20 Meilen und so in Tagestouren weiter über Almeria, Adra, Motril, Malaga und einige kleine Fischernester an der Küste entlang westwärts in Richtung Gibraltar. Nach 17 Tagestouren kam der Felsen in Sicht, der liegende Löwe. Es war das erste Mal, daß ich nach all den spanischen Häfen mit der KATHENA in den Hafen eines anderen Landes einlief – Gibraltar ist ja britisch –, und ich war etwas aufgeregt. Aber das war ich, wie ich später feststellte, immer wieder, sooft ich fremde Häfen ansteuerte. Was würde mich erwarten?

Wenn man in einen fremden Hafen einläuft, weiß man im voraus nie, was für einen Liegeplatz man zugewiesen bekommt, ob man längsseits an der Pier festmachen kann oder wohl auf Reede ankern muß oder ob man kurz vor der Pier den Anker wegwerfen soll, um dann das Boot herumzuschwenken

und mit dem Heck an Land festzumachen. So hat man gerade vor dem Einlaufen, das allein schon volle Aufmerksamkeit erfordert, noch eine Menge zu tun, und auf alle Möglichkeiten vorbereitet zu sein. Wie ein wildgewordener Kletteraffe tobt man übers ganze Schiff. Von der Ruderpinne zu den Segeln, dann in die Kajüte, um die Schiffspapiere, Impfbuch und Reisepaß zur Einsicht für die Hafenbeamten auf den Tisch zu legen, dann wieder hinaus zur Pinne, dann wieder nach vorn, um den Anker aus der Zurring zu lösen und wurfbereit zur Hand zu haben, Fender und Festmacher zurechtzulegen.
Was all die Tage von Alicante bis hierher mit ihren wechselnden Küstenwinden und mieser, kabbeliger See nicht ganz geschafft hatten, das schaffte diese letzte Stunde vor Gibraltar endgültig: Als das Hafenboot mich auf Reede dirigiert hatte, der Anker im Grund saß und der Beamte nach der Abfertigung wieder von Bord ging, war ich fix und fertig.
Erschöpft verschlief ich die nächsten Tage an Bord der KATHENA oder vertrödelte sie unschlüssig in den winkeligen, steilen Sträßchen der Stadt am Affenfelsen. Jeden Gedanken, nun wirklich zur Weltumseglung zu starten, schob ich zunächst weit von mir.
Intensiv dachte ich wieder daran, zunächst, als ich im Schaufenster von Dawlan in der Irish Town einen herrlichen Sextanten blinken sah, ein günstiges Angebot, »nur« 61 englische Pfund, gute 600 Mark. Ich kaufte das teure Stück, trug es wie einen Schatz vorsichtig auf die KATHENA und verstaute es sorgfältig.
Bald war ich wieder bei Dawlan, dem einzigen Schiffsausrüster. Leistete mir das beste Ölzeug, Tauwerk, Schäkel und anderes Zubehör.
15 000 Mark hatte ich bis jetzt schon in mein kleines bescheidenes Boot hineingesteckt. Meine nautische Ausrüstung bestand aus: einer Armbanduhr, einem einfachen Batterie-Radio, zwei Kompassen und – neuerdings – einem Sextanten. Das war alles.
Unruhig pendelte ich zwischen Stadt und Boot, brachte Ordnung in Leinen, Schäkel und Segel an Bord der KATHENA und ergänzte meine Vorräte

für fast 200 Mark: Konserven, frisches Gemüse und Obst, Getränke, Medikamente und Wasser. Ja, auch Wasser kostet Geld in einem Hafen.
So war ich, für meine Verhältnisse, im Grunde wohlgerüstet für den Start zur Weltumseglung. Und dennoch blieb ich voller Zweifel an meinen Fähigkeiten, voller Versuchung zum bequemen Leben an Land. Bis ich Astrid kennenlernte und mit ihr segelte.

Atlantik, Erster Teil

Mir gehört die ganze Welt

Von Gibraltar nach Las Palmas
10. September 1966 bis 27. September 1966
17 Tage 768 Seemeilen

Ich bin einfach schlafen gegangen nach diesen ersten 24 durchwachten Stunden der Erschöpfung und dem Augenblick der schrecklichen Erkenntnis, daß meine Armbanduhr, dieses wichtige Navigationsinstrument, nicht mehr geht. Ich lasse die KATHENA, genauso wie mich, einfach treiben. Das ist lebensgefährlich im Nebel und bei diesem Schiffsverkehr an der Mündung des Mittelmeeres in den Atlantik. Und deshalb schrecke ich schon nach drei oder vier Stunden wieder hoch, um mit der Pinne der KATHENA auch das Ruder meines eigenen Schicksals endlich fest in die Hand zu nehmen.

Ich überdenke ruhig meine Lage und finde sie gar nicht mehr so schlimm. Zwar ist die Uhr kaputt, aber ich habe ja noch das Batterie-Radio, das mir die Zeitzeichen liefert. Es wird allerdings ein bißchen mühsam werden, nach ungefährem Zeitgefühl das Radio anzustellen und draußen an Deck mit dem Sextanten schußbereit zu stehen, wenn drinnen in der Kajüte das Piepen ertönt, aber daran muß ich mich eben gewöhnen.

Ein anderer Umstand wird mir auch bald zur Gewohnheit werden: Zwar hält sich die KATHENA mit der Selbststeueranlage selber auf dem eingestellten Kurs, aber nur, wenn der Wind beständig aus ungefähr derselben Richtung bläst. Und das tut er nicht tage-, sondern höchstens stundenlang. Der Morgenwind kommt meist aus einer ganz anderen Richtung als der

Wind am Abend. Also muß ich alle drei oder vier oder spätestens alle fünf Stunden aus der Kajüte hinaus an Deck und die Selbststeueranlage auf die neue Windrichtung einstellen. Das führt dazu, daß ich künftig – und während der ganzen Weltreise – nie mehr acht Stunden ununterbrochen schlafen kann, wie man das an Land normalerweise gewohnt ist. Jetzt muß ich in Raten schlafen, mal drei Stunden, um dann wieder fünf Stunden wach zu sein und anschließend wieder für vielleicht eine Stunde in die Koje zu fallen. Vielleicht. Denn jeden Augenblick kann etwas passieren. Dann muß ich sofort hinaus. Deshalb ist mein Schlaf nie mehr so tief wie früher zu Hause im Bett. Auch wenn ich schlafe, achten meine Sinne darauf, ob sich irgendwelche Geräusche verändern, etwa das Schlagen der Segel an Deck oder das Klatschen der Wellen am Boot. Instinktiv spüre ich nun selbst in tiefsten Träumen, wie sich die Lage des Bootes ein wenig verändert. Und schon springe ich auf.

Und noch etwas wird grundsätzlich anders als an Land: Die paar Stunden, die ich mir leisten kann, schlafe ich stets am Tage. Denn ich führe nachts keine Positionslichter - und selbst wenn ich es täte: Es wären nur winzige Funzeln in der Dunkelheit der Nächte auf See, und die KATHENA liegt oft so tief in Wellentälern, daß große Schiffe sie trotzdem glatt übersehen und überfahren könnten. So muß ich – wenn ich schon nicht gesehen werde – wenigstens selber sehen können, und deshalb verbringe ich meine Nächte wach im Cockpit.

Während der ersten drei Tage und Nächte seit meiner Abfahrt aus Gibraltar wird mir das Leben noch reichlich sauer, denn ich bin meistens in dichten Nebel gehüllt. Es läuft eine hohe, träge Dünung, und es weht kaum ein Windchen – Wetterbedingungen, die einen Segler zur Verzweiflung treiben können. Lasse ich die Segel bei dieser Flaute stehen, so schlagen sie und der Baum beim Rollen des Schiffes in der Dünung heftig von einer Seite zur anderen, reißen ruckweise an den Blöcken und scheuern an dem stehenden Gut. Dabei verschleißen Segel genauso wie im Sturm.

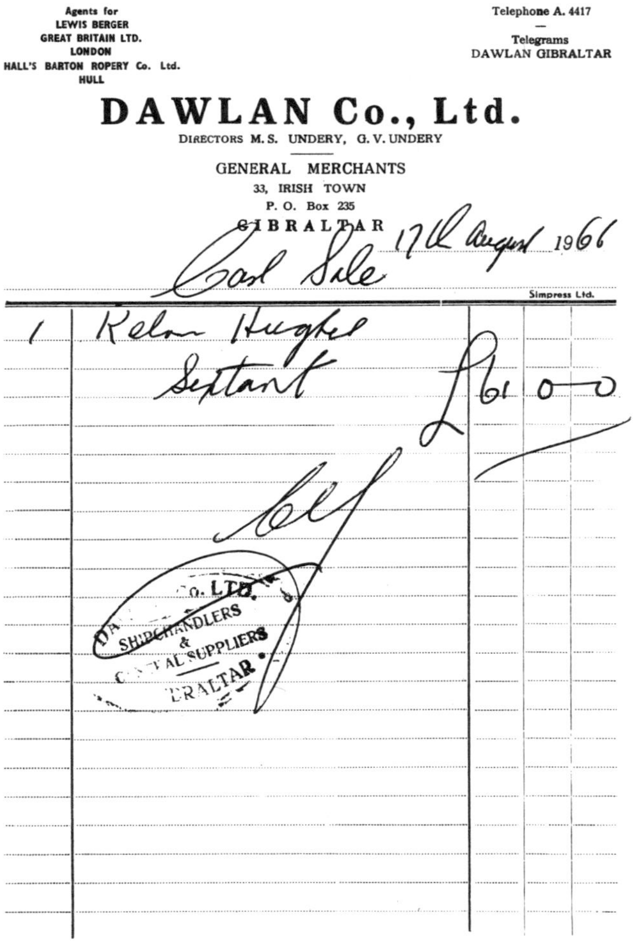

Agents for
LEWIS BERGER
GREAT BRITAIN LTD.
LONDON
HALL'S BARTON ROPERY Co. Ltd.
HULL

Telephone A. 4417

Telegrams
DAWLAN GIBRALTAR

DAWLAN Co., Ltd.

DIRECTORS M. S. UNDERY, G. V. UNDERY

GENERAL MERCHANTS
33, IRISH TOWN
P. O. Box 235
GIBRALTAR

Cash Sale 17th August 1966

Simpress Ltd.

1	Kelvin Hughes Sextant	£61	0	0

DAWLAN Co. LTD.
SHIPCHANDLERS & GENERAL SUPPLIERS
GIBRALTAR

Das teuerste Instrument an Bord:
Ein Trommel-Sextant für umgerechnet über 600 Mark

Nehme ich sie aber herunter, dann verspüre ich körperlich, was mit dem Ausdruck »sich die Seele aus dem Leibe schlingern« gemeint ist. Es ist, derb gesagt, »zum Kotzen«.

So schlingere und treibe ich mehr, als ich segele, und es fällt mir dabei schwer, den Kurs zu halten.

Kurs: Südwest. Richtung: Kanarische Inseln Sie sollen meine erste Station sein, genauer: die mittlere der sieben großen weit auseinandergezogenen Inseln, Gran Canaria, mit Hafen und Hauptstadt Las Palmas.

Natürlich hätte ich auch von Gibraltar direkt auf Westkurs über den Atlantik nach Amerika segeln können, aber direkt im Westen liegt New York, und was soll ich da? Das ist mir zu nördlich. Ich suche den warmen Süden. Und überhaupt: Die geraden Strecken, die von den Passagier- und Frachtschiffen durch die Meere gefurcht werden, sind nicht immer auch die kürzesten Strecken für Segler. Denn die Meeresströmungen und Winde, auf die allein der Segler angewiesen ist, ziehen in großen unregelmäßigen Bogen um den Globus. Da muß ein Segler sehen, daß er in den günstigsten Wind- und Wasserstrom kommt. Und der aus der Zeit der großen Segelschiffe berühmte Wind nach Amerika, der Passat, weht erst weit im Südwesten hinter den Kanarischen Inseln.

Das ist mir auch aus einem anderen Grunde recht. So habe ich vor der eigentlichen Atlantiküberquerung noch einmal die Möglichkeit, die KATHENA auf einer Zwischenstation zu überprüfen und meine Pläne kritisch zu überdenken. Weltumseglung? Ich bin bereits dabei, und doch denke ich längst nicht mehr in so hochfliegenden Begriffen. Ich will schon froh sein, wenn ich überhaupt den Atlantik hinter mir habe. Vor mir haben das erst zehn oder elf Deutsche geschafft. Wohlgemerkt: Einhand.

Einhand – ein etwas seltsamer Begriff, den ich wohl schnell erklären muß. Natürlich sind Einhandsegler nicht einarmige Segler. »Einhand« bedeutet: allein. Und wenn man allein segelt, gilt die alte Arbeits- und Sicherheitsregel der Seeleute – auch auf den größten und modernsten Schiffen – in verstärktem Maße: Eine Hand für das Schiff und eine Hand für dich! Mit der einen muß man bei Sturm und jeder Gefahr sich selber sichern, damit man nicht verletzt wird oder über Bord fällt, und nur mit der anderen soll man steuern oder arbeiten.

Zu arbeiten oder zu steuern habe ich allerdings wenig in diesen ersten Tagen des gemächlichen Flautensegelns. Das Boot ist tadellos in Schuß – nichts zu ordnen oder zu reparieren. Und die Selbststeueranlage funktioniert einwandfrei, sie erlöst mich von der Tyrannei des Rudergehens.

So liege ich die meiste Zeit im Cockpit, beobachte das Meer oder höre Radio – das einzige allerdings, womit ich etwas sparsam umgehen muß, denn die Batterien liefern nicht ewig Strom, und ich brauche das Radio ja zur Navigation.

Ich genieße jetzt in vollen Zügen die Einsamkeit. Durch das offene Luk fächelt der leichte, beständige Ostwind in die Kajüte. Das Brausen der See und das Gurgeln des Wassers am Bug der KATHENA werden in diesen wenigen ersten Tagen schnell vertraute Geräusche. Sie erfüllen mich mit Zufriedenheit und Zuversicht.

In diesen Stunden vertraue ich meinem einzigen und engsten Vertrauten, dem Logbuch, meine geheimsten Gedanken und Regungen an: *Welch ein wunderbares Gefühl, Herr seiner selbst zu sein! Diese Einsamkeit erinnert mich an meine Kindheit. Schon damals drängte es mich nach Alleinsein, und ich fühlte mich wohl dabei. – Und jetzt kann ich überallhin, wohin ich nur schaue! Bis weit hinter den Horizont ist alles mein. Ich kann machen, was ich will, schlafen, essen, träumen, alles, alles …*

Am vierten Tag endlich ist der Nebel gegen Mittag zum erstenmal verflogen und die Sonne zu sehen. Höchste Zeit für mich, ein Besteck zu nehmen und genau zu bestimmen, wo ich bin. Meinen ungefähren Standort kenne ich zwar stets: Er ergibt sich aus dem Kompaßkurs, den ich einhalte, und meiner Geschwindigkeit, die ich mit dem Log messen und später immer sicherer aus der Erfahrung schätzen kann. Aber die Meeresströmungen

treiben einen im Laufe der Zeit erheblich ab; »der Strom versetzt«, heißt es in der Seemannssprache. Und deshalb ist es wichtig, wenigstens alle paar Tage durch ein genaues Mittagsbesteck den wirklichen Standort zu ermitteln.
Mein erstes Besteck! Schon frühmorgens habe ich mir die beiden Zettel, die »Lehrbriefe« von Bernard Moitessier, noch einmal genau angesehen und zu durchdenken versucht, was er mir logisch vorgerechnet hatte. Dann stelle ich viel zu früh das Radio an, um das Zeitzeichen nicht zu verpassen. Und nun stehe ich im Luk, den Sextanten nach draußen gerichtet und das Ohr nach drinnen.
Piepiep, piepiep – piep, piep – piep! »Beim letzten Ton des Zeitzeichens war es zwölf Uhr«, heißt es im deutschen Rundfunk. Aber jetzt bekomme ich nur spanische und englische Sender. Was der Sprecher hinterher sagt, ist kaum zu verstehen. Und darauf kommt es auch nicht an. Wenn er in seiner Sprache sagt »... war es zwölf Uhr«, ist es ja schon zu spät. Ich muß vorausahnen, wann das letzte »Piep« ertönt.
»Piep!« Jetzt! Ich versuche, den Sextanten in der Hand, die vor Aufregung zittert, ganz ruhig zu halten. Ich versuche auf dem Boot, das heftig in der langen Dünung unter mir schlingert, einen möglichst festen Stand zu haben und im richtigen Augenblick den Winkel zwischen Horizont und Sonne zu messen. Die Sonne steht zu jeder Sekunde, von jedem Standort auf der Erde gesehen, verschieden hoch über dem Horizont. Und wenn man die genaue Uhrzeit und den genauen Winkel hat, kann man die gesuchte unbekannte dritte Größe – den Beobachtungsort – mit Hilfe von Tabellenbüchern ausrechnen.
Die Ausrechnung am vierten Tag meiner Reise, am 13. September 1966, mittags: Ich bin jetzt auf 35 Grad 04 Minuten Breite und 07 Grad 02 Minuten Länge. Ich rechne immer und immer wieder nach – weil wir den 13. des Monats haben und ich abergläubisch bin –, aber mir ist offenbar bei meiner ersten wirklichen Standortbestimmung kein Fehler unterlaufen. Ich bin

Beim »Schießen« der Sonne mit dem neuen Sextanten

Uhrenabgleich mit dem Zeitzeichen aus dem Radio

115 Meilen südwestlich Gibraltar. Bei diesen dauernden Flauten ein einigermaßen brauchbares Ergebnis.
In das Logbuch schreibe ich heute: *Mein erstes Besteck! Meiner Meinung nach müßte es stimmen. Anschließend leiste ich mir ein erholsames Mittagsschläfchen und nachmittags letzten Kuchen aus Gibraltar mit Kakao. – Wunderbarer Abend, herrliches Phosphorleuchten, eine Freude, so allein auf See zu sein! Fühle mich großartig ...*
Auch in den nächsten Tagen treibe ich von Flaute zu Flaute mit ganz leichten Brisen dahin. Am 18. September 1966 trage ich ins Logbuch ein: *Dieses Flautensegeln ist verdammt anstrengend. Das ist heute nun schon mein neunter Tag! Habe bisher keinen Wind von länger als zwei Stunden vorgefunden. Fast führe ich das Leben eines Normalbürgers an Land. Kochte mir gestern Spaghetti, heute Milchsuppe. Lese etwas und wundere mich selber über meine Gelassenheit. – Wenn das mit dem Wind so weitergeht, brauche ich tatsächlich noch zwanzig Tage bis Las Palmas. Das wäre ein beschämender Rekord: Die längste Zeit, die jemals jemand gebraucht hat ...*
Aber ich füge mich in mein geruhsames Schicksal. Am nächsten Tag schreibe ich nur noch lakonisch ins Logbuch: *Morgenrot und Abendrot und weiter nichts.*
Am zehnten Tag auf See, als der Abend dämmert und ich gerade nach unten in die Kajüte steigen will, um mir ein Abendbrot zu bereiten, werfe ich noch gewohnheitsmäßig einen Rundblick über den Horizont. Ich stutze – und ich muß zweimal hinsehen, bevor ich es glaube: Im schwindenden Licht sehe ich steuerbord voraus eine dunkle, breit hingelagerte Masse.
Lanzarote – die erste der Kanarischen Inseln. Hurra!
Nach Kompaßpeilungen und nach den Angaben des Seehandbuches steuere ich genau auf die Mitte der Insel zu. Aber da will ich gar nicht hin. So setze ich den Kurs neu ab, auf Südsüdwest, denn ich will südlich an der Insel vorbei, will durch die Meeresenge von La Bocayna zwischen Lanzarote und Fuerteventura, der nächsten Insel, hindurch zunächst nach Westen

segeln, um Las Palmas dann auf Südkurs zu erreichen. Meine KATHENA läuft augenblicklich 3 Knoten. Noch eine gute Stunde, und ich werde mit der kommenden Nacht die Leuchtfeuer von Lanzarote sehen. Dann kann ich meine Position auspeilen.

Gegen Mitternacht sehe ich genau westwärts die Lichter von Arrecife, der einzigen Hafenstadt der Insel Lanzarote, und sogar das Leuchtfeuer auf dem Kopf der Mole ist trotz der großen Entfernung klar zu erkennen. Stunden später, morgens um drei Uhr, kommt das Feuer der Durchfahrt von La Bocayna zwischen den beiden Inseln in Sicht. Ich halte darauf zu, doch ausgerechnet jetzt flaut der Wind ab, und von dem schönen Nordoster bleibt nur eine leichte Dünung übrig. Sie schunkelt mich hinüber in das Reich der Träume, und als es im Cockpit empfindlich kühl wird, krieche ich gegen meine Regel, bei Dunkelheit nicht zu schlafen, in die Kajüte.

Als ich nach drei Stunden in der Morgendämmerung aufwache, stecke ich sofort den Kopf aus der Luke und bin nicht wenig überrascht, daß die KATHENA bereits einige Kabellängen in die Bocayna-Passage hineingetrieben ist. Eine verdammt enge Durchfahrt, sieben Meilen lang und nur vier Seemeilen breit. Steuerbord voraus liegen wie Spielzeug einige Fischerhütten am Südzipfel von Lanzarote, und an Backbord blinkt der Leuchtturm auf der Nordspitze von Fuerteventura.

So nahe wirkt das Land im glasklaren Morgenlicht und ist doch so weit, wenn kein Wind im Segel fächelt. Totenstill liegt die Passage vor mir.

Da hilft nichts anderes als: »Tee trinken und abwarten.« Das will ich buchstäblich tun. Ich mache den Propangaskocher an und brühe die aromatischen Blätter bedächtig auf. Es gibt jetzt nichts Schöneres, als mitten in diesem herrlichen Gewässer frühmorgens im warmen Licht der südlichen Sonne an Deck meines schmucken Bootes aus einer tiefen Tasse heißen Tee zu schlürfen.

Die Welt scheint mir allein zu gehören. Meilenweit ist kein lebendiges Wesen zu sehen. Nicht ein einziger Laut dringt aus der Ferne.

Das Wasser ist so durchsichtig klar wie Bergkristall. Schwärme kleiner und kleinster Fische ziehen ihren gemeinsamen Weg. Für sie ist der dicke Leib der KATHENA kein schreckerregendes Gebilde. Doch die größeren Fische sind durch den über den Meeresgrund wandernden Schatten des Bootes zu Tode erschreckt und flüchten eiligst nach allen Seiten. Freilich, diese Fische haben ein anderes Bild von der KATHENA als ich. Sie sehen nichts von ihrer schönen Form, der weißen Farbe ihres Rumpfes, dem hellgrünen Deck und den stolzen Segeln. Sie haben schon Grund, sich zu ängstigen, wenn sie über sich das Schwert der KATHENA als Bauchflosse eines riesigen, fremden, feindlichen Fisches sehen und das Ruderblatt als ebenso gefährlichen Schwanz.
Wasser verzerrt ein Bild ins Mystische. Das wird mir jetzt erst so richtig klar, als ich den Pulli und die Hose abstreife und einfach splitternackt ins Meer springe zu einem Morgenbad. Nun geht es mir so wie früher: Wenn ich in Begleitung unter Wasser schwamm und wir uns gegenseitig betrachteten, dann erstaunten wir immer über die groteske Form, welche uns das Wasser gab. Die Augen zum Beispiel erschienen in dem dicken verschwommenen Gesicht doppelt so groß, genauso der Mund. Und die Nase war rund und plump wie eine Karotte oder aber besonders lang wie eine Möhre – je nachdem, ob man sich von der Seite oder von vorn sah. Derjenige, welcher oben schwamm, sah den Schwimmer unten rosig, fleischig. Der Untere aber hatte über sich einen grauen und plumpen Körper, dessen verzerrte Konturen die menschliche Form nur noch ahnen ließ.
Während dieser Unterwasser-Erinnerung beim morgendlichen Bad wird meine KATHENA durch die Strömung langsam weg von meinem Kurs versetzt. Etwa eine halbe Meile in der Stunde. Schnell schwimme ich an Bord zurück.
Der Morgenwind ist in ein oder zwei Stunden fällig. Ich muß warten, doch das kann mir die schöne Morgenstimmung nicht verderben. Segler, soviel habe ich inzwischen kapiert, sind nun mal abhängig vom Kräftespiel der

Natur. Nicht jeder lernt daraus, man muß irgendwie dazu veranlagt sein, sich dem Spruch von Wind und Wasser zu fügen, ohne das innere Gleichgewicht zu verlieren.

So um neun Uhr beginnt der makellos glatte Spiegel der Passage Flecke zu bekommen. Gegen Osten ist sie bereits dunkel gefärbt – typisch für aufkommenden Wind. Jetzt weiß ich bereits: In wenigen Minuten wird sich die KATHENA mit dem ersten Hauch des Morgenwindes wieder auf den Weg nach Las Palmas machen. Ich drehe ihren Bug in Richtung auf die Ausfahrt; die dunklen Flecke auf dem Wasser in der Ferne rücken näher und werden größer. Schon bekommt das bisher schlaffe Großsegel bewegte Beulen. Der Großbaum läßt ein faules Krächzen hören und geht träge nach Lee. Es ist, als erwache das Boot.

Ich habe mich bereits in die dauernden Flauten gefügt, wenngleich mir nicht ganz geheuer ist bei diesem ersten Teil der Segelfahrt: Der Atlantik verschont mich nämlich mit den erwarteten Strapazen des Hochsee-Segelns, als wenn er ein Dorfteich wäre. Aber jetzt freue ich mich arglos über die leichten Winde, die mich gen Las Palmas treiben. Allein schon, weil dies der längste Seetörn ist, den ich je unternahm. Und weil ich Post erwarte in Las Palmas. Ich habe meiner neuen Liebe in Gibraltar als nächste Anschrift den Königlichen Yachtclub auf den Kanarischen Inseln genannt. Jetzt brenne ich darauf, Nachricht zu erhalten. Auch bin ich neugierig, wie meine Eltern auf diese Art von Seefahrt reagieren. Ihnen, die überhaupt keine Vorstellung vom Meer haben, habe ich mein ganzes Vorhaben – Weltumsegelung – in den bisherigen Briefen verschwiegen.

Ich kam mir an manchen Tagen auf See schon recht verloren vor, vergessen von der ganzen Welt, und so dränge ich mit all meiner Segelkunst auf Schnelligkeit, um endlich zu erfahren, ob doch noch irgend jemand an mich denkt.

Gran Canaria

Insel der vier Jahreszeiten

In Las Palmas
27. September 1966 bis 27. Oktober 1966
30 Tage

Nach siebzehn Tagen, am 27. September 1966, nachmittags um fünf Uhr, gleitet meine KATHENA bei leichtem Wind in den Hafen von Las Palmas. Die erste Etappe der Weltumseglung liegt hinter uns: 768 Seemeilen.

Wenn ein Seemann in einen fremden Hafen einläuft, dann geht es ihm etwa so wie einer Landratte, die in Urlaub fährt. Steigt der Urlauber an seinem Ferienort aus dem Zug, sagt ihm meist gleich der erste Eindruck, ob er sich wohl fühlen wird oder nicht. Genauso der Seemann, wenn er von draußen um die Ecke einer Hafenmole kommt. Ist's gut oder schlecht hier? Lieblich oder häßlich? Interessant oder langweilig?

Bei Las Palmas allerdings muß ich einen Unterschied machen zwischen Stadt und Hafen. Die Stadt ist wunderschön und idyllisch, wenngleich in den versteckten Seitengassen abseits des Touristenstroms bittere Armut herrscht. Dahinter steigt das Land mit Palmen und Bananenstauden hoch zu steilen Gipfeln an. Eine phantastische Insel, die dem Gast alle vier Jahreszeiten zugleich bietet: an der Küste unten heißen Sommer mit tropischer Vegetation; im fruchtbaren Vorgebirge mit seinen üppigen Plantagen ewigen, kühleren Frühling; an den Steilhängen regnerischen Herbst, der die Köpfe der wenigen Blumen traurig hängen läßt; und auf den wolkenverhangenen Gipfeln, beinahe zweitausend Meter hoch, liegt mitunter

Schnee. Die Insel der vier Jahreszeiten! Dieses Klima ist der Grund, weshalb wohlhabende Leute aus Europa auf den Kanarischen Inseln Urlaub machen und reiche Leute hier sogar ihren Lebensabend verbringen.

Anders der Hafen. Als mein Anker vor dem Königlichen Yachtclub in den Grund rasselt und ich gleich danach die ersehnte Post – ja, Post für mich! – in Empfang genommen habe, ist mir klar, daß ich hier nicht hängenbleiben werde. Zwar stehen jedem auswärtigen Segler, der in Las Palmas festmacht, die Einrichtungen des Clubs kostenlos zur Verfügung, zum Beispiel die Wasch- und Duschräume und eine Waschmaschine. Das ist sehr angenehm, aber das gibt es auch anderswo. Und anderswo sind die Häfen oft schöner als hier.

Der Hafen von Las Palmas besteht aus drei Becken voll stinkenden Wassers, auf dem eine dicke Ölschicht buntschillernde Kringel malt. Viele Tanker, Frachter und schlecht unterhaltene, schmutzige Fischerboote ankern hier, drumherum eng aneinandergeschmiegt Häuser und Werften voller Hast und Lärm.

Das ist keine Atmosphäre zum Verweilen. Es ist nur eine Zwischenstation für vorsichtige oder zaghafte Segler wie mich, die sich und ihr Boot erst einmal auf dieser Teilstrecke des offenen Atlantiks vom europäischen Festland bis zu den Kanarischen Inseln erproben wollen, bevor sie von hier aus zum langen Run nach Amerika starten.

So habe ich in Las Palmas ein ganzes Programm von Arbeiten, die ich nach den Erfahrungen meiner Überfahrt von Gibraltar noch vor der endgültigen Atlantiküberquerung erledigen muß. Zum Beispiel: Tausendfüßler in den Wanten anbringen. Tausendfüßler sind eine Art Bürsten, die wie rundherum behaarte Raupen aussehen oder wie die Flaschenbürste in Mutters Küche. Diese Tausendfüßler bringe ich in bestimmten Abständen in den Wanten an, den Stahlseilen, die den Mast fest mit dem Bootsrumpf verspannen. An ihnen scheuern sich die Segel leicht durch, und die Tausendfüßler sollen diese direkte Berührung von Segeln und Wanten verhindern.

Glücklich angekommen: Kathena im Hafen von Las Palmas

Dann muß ich noch eine Schutzpersenning nähen – natürlich ohne Nähmaschine, Stich für Stich von Hand mit dicker Nadel durch sprödes Segeltuch –, eine Persenning für die Cockpit-Reling, da nach meinen Erfahrungen viel zuviel Wasser von achtern ins Boot spritzt.
Und schließlich gilt es nach meinem ersten Überseetörn, die KATHENA aus dem Wasser zu holen und von unten zu begutachten. Sind die Ritzen zwischen den Planken noch dicht, oder muß ich kalfatern? War die Farbe sorgsam genug verstrichen, oder ist sie abgeplatzt? Haben sich schon zu viele Algen, Tang und Muscheln am Bootskörper festgesetzt, unerwünschte Mitreisende, die wie ein Unterwasserbart die Fahrt meiner KATHENA bremsen? Außerdem muß ich von unten in den Schwertkasten einen neuen Schwingbolzen einsetzen, damit sich das Schwert beim Einziehen und Herauslassen leichter bewegen läßt als bisher.
Ich kann die KATHENA nicht einfach am Strand bei Ebbe trocken fallen lassen, und die Werften sind für meine Verhältnisse irrsinnig teuer. So entschließe ich mich, den Slipwagen des Yachtclubs zu benutzen, obwohl auch das schon 400 Peseten und darüber hinaus noch etliche Flaschen Bier für einige Helfer kostet, die im Schweiße ihres Angesichts meine KATHENA mit der Handwinde aufs Trockene kurbeln. Außerdem ächzen die hölzernen Verbindungen des Gestells auf dem Wagen, daß es zum Fürchten ist. Und tatsächlich brechen die Streben auf dem letzten Meter, als wir die KATHENA eine Woche später wieder in ihr Element hinunterlassen.
Der wohl schwierigste Teil meiner Vorbereitungen zur Weiterfahrt besteht darin, daß ich meinen Proviant ergänze. Denn man hat bei der Auswahl der Nahrungsmittel nicht nur an die eigenen Lieblingsspeisen zu denken (die einem schnell zuwider werden, wenn man sie dauernd essen muß), sondern auch daran, daß die Mahlzeiten nahrhaft und leicht zuzubereiten sein müssen. Auch dürfen die Lebensmittel beim Schaukeln des Bootes im Seegang und bei Seewasserberührung nicht rasch schlecht werden. Und endlich sollen sie sich gut verstauen lassen und nicht viel Platz wegnehmen. Zwar

braucht so ein Segelboot wie die KATHENA keinen Raum für Treibstoff, Ladung oder Passagiere, sondern ist – abgesehen vom Stauraum für Ersatzsegel und dem Schlafraum für die einköpfige Besatzung – lediglich eine schwimmende Speisekammer. Aber selbst unter diesen Umständen ist der Platz sehr knapp.

Übrigens auch das Geld. Natürlich gibt es hochwertige Lebensmittel, wie sie von Ernährungsmedizinern für militärische Zwecke in Form von kräftigen Nährpulvern und winzigen, nahrhaften Preßplatten hergestellt und von manchen Langstreckenseglern schon mitgeführt und ausprobiert wurden. Aber erstens sind diese Notrationen sehr teuer, und zweitens halte ich nicht viel von solchen künstlichen Fressalien, weil ich mir immer noch einen persönlichen Geschmack bewahrt habe.

Aber auch Dauerteigwaren wie Nudeln und Konserven wie Bohnen, Tomatenmark oder Cornedbeef kosten ihr Geld und nehmen viel Platz ein. Aus beiden Gründen sehe ich mich jetzt gezwungen, mein geliebtes Fahrrad aus meiner Rennfahrerzeit in der DDR zu verkaufen, das ich noch immer bei mir habe und hoch in Ehren halte. Es kostet mich einen gewaltigen innerlichen Ruck, mich davon zu trennen und endlich auch symbolisch vom Radrennfahrer zum Hochseesegler umzusatteln.

Während sich meine Reisevorbereitungen dem Ende nähern, wird auch auf den zehn oder zwölf anderen Segelyachten im Hafen emsig gearbeitet, darunter ist noch ein weiteres deutsches Boot, die MOANA, deren Besatzung ich bald kennenlerne. Der Skipper ist Günter Worbes, ein blonder, unternehmungslustiger Architekt aus Düsseldorf, der sich seine MOANA nach eigenem Entwurf bauen ließ. Oft und hart hat er mit dieser Hochseeketsch auf der Nordsee und im Englischen Kanal gesegelt, um für seine lang erträumte Weltumseglung zu trainieren, die er in zwei Jahren geschafft haben will. Jetzt hat er in Las Palmas ebenfalls die erste Etappe hinter sich und rüstet – mit seiner Frau Mita und seinen beiden Kindern Nicola und Roland an Bord – zur Weiterreise westwärts – genau wie ich.

»Da wirst du ihn ja noch in anderen Häfen rund um den Globus wiedertreffen«, denke ich, denn er will wie ich durch den Panama-Kanal und die Torres-Straße. Ich habe ihn aber erst nach meiner Weltumseglung in Deutschland wiedergesehen. Er hat doch nicht die Erde umrundet, sondern nach der Atlantiküberquerung seine Pläne in Westindien über den Haufen geworfen und ist, mit Zwischenstation auf den Bermudas, nach Europa zurückgekehrt.
Viele träumen von einer Weltumseglung, manche brechen sogar auf, doch nur wenige kreuzen eines Tages ihren Ausgangskurs wirklich. Die meisten scheitern an körperlichen oder seelischen Schwierigkeiten, an Ausrüstungsmängeln oder, wenn sie zu mehreren starten, an Zwistigkeiten in der Crew. Die wenigsten scheitern an wirklichen Klippen, aber auch das kommt vor, wie mir das Beispiel von John Clerke zeigt, den ich ebenfalls in Las Palmas kennenlerne. Auch John, aus Fleetwood in England, war zu einer Weltumseglung aufgebrochen und hatte die Kanarischen Inseln als erstes Ziel angesteuert. Er hatte dieses Ziel schon vor Augen. Und wie ich in der Flaute, so hatte er bei stürmischen Winden Schwierigkeiten bei der Einfahrt nach Las Palmas. Er unterschätzte die Einwirkung einer tückischen Strömung, die ihn seitlich versetzte, und geriet noch in der Hafeneinfahrt auf eine Untiefe mit heftigen Grundseen, die sein Boot in kurzer Zeit zu kleinen Stückchen Treibholz zerschmetterten. John rettete außer seinem Leben nichts.
Aber immerhin das Leben. Schlimmer ist's, wenn man zwar nicht auf See, aber im Leben Schiffbruch erleidet. Ein solches menschliches Wrack lerne ich kennen, als mich ein Freund kurz vor meiner Abreise aus Las Palmas in eine miese Seemannsschenke einlädt.
Die Kneipe heißt »La Cosa«. Es gibt in diesem Stadtviertel viele solcher Lokale: ein Raum ohne Fenster, in den das Tageslicht nur durch die offene Tür fällt. Der Wirt hinter der Theke ist ein Deutscher, wie mir mein Freund erzählt, ein kräftiger Mann mit hochgekrempelten Hemdsärmeln und

einer Schiffermütze über dem brutalen Gesicht mit der eingedrückten Nase.
An den kahlen Wänden hängt als einziger Schmuck lediglich eine große Weltkarte. Auf den rohen Bänken hinter den klebrigen Tischen sitzen etliche Seeleute. Sie sprechen fast alle Deutsch – mit schwerer, lallender Zunge. Ihre Gespräche drehen sich um Heuer und Schiffe, um das schlechte Essen an Bord, um Frauen und Geld.
Plötzlich steht in der Tür ein Mann, der seinem Aussehen nach kaum noch zur Gattung Mensch zu rechnen ist. Was in seinem »Gesicht« nicht von einem maßlos verschmutzten und verfilzten Vollbart verdeckt wird, ist ein blaugrüner und teils blutiger Klumpen, in dem nur die große, wulstige, blaurote Nase noch daran erinnert, daß es sich um den Kopf eines Menschen handelt. Dieser Mann sieht aus, als sei er vor wenigen Minuten schrecklich verprügelt und dann ins Wasser geworfen worden, denn aus seiner zerlumpten Kleidung läuft in kleinen Bächen Wasser und bildet einen See um seine nackten Füße.
Der Mann öffnet sich mit Daumen und Zeigefinger eines der völlig verquollenen Augen, tritt an den nächsten Tisch und brüllt die Leute dort an: »Ihr verdammten Schietkerle, ihr Dösköppe, sitzt hier 'rum, und keine Sau bestellt mi wat to drinken! Wißt ihr nich, wer ick bün? Ick bün der Käptn von der INGRID KOCH!« Der Mann hält einem der Seeleute die Faust unter die Nase und versucht mit kurzen Boxhieben in die Luft seiner Forderung nach einem kostenlosen Getränk Nachdruck zu verleihen. Erfolglos. Man schubst ihn unwillig beiseite und bietet ihm Prügel statt Schnaps an.
Genauso am Nebentisch. Einer der Seeleute steht kurz auf und ballert ihm die Faust mitten ins Gesicht. Der Mann, der sich »Käptn von der INGRID KOCH«„ nennt, kommt in seiner eigenen Pfütze ins Rutschen und schlägt mit dem Kopf hart auf das Ende meiner Bank. Ich habe Mühe, den schweren Körper von meinen Knien zu wälzen und zugleich mein Bierglas aufzufangen, das über den Tisch trudelt.

Hafen von Las Palmas: Liegeplatz vieler Segler, die sich auf die Atlantiküberquerung vorbereiten

Der Wirt hat von dem Vorfall bisher keine Notiz genommen. Erst als eines der Biergläser auf dem Boden zu Scherben geht, tritt er heran, zieht den Störenfried mit festem Griff an der Gurgel hoch und schlägt ihm mehrere Male die Faust ins Gesicht. Als dem Verprügelten Blut aus Mund und Nase tröpfelt, schleppt ihn der Wirt an die Tür, stellt ihm ein Bein und bringt ihn mit einem kräftigen Schlag ins Genick so zu Fall, daß er zum Eingang hinausfliegt, mit dem Gesicht auf das Pflaster aufschlägt und mitten auf der schmalen Straße liegen bleibt. Erst nach geraumer Zeit rappelt sich der Mann wieder auf, torkelt zur Tür und schreit mit entsetzlich krähender Stimme in das Lokal: »Dine Schietbude betret ick nich mehr, ick kann min Geld ook woanners loswerden, damit is nu Schluß! Aber dine Fru, die gehört mi ümmer noch!« Dann hebt er die Hand wie zum Schwur und kräht: »Dat is so wohr, wie ick de Käptn von de INGRID KOCH bün!«

Blitzschnell bückt sich der Wirt und wirft dem Mann das zerbrochene Bierglas gezielt mitten ins Gesicht. Die Schlägerei vorhin hat bei den Gästen kaum Beachtung gefunden. Aber dieser Treffer löst ein lautes Beifallsgebrüll aus, während der Mann sich mit dem Ärmel über das blutende Gesicht fährt und knurrend davonzieht.

Ich will mehr über dieses Unikum wissen und wende mich an den Wirt, als er uns neues Bier bringt. »Frag ihn doch selbst, in zehn Minuten ist er wieder hier!« sagt er knapp und verschwindet wieder hinter seiner Theke.

Mein Freund gibt mir inzwischen Auskunft. Diese erbärmliche Figur war noch vor einigen Jahren Kapitän auf Großer Fahrt gewesen, hatte jedoch sein Schiff irgendwie verloren. Mittellos trieb er sich nun in Las Palmas umher. Er war völlig auf den Hund gekommen, lebte aber weiterhin in der Vorstellung, er sei Kapitän. Wer ihn nüchtern traf, was allerdings selten und höchstens am frühen Morgen möglich war, der konnte – so versichert mein Freund unter beifälligem Kopfnicken unserer Tischnachbarn – sogar sehr vernünftig mit dem Käptn reden.

Mein Freund fährt fort: »Jetzt ist der Käptn wie immer am Hafen und wäscht sich das Blut aus dem Gesicht, wobei er dann oft ins Wasser fällt. In spätestens einer Viertelstunde ist er aber bestimmt wieder hier.«

»Und der Wirt?« frage ich.

»Der verdient sein gutes Geld mit dieser Gratis-Schaunummer, denn es gibt doch immer eine Menge Gäste, die dem Käptn das mit Drohungen erpreßte Freibier nicht verweigern oder die sich, wenn sie viel Geld in der Tasche haben, sogar einen Spaß daraus machen, den alten Seemann mit großen Mengen von Schnaps völlig umzulegen.«

Kaum hat mein Freund ausgeredet, da erscheint der Mann wie eine lebende Wasserleiche wieder in der Tür und schmettert sein »Schietkerle, verdammte!« abermals über die Tische. Jetzt mit mehr Erfolg. Jemand bestellt ihm ein Bier. Er gießt es, ohne abzusetzen, in seine ewig durstige Kehle. Dann verlangt er mit »Schietkerle, verdammte!« ein neues, und der Wirt stürzt tatsächlich beflissen mit einem vollen Glas an den Tisch. Ich dränge meinen Freund zum Aufbruch, denn mich schaudert's angesichts dieser makabren Szene. Mehr noch: Mich ekelt's vor den Menschen. Nicht nur vor dem »Käptn von der INGRID KOCH«, sondern auch vor Kreaturen wie dem Wirt und Typen wie den johlenden Gästen.

Nichts Besonderes – ich sagte es schon – lud mich in Las Palmas zum Verweilen ein. Doch dieser Abend gibt endgültig den Anstoß zur Weiterreise. Wie ungeduldig zerrt mein schönes weißes Schiffchen in der dreckigen Brühe des Hafenwassers an der Ankerkette. An Bord befinden sich hundertvierzig Liter Wasser in Tanks und Kanistern und Proviant für neunzig Tage – doppelt soviel, wie ich wohl bis nach Amerika brauchen werde. Meine Bordapotheke enthält hauptsächlich Jod, Penicillin- und Vitamintabletten. Meine zusätzliche nautische Ausrüstung besteht aus einer Seekarte von der Karibischen See und dem Seehandbuch der Kleinen und Großen Antillen.

Das alles zusammen scheint mir vollauf zu reichen. Ein prüfender Blick über das Schiff in der Abenddämmerung überzeugt mich: Ready to go.

»Morgen segele ich nach Amerika«, ist mein letzter Gedanke beim Einschlafen.

Atlantik, Zweiter Teil

Ozean des Kolumbus

Von Las Palmas nach Kingstown
27. Oktober 1966 bis 13. Dezember 1966
47 Tage 2879 Seemeilen

Die Weiterreise fängt mit Ärger an: Mein Anker hat sich im Hafen von Las Palmas an irgendeinem Drahtseil festgehakt. Ich muß deshalb tauchen und ein Tau an dem Anker befestigen, um ihn dann von Bord aus mit einer Talje aus dem Grund zu brechen. Eine viehische Arbeit! Doch dann trägt mich ein leichter Ostwind ohne weitere Schwierigkeiten aus dem Hafen.

Es ist Donnerstag, der 27. Oktober 1966. Die Zeit der Wirbelstürme in Westindien, meinem Ziel, ist jetzt fast vorbei. Und wenn der Nordost-Passat mit vollen Backen bläst, kann ich in gut einem Monat drüben sein.

Langsam gleitet das Stadtbild von Las Palmas mit der beherrschenden Kathedrale und den kahlen Gipfeln dahinter vorbei. Im Schatten der Kathedrale kann ich noch eben die kleine Kapelle ausmachen, in der Kolumbus zum letztenmal betete, bevor er seine erste ungewisse Entdeckungsreise nach Westen antrat.

Ich habe auf meiner Überfahrt nach Amerika viel mit Kolumbus gemein – mehr als mir lieb ist, wie ich später feststellen werde. Es ist vom Anfang bis zum Schluß sozusagen eine »Christoph-Kolumbus Gedächtnis-Reise«. Ich werde schon gleich am ersten Tag auf See an den berühmten Entdecker Amerikas nachdrücklich erinnert, als ein leichtes Unwohlsein, das mich schon in der letzten Nacht befallen hat, sich nach einem kurzen Nickerchen in der Koje zu Kopfschmerzen steigert.

Kopfschmerzen oder ähnliche Beschwerden kenne ich sonst nicht. Ratlos grübele ich über die Ursache nach und blicke in der Kajüte umher. Da fallen mir die Zwiebeln auf. Ich habe große Bündel jener berühmten kanarischen Zwiebeln, die auch schon Kolumbus massenweise als damals einziges Mittel gegen Skorbut an Bord geführt hat, direkt über meiner Koje aufgehängt. In seiner Lebensbeschreibung hatte ich davon gelesen und mich ebenfalls reichlich mit diesem dauerhaften Vitamingemüse eingedeckt. Aber jetzt kommt mir der Gedanke, daß der Platz über der Koje durchaus nicht der rechte Aufbewahrungsort ist. Die geruchlosen Dünste der Zwiebeln sind die Quelle meines Übels. Nachdem ich sie ins Vorschiff gehängt habe, fühle ich mich gleich wohler.

Dennoch bleibe ich etwas bedrückt, und ich weiß nicht, woran das liegt. Seltsam, wie man monatelang eine große Sache planen und vorbereiten kann und doch erst, wenn alles fertig ist, das Ungeheuerliche des eigenen Vorhabens begreift. Plötzlich wird mir klar, daß ich jetzt Männern nacheifere, von denen ich immer mit Ehrfurcht gelesen habe: bekannten Weltumseglern und Sportsleuten wie Slocum, Dumas, Gerbault und Lindemann.

Unter Großsegel und Genua halte ich zunächst Kurs Süd und mache dabei knapp 3 Knoten. Eine Menge Dampfer und Fischerboote tauchen auf, kreuzen meinen Kurs, ziehen auf Gegenkurs vorbei oder überholen mich und verschwinden unterm Horizont. Ich muß bei diesem starken Schiffsverkehr in der Nähe der Inseln an der Pinne bleiben und in der Dunkelheit der Nacht scharf Ausschau halten.

Leicht gleitet die KATHENA über die lange Dünung, während ich die aufblinkenden Leuchtfeuer identifiziere. Gegen Mitternacht liegt das Südende von Gran Canaria querab, und nach 24 Stunden, am Mittag des nächsten Tages, habe ich die ersten 66 Meilen abgesegelt.

Meine Eintragung in das Logbuch am ersten Tag dieser Überfahrt nach Amerika ist nur kurz: *Teneriffa und Gran Canaria noch zu sehen. Sehr müde. Gegen Mittag macht sich eine Flaute breit. Heiß.*

Sehr müde! Trotzdem raffe ich mich vor einem Nachmittagsschlaf dazu auf, mir ein richtiges Essen zu kochen. Noch habe ich reichlich frisches, leicht verderbliches Gemüse. Ich koche mir deshalb eine grüne Suppe, die ich aus einer tiefen Schüssel genüßlich an Deck verspeise.
Bei gutem Wetter will ich künftig immer an Deck essen. Schon deshalb, weil das den Abwasch sehr erleichtert. Ich halte das Geschirr nur für Sekunden über Bord, und das vorbeirauschende Wasser spült alles blitzeblank.
Die nächsten drei Tage sind voller Flauten und leichter, umlaufender Winde. Ich mache mir schon Gedanken, wann ich wohl auf den Passat treffen werde, jenen Wind, der in diesen Breiten den größten Teil des Jahres aus ein und derselben Richtung weht und im Seefahrer-Englisch als »Tradewind«, als Handelswind, bezeichnet wird. Der Passat hat den Handel und Verkehr mit Amerika erst ermöglicht, ja, er hat vermutlich sogar zur Entdeckung Amerikas geführt, damals, als Kolumbus ins Ungewisse segelte und sicher umgekehrt wäre, wenn dieser Wind seine schwerfälligen Karavellen nicht einfach in Richtung West weitergetrieben hätte.
Ich bin auf dem 27. Grad nördlicher Breite, und zu dieser Jahreszeit, im Oktober und im November, liegt die nördliche Grenze des Nordost-Passats ungefähr zwei Grad südlicher. Deshalb verstaue ich alles an Bord sicher und rutschfest, und als es sich im Lauf des fünften Tages von Norden her bezieht, dichte Wolkenhaufen sich zusammenballen und beständiger Wind aus Nordnordost aufkommt, setze ich zum erstenmal die Passatsegel.
Die Passatsegel sind zwei Vorsegel, die mit je einem Spinnakerbaum nach backbord und steuerbord ausgespreizt werden. Das ganze System der Passatsegel-Selbststeuerung wurde von einem Kapitän O. Waller entwickelt und beschrieben, eine komplizierte Konstruktion, die aber ausgezeichnet funktioniert. Man steuert sozusagen mit den Segeln, die über Leinen mit dem Ruder verbunden sind. Wenn das Boot nach Steuerbord ausschert, zieht das Steuerbordsegel mehr als das Backbordsegel und übt damit auf die

Ruderpinne einen Zug nach Steuerbord aus, wodurch das Boot wieder auf Kurs gebracht wird. Genauso umgekehrt.
Trotz der Passatsegel mache ich nur mäßige Fahrt, denn noch ist der Wind nicht beständig. Er führt dicke, schwarze Wolkenfelder heran, die wahre Sturzbäche von Regen auf die KATHENA entladen. Während dieser Wolkenbrüche sitze ich nicht draußen an der Pinne, um jeden Windstoß zielbewußt wahrzunehmen, sondern verziehe mich wasserscheu in die Kajüte, liege auf der Koje und döse. Aber das wird mir bald selber zu dumm – wie meine Logbucheintragung vom siebten Tag zeigt: *Hätte doch die letzten Stunden im Wolkenbruch durchsegeln sollen und auf das bequeme Dösen verzichten können. So etwas darf nicht wieder vorkommen! Wenn ich so weitermache, breche ich noch den Rekord im Langsamsegeln. Also, Wilfried, mehr Mut und Aufopferung, auch wenn du mal naß dabei wirst!*
Häufiger kommt in diesen ersten Tagen eine solche dunkle Wand von achtern auf und ruft bei mir stets einige Besorgnis hervor. Manch halbverdursteter Seemann hat über diese Wolkenbänke mit ihren Böen geflucht, Böen, die Hoffnung auf gute Fahrt machen und dieses Versprechen doch kaum länger als eine Meile halten.
Morgens ist es meist frisch, und wenn ich nach meinem kurzen Schläfchen bei Tagesanbruch den Niedergang öffne, bläst in die Kajüte ein heftiger Wind, der sich bald zu einem beständigen Nordost-Passat zwischen Windstärke zwei und fünf entwickelt. Automatisch blicke ich dann zuerst achteraus, nach Osten, um zu sehen, was für einen Tag mir die Götter bescheren werden. Denn ein Sonnenaufgang kann einem vieles sagen, wenn man seine Zeichen zu deuten versteht. Aber bald schweben nur noch die Passatwolken Tag für Tag gleichbleibend wie riesige Wattebäusche in unermüdlicher Folge heran.
Jetzt kann ich's mir erlauben, nichts zu tun, als in der Cockpit zu sitzen und den Wolken nachzuträumen oder auf der Koje zu liegen und zu dösen, ja, sogar mal nachts ein Stündchen zu schlafen, denn die Handelsrouten der

Schiffe liegen weitab von den Handelswinden, die mich treiben. Die Gefahr einer Kollision ist hier ausgeschlossen.
Um so erschrockener fahre ich von der Koje hoch, als eines Abends ein heftiger Stoß das Boot erzittern läßt, gleich danach folgt noch einer, und dann höre ich schließlich ein häßliches Scheuern an der Bordwand. Ich haste an Deck, leuchte mit der Taschenlampe ins Dunkel rundum. Kein Schiff. Natürlich nicht. Ich leuchte aufs Wasser. Und da sehe ich einen riesigen Hai von drei bis vier Metern Länge, also gut halb so groß wie mein Schiff. Das Wasser ist rot, der Hai ist rot, alles ist rot. Haifischblut? Nein, viel schlimmer: meine schöne, frische Unterwasserfarbe!
Mißtrauisch beäugen wir uns gegenseitig, das riesige, häßliche Vieh und ich. Träge zieht der Hai seine Kreise fast eine Stunde lang um die KATHENA. Hat er mein Boot vielleicht für einen Wal angesehen, aus dessen Flanken er einen Brocken Fleisch reißen wollte? Ist der KATHENA etwas passiert? Die nächsten Stunden finde ich keinen ruhigen Schlaf...
Mit Spannung warte ich täglich auf die Mittagskulmination, um mit dem Sextanten wenigstens den Breitengrad zu errechnen, auf dem ich mich befinde, und danach die Strecke, die ich in den jeweils letzten 24 Stunden geschafft habe. Die Etmale betragen in diesen Tagen etwa 80 Meilen. Den Längengrad kann ich weiterhin nur koppeln, also lediglich grob ermitteln, da ich mich in Las Palmas nicht aufschwingen mochte, meine Navigationsinstrumente durch den Kauf einer neuen, dort besonders teuren Präzisionsuhr zu vervollkommnen. Freiwillig büße ich weiterhin für meinen Reinfall von Gibraltar. Aber schließlich hatte auch Kolumbus keine Uhr mit Sekundenanzeiger.
Am frühen Morgen des elften Tages, als ich mir beim Rundblick aus dem Luk den Schlaf aus den Augen reibe, sehe ich eine Wolkenbank, die gewaltige düstere Arme über den Himmel streckt und auf kommenden Wettersturz schließen läßt. Dazu tritt eine totale Flaute ein: letzte Vorwarnung für einen Sturm, der aus jeder Richtung der Windrose einfallen kann.

Jetzt ist keine Zeit zu verlieren. Ich berge die Passatsegel und setze statt dessen die kräftige, kleine Sturmfock. Während der letzten Handgriffe am schlaffen Segel höre ich schon das Rauschen des Windes aus West mit unheimlicher Geschwindigkeit auf mich zukommen. Plötzlich erhält das Boot einen Stoß, der mich fast umwirft. Obwohl jetzt nur das Sturmsegel steht, geht ein Zittern durch Mast und Stagen. Das Boot schießt los wie ein Rennpferd, dem der Reiter die Sporen in die Weichen drückt. Ich umklammere die Pinne und höre ganz neue, für mich fremde Geräusche. Im Rumpf der KATHENA knirscht und jault es, während gewaltige Wellen uns wie einen Spielball hochwerfen.

Der Wind, in guten Tagen mein bester Freund, wird zur Nacht sehr böse. Er hämmert wie irrsinnig auf mein kleines Boot ein und hetzt die See auf uns, wie ich es nicht oft gesehen habe. Und an Stürmen habe ich während meiner Fahrenszeit auf Handelsschiffen wahrhaftig schon allerhand erlebt. Schließlich geht es nicht mehr; ich muß beidrehen. Bei diesem hohen Seegang kann ich es mir nicht leisten, noch länger quer zu den Brechern zu liegen. Ich krieche vor zum Mast, um die Sturmfock wegzunehmen. Gar nicht so einfach. Das naßharte, knallende Tuch mit seinem dicken Liek gibt mir ein paar zünftige Backpfeifen, bevor ich es in meine Gewalt bekomme. Dann lasse ich als letztes Hilfsmittel den Treibanker achtern über Bord gehen. Er schleift sozusagen durchs Wasser, bremst das treibende Boot und hält es damit so in der See, daß die Wellen nicht seitlich über das Deck hereinbrechen, sondern 3, 4 Strich von achtern kommen und unter dem Heck verschwinden.

Ich schätze: voller Sturm mit Stärke neun, in Böen zehn. Da kann ich gar nichts mehr machen, als mein Schiff treiben zu lassen. Wind und Seen schieben es zurück in die entgegengesetzte Richtung, nach Osten. Am Abend schätze ich das Etmal auf drei Meilen. Drei Meilen an einem ganzen Tag! Das sind fünfeinhalb Kilometer. Eine Schande für mich und die KATHENA. Aber ich muß mich den Naturgewalten fügen.

In einer trockenen Sekunde ziehe ich das Luk auf und gehe hinunter in die Kabine. Fast automatisch angele ich nach irgendeiner Konservendose und bekomme eine mit Bohnen zu fassen. Hastig schlinge ich die kalten Bohnen hinunter, denn jetzt plötzlich fällt mir ein, daß ich den ganzen Tag noch nichts gegessen habe. Und Kochen ist bei diesem Tanz des Bootes völlig unmöglich.

Lange nach Mitternacht mache ich mich, noch im Ölzeug, auf meiner Koje lang. Aber an Schlaf ist natürlich bei diesem heftigen Bocken und Aufbäumen des Bootes nicht zu denken. Ich muß meine Füße gegen die Wand stemmen und mich mit den Händen an der Kojenkante festhalten, damit ich nicht durch die Kajüte fliege und mir dabei die Knochen breche. In kurzen Abständen arbeite ich mich zum Luk vor und öffne es trotz der kräftigen Spritzer, um einen Blick auf die See zu werfen. Viel Wasser geht über Deck.

Am nächsten Morgen ist es immer noch stürmisch. Der Wind hat auf Nordwest gedreht und bläst unvermindert mit Stärke acht bis neun. Die Wellen werden immer größer und länger, knallen gegen die Bordwand, und das Deck ist jetzt ständig naß. Während ich auf der Koje liege, höre ich zum erstenmal Rauschen und Plätschern unter mir in der Bilge, dem toten Schiffsraum zwischen Kabinenboden und Kiel, gewissermaßen der Keller eines Schiffes. Das neue Geräusch macht mich ganz nervös. Ist es Leckwasser, das von Deck her eindrang, oder zieht das Boot durch undichte Planken so viel Wasser? Ist viel leicht doch ein Leck entstanden, als die KATHENA von dem Hai gerammt wurde? Ich muß dauernd lenzen. Allein an diesem einen Tag sind es wohl fünfzig Liter. Dann finde ich endlich zwei Leckstellen, die ich notdürftig mit zwei kleinen Brettchen übernagele. Doch lenzen muß ich weiterhin.

Gegen Mittag dieses zweiten Sturmtages kommt ein Dampfer in Sicht. Es ist ein Frachter auf Nordnordost-Kurs, ziemlich nahe, aber nichts läßt darauf schließen, daß man das winzige weiße Pünktchen KATHENA auf

seiner Berg-und-Tal-Fahrt zwischen den Gipfeln weißer Gischt bemerkt hat. Ein wenig Neid beschleicht mich jetzt doch, als ich dem Dampfer mit seinen trockenen, warmen Kabinen und seinen kräftigen Maschinen nachschaue. Und ich schaue ihm etwas zu lange nach. Denn ich habe bei dieser Begegnung nicht darauf geachtet, das Luk hinter mir sofort wieder fest zuzuziehen. Da bricht eine besonders hohe Welle über das Heck, und ein voller Wasserschwall schießt in die Kajüte.
Verd...! Jetzt kann ich wieder pumpen. Und alle Klamotten drinnen sind klitschenaß. Schießlich überfällt mich eine schlimme Ahnung: Hat etwa auch das Radio was abbekommen?
Ich drehe an den Knöpfen. Nichts!
Ich schlage mit der flachen Hand auf das Gehäuse. Nichts!
Ich krame einen wasserdichten Plastikbeutel mit neuen, trockenen Reserve-Batterien hervor und öffne das Gerät, um sie einzusetzen. Da sehe ich die Bescherung: Das ganze Radio ist innen naß geworden, da helfen keine neuen Batterien mehr. Es tröpfelt über Röhren, Kabel und Schaltungen, und selbst wenn das Gerät eines Tages wieder trocken sein sollte, wird das Salz des Seewassers die empfindlichen Stellen längst zerfressen haben.
Kaputt! Aus!
Aus ist es jetzt mit etwas Musik in meiner Einsamkeit und mit Nachrichten aus aller Welt. Ist ein Staatspräsident ermordet worden? Ein Krieg ausgebrochen? Gibt es Naturkatastrophen in der Heimat? Ist eine neue Insel aus dem Meer getaucht oder ein ganzer Erdteil versunken? Und wie ist der Stand der Fußball-Bundesliga?
Die Welt weiß längst nichts mehr von mir. Jetzt weiß auch ich nichts mehr von ihr.
Das Schicksal eines Kolumbus...
Am dritten Sturmtag bei Dunkelwerden dreht der Wind auf Nord, flaut endlich ab auf Stärke sechs bis sieben und beschert mir einen klaren Himmel. Die Seen beginnen in sich zusammenzufallen, und ich hole Hand über

Hand den Treibanker ein. Schwerstarbeit! Dann setze ich Fock und Großsegel, und das Boot rennt wie besessen los, als wüßte es, daß es den Rückstand der letzten Tage aufzuholen gilt. Es wird noch in dieser Nacht ein herrliches Segeln.

Oh, wie schnell ändert sich doch die Welt! Noch vor ein paar Stunden war sie häßlich und finster wie ein Teerpott, und jetzt ist alles wie vergoldet. Leichte Passatwolken ziehen am Himmel dahin; zwischen ihnen leuchten unzählige Sterne aus der Unendlichkeit. Im Osten achteraus erstrahlt, immer höher steigend, das Sternbild des Orion. Die Plejaden und die Konstellation der Kassiopeia stehen beinahe im Zenit. Später, nach Mitternacht, taucht auch das vertraute Bild des Großen Bären über dem Horizont auf. Polaris, der alte Nordweiser, nähert sich von Nacht zu Nacht immer mehr dem Weltenrand. In wenigen Tagen verliere ich ihn ganz aus den Augen. Der Polarstern bleibt im Norden zurück, während jenseits des Äquators das Kreuz des Südens immer höher aufblinkt.

Ich bin jetzt die dritte Woche auf See. Der Passat hält sich mit Stärke fünf beständig auf Nord, und die KATHENA läuft mit etwa 5,5 Knoten auf Westsüdwest-Kurs. Die Geschwindigkeit ist geschätzt, nur gelegentlich messe ich sie genau nach. Dafür habe ich mir selber ein Log gebaut, wie man den klassischen Tachometer in der Seefahrt nennt: Auf ein armdickes Stück Bambus wickelte ich eine sechzig Meter lange Leine, die alle fünf Meter einen Knoten trägt. Daher auch der Ausdruck »Knoten« für die Geschwindigkeit eines Schiffes. Am Ende dieser markierten Leine habe ich ein großes Holzkreuz befestigt. Wenn ich das Holzkreuz achtern ins Wasser werfe, bleibt es praktisch auf der Stelle stehen, während die KATHENA weiterläuft und die Knotenschnur sich von der Bambusrolle abspult. Ich habe ausgerechnet, daß die KATHENA so viel Meilen läuft, wie in zehn Sekunden Knoten von der Schnur abgewickelt werden. Doch im weiteren Verlauf meiner Reise benutze ich dieses Log kaum noch. Ich habe bald genug Erfahrung, um die Geschwindigkeit nach Wind und See und dem

Rauschen des Wassers am Bootsrumpf zu schätzen, und meine Schätzungen sind stets auf eine halbe Meile genau. Nur nachts können mir noch größere Abweichungen unterlaufen.

Oder bei totaler Flaute, wenn nur eine unsichtbare Strömung mein Schiffchen langsam mit sich trägt. So eine dicke Flaute habe ich zu Beginn der vierten Woche auf dem Atlantik. Seltsamerweise überträgt sich die Trägheit von Wasser und Wind sehr schnell auf mein Gemüt, wird mein Tatendrang so schlaff wie die Segel. Solche Flauten machen mich denkfaul und mutlos, nervös, ja, sie verursachen mir sogar Herzklopfen. Und ich kann kaum etwas dagegen unternehmen. Ich hatte mir vorgenommen, auf dieser Reise alle Gedanken, Beobachtungen und Geschehnisse ausführlich zu Papier zu bringen, aber irgendeine Schwäche hält mich davon ab, und selbst der Bleistift wiegt zu schwer in meiner Hand. Ich verbringe die Tage mit Schlafen, Essen und Lesen.

Am liebsten aber liege ich immer noch bäuchlings auf dem Deck, das von der Tropensonne schön gewärmt wird, lasse meinen Kopf über die Bordkante hängen und schaue den Fischen zu. Da sind Lotsenfische, Bonitos, Makrelen in einzigartig schimmernden Farben, Hornfische und manchmal auch ein Hai; außerdem eine Menge unbekannter kleiner Fische, und sie alle begleiten mich ein Stück Wegs, schwimmen einzeln oder in kleinen Schwärmen stundenlang mit der KATHENA gen Westen. Einmal begleitet mich ein Pilotenfischchen direkt unter dem Bug ganze sechs Tage lang. Diese Anhänglichkeit rührt mich so sehr, daß ich mich denn doch einmal zu einer Logbucheintragung aufraffe: *Möchte gern wissen, wann und wo mein Pilot ißt und wann er schläft. Ob Fische gar nicht schlafen? Muß mir mal ein Buch über Fische beschaffen ...*

Wenn dieser Naturfilm vom Leben der Fische im »Ersten Programm« unter mir wirklich einmal zu langweilig wird, schalte ich einfach aufs »Zweite Programm« um, indem ich mich träge vom Bauch auf den Rücken drehe. Am Himmel taucht gelegentlich ein Sturmvogel auf, Sturmschwalben fast jeden Tag. Meist fliegen sie einige Male um die Yacht, entfernen sich dann aber zum Fischen in der Nähe und verschwinden bald wieder am Horizont. Dann sehe ich nur noch die Mastspitze über mir.

Und die Wolken. Wie faszinierend die Passatwolken sind! Leichter, weißer Flaum, von unsichtbarer Hand hochgehalten und über die Weiten getragen, bildet ewig sich ändernde Figuren. Man sollte nicht mit offenen Augen hinschauen, sondern nur mit träumerisch halbgeschlossenen Lidern. Dann sieht man nachdenkliche Menschen mit ernsten Gesichtern. Manchmal sind auch Landschaften zu erkennen, Berge, Seen. Und Frauengestalten. Dicke und dünne, schlampige und hübsche Frauen. Viele Frauen...

An meinen Wolkenträumen ändert sich auch nichts, als endlich Passat aufkommt und meine Segel bläht. Jetzt zieht die KATHENA unverändert auf Westkurs durch die hügelige See. Täglich trage ich auf der Seekarte die abgesegelte Strecke ein, die nach meiner Schätzung bei 70 Seemeilen liegt. Das ist jedoch jedesmal nur ein kurzer Federstrich, täglich eine halbe Daumenbreite auf dem couchtischgroßen leeren Blatt Papier, das den Atlantik darstellt.

Am 27. Tag haben KATHENA und ich wenigstens den halben Atlantik hinter uns. Ein Grund zum Feiern. Ich beschere mir zu diesem Festtag eine Extraration Bohnen mit Speck und heiße Schokolade zum Nachtisch. Und abends lade ich mich zur Feier des Tages großzügig zu einer Flasche Bier, der ersten auf dieser Reise, ein. Ist das ein Fest...!

Meine Stimmung bleibt weiterhin gleichmäßig gut wie der Passat, und selbst das Mißgeschick mit dem Sextanten kann mich kaum noch erschüttern.

Das Mißgeschick mit dem Sextanten: Seit Uhr und Radio kaputt sind und ich keine genaue Zeit mehr habe, beobachte ich den Bogen der Sonne genau, um zur Zeit ihres Höchststandes mit dem Sextanten den Winkel zu nehmen und danach meine Breite zu errechnen. Doch eines Tages hantiere ich zu unvorsichtig mit dem teuren Gerät; es schlägt irgendwo gegen, und

dabei verschiebt sich die Grundeinstellung an dem geeichten Präzisionsinstrument.
Scheibenkleister! Den Längengrad peile ich schon längst über den Daumen. Künftig kann ich auch die Breite nicht mehr genau errechnen. Und so fahre ich jetzt wirklich wie Kolumbus über den Atlantik. Mit Zwiebeln. Ohne Uhr. Ohne Radio. Nur nach Kompaß und mit der Breite, immer Richtung Westen.
Und wie Kolumbus navigiere ich jetzt nach Naturbeobachtungen, die in dicken Büchern festgehalten sind. »Segelanweisungen« oder »Seehandbücher« oder, englisch, »Pilots« nennt man diese Bücher. Sie enthalten alte allgemeine Erfahrungen von Seeleuten ebenso wie jüngste Naturbeobachtungen einzelner Kapitäne über die betreffenden Meeresteile, umständlich präzise Beschreibungen von Fischen, von Strömung und Färbung der See, Angaben darüber, wo welcher Seetang treibt und welche Vögel sich wie weit von Land entfernen. Alle Schiffe, auch Dampfer, haben diese Pilots an Bord, aber die Motorschiffer mit ihren modernen Navigationshilfen betrachten sie oft nur noch als amüsante Lektüre. Für mich indessen ist's jetzt lebenswichtig, daß ich das »Handbuch der Kleinen und Großen Antillen« an Bord führe. Mehr denn je zuvor achte ich künftig auf die Farbe und die Temperatur des Wassers, auf treibende Meerespflanzen, Vögel und Fische.
Am 41. Tag habe ich nach meinen groben Schätzungen die Höhe von Barbados erreicht, jenes Eiland in der langen Kette von Inseln vor dem mittelamerikanischen Festland, das ich eigentlich anlaufen will. Nicht zuletzt, weil ich meine Post nach Barbados beordert habe. Eigentlich hätte die Insel schon gestern auftauchen müssen. Nichts! Und so suchen auch heute meine Augen alle paar Stunden intensiv den Horizont ab. Aber keine Wolkenberge und keine Vögel künden die Nähe von Land.
Aus dem wolkenlosen Himmel brennt die Sonne auf Deck und See. Das Thermometer zeigt bereits am Vormittag 32 Grad Celsius. Der Wind ist

ganz schlafen gegangen, und die glatte Oberfläche des Meeres glänzt wie Zellophanpapier.

Das ist die beste Gelegenheit, alle feuchten Sachen zum Trocknen aufs Deck zu legen, Matratzen, Decken, Kleidung. Dann mache ich gründlich Reinschiff. Ich wasche die Kajüte und bin den ganzen Tag über mit allerlei Verschönerungsarbeiten beschäftigt. Die KATHENA soll tipptopp sein, wenn wir in der Neuen Welt aufkreuzen.

Als es nachmittags fast unerträglich heiß wird, gönne ich auch mir selber ein reinigendes und erfrischendes Bad. Ich springe einfach über Bord. Solche leichtfertigen Sprünge ins Meer, die größte Badewanne der Welt, mache ich aber nur, wenn es absolut windstill ist. Denn man soll sich nicht täuschen lassen; auch bei nur leichtem Windhauch treibt ein Boot schneller, als man glaubt. Und Hunderte von Meilen zum nächsten Ufer schwimmen zu müssen, ist nicht jedermanns Sache...

Mein Logbuch vom 41. Tag: *Mache heute morgen einen ganz kleinen Vogel aus, graubraun mit weißem Unterleib und nicht größer als meine Hand. Ob er von den ersehnten Inseln kommt? Jetzt, um die Mittagszeit, sind es bereits vier solcher Vögel. Einer kam sogar in die Kajüte.* Und überschwenglich setze ich hinzu: *Somit hat mich der erste Amerikaner bereits begrüßt!*

Mein Logbuch vom 42. Tag: *Das Wasser ist seit heute früh unrein. Gutes Vorzeichen.* Die Ströme von Amerika spülen mir den Dreck der Neuen Welt entgegen. Aber bei diesem schmutzigen Vorzeichen bleibt es. Nun bin ich bereits sechs Wochen auf See – länger als mancher andere Amerikafahrer vor mir. Aber kein Land ist in Sicht.

Ich werde unruhig. Nicht etwa, weil ich die Nase voll hätte von der Seefahrt und deshalb gesteigerte Sehnsucht nach Land bekomme. Im Gegenteil: Ich habe Angst vor Land. Angst, daß mich eine heftige Strömung oder ein plötzlicher Wind nachts auf einer Insel oder auf Klippen zerschellen lassen könnte, die bei Einbruch der Dunkelheit noch nicht auszumachen waren. Immer wieder, auch nachts, spähe ich jetzt angestrengt rundum.

Mein Logbuch vom 43. Tag: *Mein Schlaf heute nacht verhält sich etwa so: viertel Stunde Schlaf, ein Blick in die Runde, viertel Stunde Schlaf.*
In der Morgendämmerung des 44. Tages halte ich angestrengt Ausschau nach Ragged Point, dem Leuchtfeuer an der Ostküste von Barbados. Aber es wird hell, und nichts ist auszumachen. Von Osten her ziehen dunkle Regenwolken mit dem leichten Morgenwind auf. Die Sicht beträgt für den Rest des Tages nur einige Meilen, und es regnet unaufhörlich. Eine neue Nacht auf der endlosen Weite des Meeres bricht über mich herein. Gewitter geistern mit zuckenden Blitzen über den östlichen Himmel.
»Morgen bin ich bestimmt am Ziel«, denke ich. Unvermutete Energie erfaßt mich, und ich klettere schließlich sogar in den Mast, um nach Leuchtfeuern Ausguck zu halten. Nichts!
Als ich mich deprimiert in meiner Kajüte niederlasse, fällt mir abermals Kolumbus mit seinen Männern ein. Auch sie stiegen mit dem Mut der Verzweiflung immer wieder in den schwankenden Mast und hielten Ausschau, bis endlich der erlösende Ruf über Deck scholl: »Land in Sicht!«
Kein Land in Sicht für Wilfried Erdmann. Auch nicht am 45. Tag auf See. Ein unheimliches Gefühl beschleicht mich: Habe ich wirklich so völlig falsch navigiert? Sollte ich die Inselgruppe der Antillen passiert haben, ohne sie zu sichten? Meine Befürchtungen, Barbados verfehlt zu haben, werden immer größer. Die Insel ist nur 15 Seemeilen lang und auch nicht besonders hoch. Zweifellos sind schon größere Inseln als diese von größeren Nautikern als mir verfehlt worden. So versuche ich mich zu trösten.
Aber der Trost schlägt nicht an. Was ist, wenn ich Barbados wirklich verfehlte? Dann laufe ich jetzt auf Westkurs genau in die Inselgruppe der Grenadines. Sie sind nicht befeuert. Und wenn es nicht gerade stockdunkle Nacht ist, dann begrenzen dichte Regenschauer und dunkle Wolkenbänke die Sicht auf wenige Meilen. Und während ich bisher auf der ganzen Atlantiküberquerung täglich fliegende oder schwimmende Begleiter hatte, ist nun kein Lebewesen zu sehen.

Mein Logbuch am 45. Tag: *jetzt bin ich es bald leid, nach Land Ausguck zu halten, Bei diesem scheußlichen Regenwetter braucht man wirklich ein philosophisches Gemüt. Am Kajütaufbau tröpfelt es auf beiden Seiten in meine Koje. Auch das Deck ist an vielen Stellen undicht. Sollte das Boot auf der Überfahrt so stark gearbeitet haben?* Und, beunruhigt über die fehlende Ortsbestimmung durch ein ordnungsgemäßes Besteck, füge ich kleinlaut hinzu: *Muß mir im nächsten Hafen dringend eine Uhr anschaffen, damit ich die Länge nehmen kann ...*

Der 46. Tag ist ein Sonntag, aber ich bin keineswegs in Feiertagsstimmung: Ich bin so deprimiert, daß ich auch keine Zeile mehr in mein Logbuch schreiben mag. Ebenso apathisch wie automatisch werfe ich auch in der Nacht zum 47. Tag alle halbe Stunde einen Rundblick über den Horizont, klettere sogar noch zweimal in den Mast. Und als ich in der Morgendämmerung ein drittes Mal hinaufsteige, ist auch nichts auszumachen.

Doch! Da! Land in Sicht!

An Backbord voraus eine Insel. Da, an Steuerbord, eine und noch eine. Inseln, Inseln!

Mein Logbuch am 47. Tag: *Bekomme einen gehörigen Schreck. Befinde mich mitten zwischen den Grenadines. Ich bin im Moment wie gelähmt und bringe keinen klaren Gedanken zustande. Mit Mühe identifziere ich schließlich im Morgendunst die Insel eine Seemeile entfernt an Backbord voraus. Es ist Petit Cannouan. Mein Glück ist sagenhaft, und ich weiß nicht, womit ich es verdient habe. Eine Stunde vor dem Hellwerden war absolut nichts zu sehen. Hätte ich mich noch einmal in der Koje umgedreht, dann würde ich diese Zeilen nicht mehr in mein Logbuch eintragen können.*

So entdecke ich die Neue Welt – 474 Jahre nach Christoph Kolumbus. Und wie der alte Herr auf einer seiner späteren Entdeckungsreisen, so steuere auch ich jetzt die Insel St. Vincent an. Ich peile sie auf 20 Meilen in Nordnordost.

Während sich die Sonne ihrem Höchststand nähert, sichte ich die Insel schon deutlich voraus. Aber meine Hoffnung, noch vor Anbruch der Dunkelheit die Hafenstadt Kingstown zu erreichen, wird bald von einer Flaute zunichte gemacht. Die Dämmerung fällt auf See, und nach und nach leuchten an Land zaghaft Lichter auf.

Zwar trennen mich nur noch 5 Meilen vom sicheren Ankerplatz, aber die Strömung treibt mich ab, und ich bin außerstande, näher unter Land zu kommen. Noch einmal eine Nacht auf See, die letzte Nacht auf diesem langen Törn.

Erst am nächsten Morgen erreiche ich Kingstown. Es ist der Morgen des 12. Dezember 1966. Durch glasklares ruhiges Wasser gleitet die KATHENA wie ein zerrupfter Schwan zu ihrem Ankerplatz.

Als dann endlich der Anker rasselnd seinen Kopfsprung in den Grund tut und die Kette wie eine Schlange hinterherstürzt, kann ich ein stolzes Lächeln nicht unterdrücken: 47 Tage und noch längere Nächte auf See und 2879 Seemeilen liegen hinter uns. Hinter mir und meiner KATHENA.

St. Vincent

Die freundliche Insel

In Kingstown
13. Dezember 1966 bis 22. Dezember 1966
9 Tage

Palmen schwanken sanft im warmen Wind. Darunter mit flachen Dächern niedrige Bungalows. Das ist Kingstown, die Hauptstadt der Insel St. Vincent. Über der weiten Bucht saftig grüne Berghänge, die mich mit ihren Rindern und Farmhäusern an die Almlandschaft der Allgäuer Alpen erinnern.

Ein Vertreter des Hafenamtes und der Hafenarzt kommen von Land herübergerudert und klettern an Bord.

»Welcome in Kingstown«, sind die ersten Worte, die nach der langen Zeit der Einsamkeit an mein Ohr dringen. Der Hafenarzt sagt es in ganz normalem Ton, beinahe leise. Dennoch sind diese Laute so ungewohnt für mich geworden, daß ich ihn am liebsten zurechtweisen möchte: »Schrei doch nicht so!«

Die Männer schauen kurz in meine Papiere: Ausklarierung von Las Palmas und Impfbescheinigung. Dann sieht der Mann vom Hafenamt mit ungläubigem Blick hoch und fragt: »Barbados nicht angelaufen?«

»Nein, vorbeigesegelt«, antworte ich kurz und beiße mir auf die Zunge, damit mir nicht noch die beschämende Erklärung herausrutscht: Ich Trottel habe keine vernünftigen Instrumente mehr an Bord, und deshalb konnte ich Barbados nicht finden.

»Jaja«, sagt er verständnisvoll und schüttelt den Kopf, »so ein Wetter wie in der vergangenen Woche hat man schon seit Jahren nicht mehr erlebt!«

Dann nicken mir die beiden Männer freundlich zu und steigen wieder in ihr Bötchen.
Ich verstaue die Segel, die noch lose an Deck liegen, und dann kann mich nichts mehr halten. Ich bringe mein Dingi zu Wasser und rudere an Land. Mein erster Schritt an Land nach so langer Zeit auf schwankenden Planken ist wohl ein bißchen unsicher. Vorsichtig taste ich auf dem Kai mit den Fußspitzen, ob der Boden auch nicht nachgibt. Ich finde das im gleichen Moment zwar albern, aber als ich dann darüber nachdenke, wird mir der Grund für meine erste Unbeholfenheit auf festem Boden schnell bewußt: Ich bin mit der See und mit meiner KATHENA jetzt so vertraut und achte so instinktiv bei jedem Schritt und jeder Bewegung auf meine Sicherheit, daß ich auch auf festem Land zunächst nach festem Halt suche.
Mein erster Weg führt mich zur Immigration, wo ich meinen Paß vorlege. Mein zweiter Weg führt zur Bank; ich muß etwas Geld einwechseln. Mein dritter Weg führt zur Post. »Erbitte Nachsendung meiner Post stop Wilfried Erdmann Yacht KATHENA«, telegrafiere ich an den Yachtclub von Barbados. Denn ich habe ja meinen Eltern und wenigen Freunden und dem langhaarigen blonden Mädchen, das ich noch in Gibraltar kennenlernte, als meine erste Übersee-Adresse Barbados angegeben. Hier auf St. Vincent erwartet mich weder ein Mensch noch irgendein Brief. So sitze ich etwas verloren in einem der geruhsamen Hafencafes und trinke erst mal einen Rum. Sozusagen an der Quelle. Denn alle diese Inseln leben von Baumwolle, Gewürzen und Rum, der aus Zuckerrohr hergestellt wird.
St. Vincent hat allen anderen dieser Westindischen Inseln noch eine Besonderheit voraus. Man nennt sie auch die »Brotfrucht-Insel«, weil hier Ende des 15. Jahrhunderts die ersten Brotfruchtbäume aus den pazifischen Tropen angepflanzt wurden. In dem kleinen Stadtpark von Kingstown, einer Art botanischem Garten, steht noch heute eine verwitterte Ruine von einem Baum, der von dem ersten Importeur dieser gigantischen Gewächse vor 200 Jahren eigenhändig als Sprößling eingepflanzt worden sein soll.

Es war übrigens jener englische Kapitän namens William Bligh, auf dessen Schiff BOUNTY kurze Zeit danach die berühmte Meuterei stattfand. Freilich ahne ich während meines Aufenthaltes auf St. Vincent noch nicht, daß mir später, viel später noch einmal der Name des Kapitän Bligh begegnen wird: Die Auszeichnung, die mir die italienische Kapitänsgesellschaft für meine Weltumseglung als »Mutigster Seefahrer des Jahres 1968« verleiht, ist – ein Modell jener BOUNTY!

Außer dem Brotfruchtbaum von Kapitän Bligh gibt es auf St. Vincent keine erwähnenswerten Sehenswürdigkeiten. Höchstens noch die deutschen Touristen, die sechs Tage nach meiner Ankunft die Insel kurzfristig überschwemmen: Das griechische Fahrgastschiff ARIMETES spuckt einige hundert urlaubshungrige Kunden eines deutschen Kaufhauskonzerns für zwölf Stunden an Land. Sie knipsen, ohne zu fragen, die freundlichen, dunkelhäutigen Einwohner von Kingstown. Sie handeln um den Preis eines Souvenirs und fühlen sich wie Könige, wenn sie Trinkgeld geben. Als sie dann auch noch mich, den »jungen Mann aus der Heimat«, entdecken und meine Geschichte hören, werde ich auch abgeknipst.

In den nächsten Tagen genieße ich das Dasein unter den freundlichen Kariben, die sich so beneidenswert lässig ihrem Leben und ihrer täglichen Arbeit hingeben. Vor allem aber dem Leben.

Das Leben auf den Westindischen Inseln, das ist vor allem Gesang, das ist Musik, angenehmer, heißer Rhythmus. Nirgendwo sonst auf der Welt als auf den Inseln in der Karibischen See kann man diese mitreißenden, berauschenden Klänge vernehmen. Calypso heißt die Musik, »Steelband« (»Blechorchester«) heißt die Kapelle, und die Instrumente sind nichts weiter als alte, zerbeulte Ölfässer.

Ölfässer sind rund um die Welt die Vorboten der Zivilisation, überall verschandeln sie die Landschaft und verderben das Wasser mit den Rückständen von Öl, die heraustropfen. Als einst mit dem Handel, der Motorschiffahrt und dem Luftverkehr dieser blecherne Müll der Menschheit auch auf die Karibischen Inseln kam, begannen deren Bewohner spielerisch darauf zu trommeln. Sie stellten fest, daß die Töne ganz verschieden sein können, je nachdem, wie groß die Beule in einem Faß ist oder wie weit man es absägt. Die Herstellung dieser Trommeln wird heute von einigen wenigen überbeschäftigten Spezialisten betrieben. In fast jedem Straßenviertel und zu beinahe jeder Tageszeit ist eine solche »Steelband« von acht oder zwölf oder zwanzig und mehr Mann weithin zu hören.

Bis herüber zur KATHENA schallt der Calypso, so daß ich beinahe im Takt arbeiten kann, als ich mein Schiff vor der Weiterreise einer Generalüberholung unterziehe. An Deck ist zwar nicht viel zu tun, weil ich auf See alles stets in Ordnung halte, doch ich prüfe sicherheitshalber Blöcke, Schäkel, Schoten und die ganze Takelage nach. Im Großsegel vor allem muß ich einige Nähte nachnähen, denn bei dem Dacron-Material ziehen sich die Fäden nicht fest ins Tuch, sondern scheuern leicht durch.

Viel mehr Arbeit wartet auf mich unter Deck. Ich veranstalte ein fröhliches Scheuerfest vom Bug bis zum Heck und bis in die Bilge hinein, aus der zu meiner Freude allerlei verlorene Gegenstände wieder zum Vorschein kommen: ein Teelöffel, ein Stechzirkel, ein Dosenöffner. Ich putze die verrußten Töpfe und Pfannen in der Pantry wieder auf Hochglanz.

Und dann bringe ich meine gesamte Wäsche an Land, um zu stopfen und zu flicken und zu waschen. Die Seefahrt bekommt der Kleidung erstaunlich schlecht. Vor allem die Feuchtigkeit schadet ihr, denn Salzwasser in Tuch und Wolle trocknet nicht. So muß ich jetzt an Land alles einmal gründlich in Süßwasser waschen.

Als ich auf der Pier meine Vorsegel ausbreite und mich im Schneidersitz niederlasse, um die Nähnadel zu schwingen, versammelt sich schnell eine Menge lachender Kinder und hübscher, junger Mädchen um mich. Redlich mühe ich mich mit Segelhandschuh und Nadel ab, aber ich habe nun mal Hobeln gelernt und nicht Nähen. Das sehen die Damen mir offenbar an, denn plötzlich nimmt mir eine von ihnen lächelnd die Nadel aus der Hand und näht geschwind mit kundigen Fingern den langen Riß zu. Ein zweites macht sich über die zerfetzte Sturmfock her, und als ich mich verblüfft umsehe, bricht die ganze Runde der Zuschauer in herzliches Gelächter aus. Zuletzt mache ich mich an Bord daran, den Proviant zu sichten und das zu ergänzen, was ich verbraucht habe – nach einer genauen Liste. Diese Liste über meinen Verbrauch in den 47 Tagen auf dem Atlantik sieht so aus:

12 Dosen Corned beef zu je 220 Gramm,
10 Dosen Früchte zu je 850 Gramm,
9 Dosen Gemüse zu je 410 Gramm,
8 Dosen gebackene Bohnen zu je 410 Gramm,
14 Dosen Kondensmilch zu je 410 Gramm,
6 Dosen Fertigsuppen zu je 220 Gramm,
6 Dosen Fruchtsaft zu je 340 Gramm,
15 Dosen Tomatenmark zu je 60 Gramm und
1 Dose Butter zu 400 Gramm.

Macht zusammen 81 Dosen mit insgesamt 28,5 Kilogramm Inhalt.
Hinzu kommen die anderen Nahrungsmittel:
3 Kilo Vollkornbrot, 1,5 Kilo Zwieback/Keks, 2 Kilo geschälter Reis, 1,5 Kilo Spaghetti;
5 Kilo Frischobst, 2 Kilo Trockenobst, 5 Kilo Zwiebeln, 1 Kilo Kartoffeln, 30 Zitronen;
2 Kilo Schokolade, 1 Kilo Würfelzucker;
6 Flaschen Bier zu je einem drittel Liter;
40 Liter Wasser,;
kleinere Mengen von Milchpulver, Kakao, Speiseöl, Salz, Pfeffer und verschiedenen scharfen Gewürzen.

Viele andere Langstreckensegler bereichern ihre Tafel noch mit Fisch, den sie angeln oder der ihnen – wie die Fliegenden Fische – gratis an Deck und sozusagen von selber direkt in die Bratpfanne springt. Frischfisch bedeutet nicht nur nahrhafte Abwechslung im eintönigen Speiseplan, sondern ist

auch eine wertvolle Ergänzung an Vitaminen, Eiweiß, wichtigen Spurenelementen und sogar Wasser, wie der deutsche Arzt Hans Lindemann bewies. Er segelte mit einem Faltboot über den Atlantik und konnte wegen des knappen Platzes natürlich kein Wasser mitnehmen. Er quetschte statt dessen gefangene Fische regelrecht aus, und diese trübe Brühe von Körpersäften reichte vollkommen, seinen Durst zu stillen.
Aber diese vielen Vorzüge von Fisch haben mich nie überzeugen können. Ich mag Fisch nicht, ich habe ihn nie gegessen, bin allergisch gegen alles aus dem Wasser, auch gegen Leckerbissen wie Hummer, Austern, Kaviar. Ich habe geradezu eine körperliche Aversion gegen alle sogenannten Meeresfrüchte.
Trinkwasser aus zerquetschten Fischen brauche ich gottlob auch nicht, denn ich habe im Gegensatz zu Lindemann Platz genug für Wasservorrat an Bord. 120 Liter in Kanistern führe ich auf meinen ersten Strecken mit. Bald merke ich, daß das noch zuviel ist, und irgendwo schütte ich sogar zehn Liter weg und verschenke den Kanister, der nur Stauraum wegnimmt. Wasser ist für einen guten Hochseesegler ohnehin nie ein Problem. Man versteht sich darauf, das Leckwasser von nächtlichem Tau aus den Segeln aufzufangen oder einfach Regenwasser. Und Tropengüsse gibt es immer einmal.
Außerdem ist es natürlich eine Sache der persönlichen Veranlagung, was und wieviel man an Vorräten braucht. Ich habe einfach kein großes Flüssigkeitsbedürfnis – und wenn man zum Abkochen von Spaghetti nicht Süßwasser aus dem Tank nimmt und Salz aus der Pantry, sondern überwiegend Salzwasser aus dem Meer schöpft, oder wenn man sich nicht einbildet, sich täglich auf See mit Süßwasser waschen und rasieren zu müssen, dann wird der Wasservorrat nie zum ernsthaften Problem.
Viel problematischer ist meine Sucht nach Süßigkeiten. Komischerweise verspüre ich sie nie an Land, wo man massenweise Leckereien kaufen kann, sondern stets nur auf See, wo man so selten an einem Bonbonladen vorbei-

kommt. Während meiner längsten Strecken auf See kann ich mir alles gut einteilen, nur meine Süßigkeiten nicht. Zwei Kilo Schokolade ist selbst für ein naschhaftes Kind eine Menge, damit kommt es vom Nikolaustag bis über Weihnachten aus. Ich nicht. Schokolade ist das einzige, was ich nicht vernünftig bewirtschaften kann. Ich mache mich hemmungslos darüber her.

Mit allen anderen leiblichen Bedürfnissen werde ich leicht fertig. Meine Lieblingsspeise sind Spaghetti. Die lassen sich als Dauerware gut mitführen. Spaghetti mit ordentlich viel Tomatenmark. Auch Reis mag ich gern, mit einer guten Portion Curry vermischt. Mal ein paar Kartoffeln. Und jedesmal in Mengen Zwiebeln dazu – nach der Empfehlung des großen Seekochs Kolumbus. Kartoffeln faulen bei den ungünstigen Lagerungsverhältnissen an Bord verhältnismäßig schnell; man muß den Rest schon nach zwei Monaten über Bord kippen. Aber Zwiebeln halten sich lange. Sie halten sich am längsten von aller vitaminspendenden Kost. Die längste »Zwiebelzeit« bei mir an Bord sind 110 Tage. Das ist auf der Strecke von Kapstadt nach Helgoland, für die ich 131 Tage brauche. Und selbst für die drei letzten, zwiebellosen Wochen halten die Vitamine in meinem Körper so gut vor, daß ich auf Helgoland die sogenannte »Apfelprobe« machen kann: Ich beiße in einen frischen Apfel, und das Zahnfleisch blutet dabei nicht. Also keine Spur von Skorbut. Das ist das, was Kritiker an meinem langen Seetörn zweifeln läßt. Denn sie kennen nicht das Geheimnis der Zwiebeln.

Das Boot, das so sacht in der Bucht vor Kingstown auf St. Vincent schaukelt, ist überholt. Die Wäsche ist gewaschen und geflickt, der Proviant ergänzt. Einen Sextanten kann man in diesem Nest nicht justieren lassen; Uhr und Radio gibt es nicht zu kaufen. So hält mich hier nichts mehr, denn ich habe das Ziel meiner eigentlichen Sehnsucht ja noch vor mir: die Südsee.

Außerdem gibt es zwei Ereignisse auf St. Vincent, die mich trotz meines langen Atlantiktörns schon nach wenigen Tagen zum Aufbruch bewegen.

Das erste Ereignis ist allgemeiner Art. Weihnachten steht vor der Tür. Nach unserer Lebensweise ein stilles Fest. Aber die Menschen in der Karibik haben davon ganz andere Vorstellungen. Sie schmücken ihre Häuser mit Blumen und Girlanden wie wir bei uns zulande im Fasching. Sie tanzen und lärmen, und je näher die Stille Nacht kommt, um so länger und lauter schmettern die Steelbands ihren Calypso in die wenig winterliche Landschaft. So fröhlich sich das alles auch ausnimmt - Heiligabend will ich doch lieber für mich sein.

Das zweite Ereignis, das meinen Aufbruch veranlaßt, ist besonderer Art. Ich habe mich mit George angefreundet, dem kaffeebraunen Friseur, der seinen Salon unter freiem Himmel mitten im Getümmel der Hauptstraße von Kingstown etabliert hat und mir gleich in den ersten Tagen nach meiner Ankunft kunstgerecht die Beatlemähne stutzt. Eines Abends laden ich und ein anderer europäischer Bekannter ihn ein zu einem Drink im Aquatic-Hotel.

George zögert zunächst, aber wir können ihn überreden, und schließlich sitzen wir doch zu dritt bei weißem Rum in der Bar. Plötzlich, schon beim ersten Schluck, tippt jemand unserem dunkelhäutigen Freund auf die Schulter. Keiner sagt ein Wort. Der andere Europäer und ich sind dazu viel zu überrascht. Und George hat wohl schon gewußt, was passiert, wenn er unserer Einladung in das feine Hotel folgt. Fast automatisch steht er jetzt auf und läßt sich widerstandslos aus dem Hotel führen – von einem Polizisten, der genauso dunkelhäutig ist wie er selber.

Der Barkeeper, ebenfalls ein Mischling, bemerkt unsere Verblüffung und erklärt mit einer hilflosen Handbewegung: »Das hätte George doch wissen müssen: Hier sind nur weiße Gäste erwünscht. Aber sonst haben wir keine Rassenprobleme. Schwarz und Weiß können auf unserer Insel ganz friedlich miteinander leben.«

Weihnachten steht vor der Tür. Auch auf diesen schönen Inseln ist kein »Friede auf Erden und den Menschen ein Wohlgefallen«. Da will ich

Heiligabend lieber nicht auf Erden und lieber ohne Menschen sein. Am liebsten mutterseelenallein und auf See.
So mache ich meine KATHENA nach nur neun Tagen Rast kurz entschlossen wieder segelklar und laufe noch am Nachmittag des 22. Dezember 1966 zu meinem nächsten Törn aus.

Karibische See

Meer der Seeräuber und Stürme

Von Kingstown nach Cristobal
22. Dezember 1966 bis 4. Januar 1967
13 Tage 1173 Seemeilen

St. Vincent ist nur ein winziges Eiland in der langen Kette der mittelamerikanischen Inseln, die Kolumbus irrtümlich die »Westindischen« nannte. Mein nächstes Ziel ist der Panamakanal, der das Festland von Mittelamerika durchschneidet. Dazwischen liegt die Karibische See, ein Meer, das siebenmal größer ist als die Ostsee. Und hundertmal gefährlicher. Früher vielleicht tausendmal. Das war zu der Zeit, als hier Seeräuber wie Sir Francis Drake den spanischen Galeonen nachstellten, die mit den Goldschätzen der Inkas schwer beladen nach Europa strebten. Aber auch, als alles Gold geraubt oder versunken und der letzte Seeräuber geköpft war, verlor dieses Meer wenig von seinem Schrecken. Denn dieser Schrecken ist ganz elementar: plötzliche Stürme, die man »Norder« nennt oder »Vendevella«. In den »Segelanweisungen für die Karibische See«, nach denen ich hauptsächlich navigiere, steht darüber: »Die Norder treten in der Zeit von November bis April am häufigsten auf, außerdem völlig unregelmäßig. Wegen ihrer oft Sturmstärke erreichenden Intensität sind sie für die Schiffahrt gefährlich.«

Vor allem für die Schiffahrt unter Segeln. Wie leicht kann der Nordwind meine KATHENA zu nahe an die Küste von Südamerika treiben! Aber noch ist keine Gefahr. Ein leichter Ost trägt uns in Richtung Westen, und eine parallele Meeresströmung hilft kräftig mit. So rechne ich mir gut vierzehn Tage Fahrt durch die Karibik bis Panama aus.

Die Rechnung beginnt erst zwei Tage nach dem Auslaufen aufzugehen. Denn so lange warte ich vergebens auf den Passat. Doch Heiligabend kommt der Wind endlich, wie erwartet.
Heiligabend. Allein und auf See. Das ist etwas Besonderes. Ich habe bisher noch nie unter der Einsamkeit gelitten. Im Gegenteil: Ich habe sie ja immer gesucht. Ich brauche andere Menschen nicht, nein, sie würden mich nur stören. Einmal notiere ich in mein Logbuch: *Ich wüßte nichts mit einem Mitsegler anzufangen; der würde höchstens unnütz Wasser verbrauchen.*
Ein Mitsegler könnte Streit machen oder vielleicht sogar durchdrehen. Das war bei Kolumbus so auf seiner SANTA MARIA, wo die Besatzung während eines Sturms mutwillig das Ruder beschädigte. Das war bei Kapitän Bligh so, wo die ganze Besatzung der BOUNTY meuterte. Und Schwierigkeiten mit der Crew gibt es noch heute immer und überall, auf Fischdampfern, auf Tankern und auf vielen kleinen Segelschiffen.
Wie gut habe ich es! Ungehindert kann ich träumen und versuchen, mit meinen Gedanken in die Geheimnisse der Ewigkeit einzudringen. Die Sehnsucht, zu wissen, hat mich schon oft wie ein brennender Schmerz gequält, hat mir Zeiten nervöser Ratlosigkeit und innerer Unzufriedenheit gebracht. Wenn ich diesen Stimmungen an Land zu entrinnen suchte, geriet ich fast immer in Schwierigkeiten – sei es, daß ich jemanden kränkte, sei es, daß ich mich einfach betrank und vollkommen abschaltete.
Jetzt aber, in solchen Stunden wie am Heiligabend, glaube ich Antwort auf meine sehnsüchtigen Fragen zu finden und Erkenntnisse zu gewinnen, die mich mit Frieden und Ruhe erfüllen.
Ähnliche Gedanken und Gefühle kann ein Mensch an Land vielleicht nur haben, wenn er am Heiligen Abend als einsamer Bergsteiger auf den Montblanc kraxelt. Aber wer macht das schon?
Wie ein einsamer Bergsteiger in einer Felsspalte des Montblanc beim Biwak, so habe ich heute abend Muße, mir über meine Gefühle klarzuwerden und über meine Einstellung zu mir selber und zu den Menschen.

Vielleicht suchte ich das einsame Abenteuer auf See überhaupt zur Selbstbesinnung – und nicht, um mir und anderen zu zeigen, was für ein toller Kerl ich bin?
Selbstbesinnung: Das ist es, was ich in der Einsamkeit fast körperlich erfahre, besonders heute in den langen, dunklen Stunden der Christnacht, wo das Schiff und ich und die Wogen und der Wind alle nur ein Teil eines unerfaßbaren Ganzen zu sein scheinen. Unbehindert von Erziehung und gesellschaftlichen Konventionen oder Vorurteilen irgendwelcher Art, dringen Gedanken auf mich ein, die an Land in Gegenwart anderer Menschen nie wach geworden wären.
Heiligabend. Für mich Stunden der Erkenntnis. Und trotzdem führt mir die Konvention die Feder, als ich an diesem Tag zu meinem Logbuch greife:
Mein Weihnachtsgeschenk von Gott ist stetiger Nordost-Passat. KATHENA läuft, was sie kann. Aber gegen Abend bin ich doch reichlich bedrückt. Allein, ohne Kerzen, ohne Tannengrün, nichts, was ein bißchen Weihnachtsstimmung auf mein Schiffchen zaubern könnte. Meine Gedanken wandern immer wieder nach Hause, wo ich seit meiner Kindheit und auch noch voriges Jahr dieses Fest verlebte. Hoffentlich haben meine Eltern inzwischen die Nachricht von meiner glücklichen Atlantiküberquerung erhalten. Es wäre schrecklich für sie, jetzt in Sorge über mich zu sein. Mir wird abwechselnd heiß und kalt. Ich mache mir Milch mit Honig, aber das dumme Gefühl, ein gewisses Würgen im Hals, geht nicht weg. Ich kann mich auf nichts anderes als Zuhause konzentrieren. Meine Gedanken schweifen immer wieder in die Heimat ab. Vermutlich bin ich doch familienbewußter, als ich immer glauben wollte. – Wie gerne würde ich heute in die Kirche gehen ...
Auch die Tage nach Weihnachten bescheren mir guten Wind, so daß ich dem Vollgefühl meiner Einsamkeit weiter nachhängen kann. Selbst im Schlaf träume ich genüßlich vom Alleinsein.
Doch am neunten Tag meiner Fahrt durch die Karibische See ist es plötzlich aus mit der Besinnlichkeit: Am nördlichen Himmel baut sich eine

drohende, kohlschwarze Wolkenwand auf und breitet eine drückende Stimmung über die gespensterhafte Stille der See. Dieser ungewöhnliche Anblick des Himmels beunruhigt mich sehr. Kündigt sich so der berüchtigte »Norder« an? Will die Karibik mich doch nicht ungeschoren davonkommen lassen?
Das Barometer steht tief wie nie zuvor. Ich reffe das Großsegel ganz durch und schlage meine Sturmfock an. Der Tanz kann beginnen.
Im Lauf des zehnten Tages weht sich der Wind ein und erreicht Sturmstärke. Ich mache ausgezeichnete Fahrt, meiner Schätzung nach bis zu 8 Knoten. Das Boot ächzt, die Wanten jaulen, und die Segel knallen. Eine steile, unregelmäßige See kommt auf und wäscht bald dauernd über Deck. Die Wellen steilen sich so hoch auf, daß ich in mein Logbuch die Bemerkung kritzele: *Fühle mich äußerst bedrückt. Ich weiß nicht, ob das mit Angst zu tun hat...*
Ausgerechnet in dieser Nacht, als sich die Kämme der Seen in riesige, vielleicht zehn Meter hohe Brecher verwandeln, die sich zischend über die Aufbauten ergießen und das Cockpit bis an den Rand mit Wasser füllen – ausgerechnet in dieser Nacht bricht plötzlich das Großsegelfall in der Mastspitze. Dabei habe ich es in Kingstown noch sorgfältig überprüft. Sofort berge ich das Großsegel, das vom Wind erbärmlich hin und her geschlagen wird. Dann hole ich die Taschenlampe hervor und leuchte ins Masttop. Sarkastisch sage ich zu mir: »Da mußt du nun hinauf!«
Ich hole einen Block, ein Ende und ein Fall hervor, schere die Hälfte des Falls durch den Block und klettere mit Block und Ende den Mast hinauf. Hand über Hand. Je höher ich komme, um so fester muß ich mich halten, um beim Schwanken des Mastes nicht über Bord zu fallen. Ohne den Druck des Großsegels vor dem Wind rollt sich das Boot fast die Seele aus dem Leib.
Ich weiß nicht, wie lange meine Klettertour gedauert hat, aber als ich endlich auf der Saling oben sitze, mit dem einen Bein links und dem anderen

rechts vom Mast, muß ich mich erst einmal, schwer keuchend, ausruhen. Beim Hinaufklettern des letzten Stückes in den Top muß ich den Mast mit Armen und Beinen umklammern, um nicht beim Schwanken des Mastes weggeschleudert zu werden und dann wieder mit aller Gewalt dagegenzukrachen. Dann mache ich mich daran, das Ende mit dem Block über dem Top zu verzurren. Ich kann nur in den kurzen Augenblicken arbeiten, in denen das Boot auf ziemlich ebenem Kiel liegt. Wenn die KATHENA über einen Wellenkamm stürzt und der Mast dabei mit heftigem Ruck ausschwingt, brauche ich beide Hände und Füße, um nur oben zu bleiben. Und dabei darf ich weder das Ende loslassen, noch darf ich riskieren, daß die bereits geleistete Arbeit wieder von vorn begonnen werden muß. Je länger ich oben ausharre, desto weniger Kraft bleibt mir, um wieder sicher hinunterzukommen. Ich bin fast von Sinnen, als die Arbeit im Top beendet ist und ich absteigen kann. Fuß über Fuß, Hand über Hand. Ich verspüre heftige Schmerzen in den Beinen und habe kaum noch Gefühl in den Händen.

Meine Hände! Nur nicht aufgeben! Festhalten!

Ich vergesse die See und das Schiff und den Schmerz in meinen Beinen, ich vergesse alles außer meinen Händen und konzentriere meine ganze letzte Kraft auf sie. Die geringste Schwäche bedeutet das Ende.

Meine Hände, meine Hände! Noch heute, lange danach, bei der Niederschrift meiner Erlebnisse spüre ich die harten, nassen Windungen der einzelnen Kardeele des Taues, das sie umklammerten.

Ich weiß nicht, wie ich schließlich das Deck erreiche. Aber jedenfalls heil. Trotzdem bin ich ziemlich am Ende. Ich krieche in die Kajüte und fühle mich außerstande, auch nur noch einen einzigen Handschlag zu tun. Aber kaum habe ich mich auf die Koje fallen lassen, bemerke ich zu meinem Entsetzen, daß Wasser im Schiff steht, hoch bis zu den Bodenbrettern. Bei harter Arbeit in der See machte die KATHENA schon immer viel Wasser, und in St. Vincent konnte ich den Boden des Bootes nicht nachkalfatern. Jetzt ist

noch zusätzlich Wasser durch den undichten Niedergang und den Backkistendeckel ins Boot gekommen. Da heißt es pumpen und abermals pumpen, zwanzig oder dreißig Eimer voll, bis zur Erschöpfung.
Bei den wilden Bewegungen der KATHENA ist auch hinterher nicht an Erholung und Schlaf zu denken. Die wilde See gebietet, wieder Tuch zu setzen, damit das Boot vor dem Wind etwas beständiger liegt. Das ist bei solchem Wetter eine harte Arbeit für einen ausgeruhten Mann. Für mich wird's jetzt zu einem Existenzkampf. Als ich die Sturmfock und das dichtgereffte Großsegel endlich wieder gesetzt habe, läuft die KATHENA wie besessen durch Wellen und Sturm. Die Etmale betragen über 120 Meilen.
Dabei muß ich jetzt nach all der Anstrengung im Cockpit am Ruder sitzen, denn weder an Schlaf noch an Selbststeuerung ist bei solchem Wetter zu denken. Ich hocke auf der Steuerbank und verfolge mit allen Sinnen die Bewegungen meiner geliebten KATHENA. Allzu mächtig, als wollten sie es im Wirbel dieses Tages verschwinden lassen, ziehen die Seen das Boot weg von seinem Kurs, werfen es hoch aus dem Wasser und drücken es fast ganz auf die Seite. Doch ich kann das Ruder halten, und die Kompaßnadel pendelt sich immer wieder auf westliche Richtung ein.
Daß die Seen sich so auftürmen, liegt nicht nur an dem Sturm, sondern an den Querströmungen der großen kolumbianischen Flüsse. Brecher kommen über und peitschen meinen zerschundenen Rücken. Eimerweise läuft mir das Wasser in den Kragen des Ölzeugs hinein und aus den Stiefeln wieder heraus. Aber was macht das schon? Jetzt, in diesen Stunden der Gefahr, freue ich mich aus tiefstem Herzen, daß ich mich einst beim Kauf des Bootes zwar instinktiv, aber richtig entschieden habe.
Verdammt, das hätte auch anders ausgehen können! Beim Kauf der KATHENA wußte ich nichts über ihre Stabilität und ihr Verhalten bei schwerem Wetter. Ich habe das Boot damals noch nicht einmal zur Probe gesegelt. Hätte ich nicht mehr Glück als Verstand gehabt, dann könnte ich spätestens in diesem Sturm nur noch auf das Absacken warten.

Länger als dreißig Stunden sitze ich jetzt schon am Ruder und knüppele die KATHENA auf Westkurs durch das Chaos. Ich sammle alle meine Kräfte, um zu überleben. Dieser Sturm hat sicherlich noch Reserven, darauf muß ich mich einstellen. Deshalb beschließe ich, das Großsegel ganz zu streichen und nur unter der Fock weiterzufahren. Als ich abermals in diesem Hexentanz das Tuch einhole, ist es mir fast gleichgültig, daß ich an meinen steifen Händen unter den Fingernägeln Blut hervorrieseln sehe.
In solchen Momenten, wo man sich kaum noch lebendig fühlt, muß die große Überraschung einfach kommen. Und sie kommt. Am Ende des dritten Sturmtages. Als die Sonne untergeht, schließt dieser karibische Norder endlich sein fletschendes Maul.
Da sitze ich völlig erschöpft auf der Steuerbank, mit pitschnassem Zeug auf dem Leib, zerschundenem Rücken, blutenden Händen – und freue mich wie ein Kind über das wiedergeschenkte Leben. Daß es die Sonne noch gibt, scheint mir fast wie ein Weltwunder. Daß die Wellenkämme in sich zusammensinken und meine nasse Straße wieder befahrbar wird, ist für mich wie eine Verheißung des Paradieses. Schlagartig ist der wilde Spuk vorbei, und es bleibt nur noch eine leichte Brise für eine geruhsame Fahrt durch die Nacht.
Es ist die Nacht zum 2. Januar 1967. Meine Verfassung verrät die Notiz in meinem Logbuch: *Habe gar nicht gemerkt, wie ich ins neue Jahr gekommen bin.* Nach insgesamt 52 schlaflosen Stunden ständiger Anspannung sinke ich wie tot auf meine Koje. Zwar bin ich auf dem Schiffahrtsweg zum Panamakanal, der so stark befahren wird wie an Land eine Autobahn, aber im Sturm der letzten Tage habe ich nicht ein einziges Schiff gesichtet. Und selbst wenn eines käme, das mich unterzubügeln droht – das ist mir jetzt völlig einerlei. Befriedigt schlafe ich ein.
Als ich nach wenigen Stunden aus dem Schlaf hochfahre, dämmert der Morgen des zwölften Tages in der Karibischen See. Mein Logbuch am Montag, dem 2. Januar 1967: *Glücklicherweise rechtzeitig aufgewacht. Mache*

im Süden ziemlich nahe eine dichtbewaldete Inselgruppe aus. Nach meinem Seehandbuch sind es die San-Blas-Inseln vor der Darienküste. Wenn mein Motor ginge, würde ich sie gern besichtigen. Denn dort soll ein besonderer Menschenschlag von Halbindianern seßhaft sein. Aber ohne Motor kann ich mir bei dieser heftigen Strömung die Annäherung an Land nicht leisten. Versuche mühsam einen halben Tag lang, mich von den verlockenden Inseln freizusegeln.

Dann weht der Wind hart von achtern. Und das ist gut so. Gerade jetzt brauche ich ihn, in diesem starken Gegenstrom kurz vor der Einfahrt nach Panama.

Am 13. Tag in der Karibischen See, als das erste fahle Licht der Morgendämmerung über dem Horizont im Osten auftaucht, segelt die KATHENA vor groben Wellen mit weißen Schaumkämmen und unter einem trüben Himmel über das Grab von Sir Francis Drake. Fast auf den Tag genau vor 371 Jahren wurde der berühmt-berüchtigte Seeräuberheld an dieser Stelle in einem bleiernen Sarg auf den Grund der tiefen See versenkt. Inmitten der vielen Schiffe, die er den spanischen Majestäten abjagte, um sie auszurauben und zu versenken.

Noch vor Mitternacht stehen vor mir plötzlich die gewaltigen Molenfeuer der Einfahrt zur Limon-Bay, aber der starke Strom versetzt mich beinahe hoffnungslos. Es wird wieder eine Nacht ohne Schlaf, denn jetzt fahren stündlich mindestens zwei große Dampfer an meiner KATHENA vorbei. Obwohl sie auf Kurs bleiben, muß ich mich doch zwischen ihnen hindurchmanövrieren, wie ich nur irgend kann. Gegen Morgen rauscht ein gigantischer Tanker sogar in nur zwanzig Meter Entfernung an mir vorbei. Aber als es hell wird, setzt auch der beständige Morgenwind wieder ein und treibt mich mit guter Fahrt hinter die langen Molen in den Hafen der Doppelstadt Cristobal-Colon.

Auf dem Ankerplatz der Quarantänestation gebe ich der KATHENA mit zweiunddreißig Metern ausreichend Kette, klare sogar noch das Deck auf und warte auf die Barkasse mit den Beamten von Zoll, Gesundheitsbehörde und Kanalverwaltung. Es herrscht ein reger Hafenbetrieb, aber keines der schnellen Boote kommt längsseits. Ich frühstücke ausgiebig, mehr zum Zeitvertreib als aus Hunger, aber als dann immer noch niemand von mir Notiz nimmt, packe ich mich nach der schlaflosen letzten Nacht einfach in die Koje. Und ich schlafe sofort ein – in dem Wohlgefühl, 1173 Seemeilen durch die gefährliche Karibische See ohne Schaden an Leib und Boot glücklich abgesegelt zu haben.

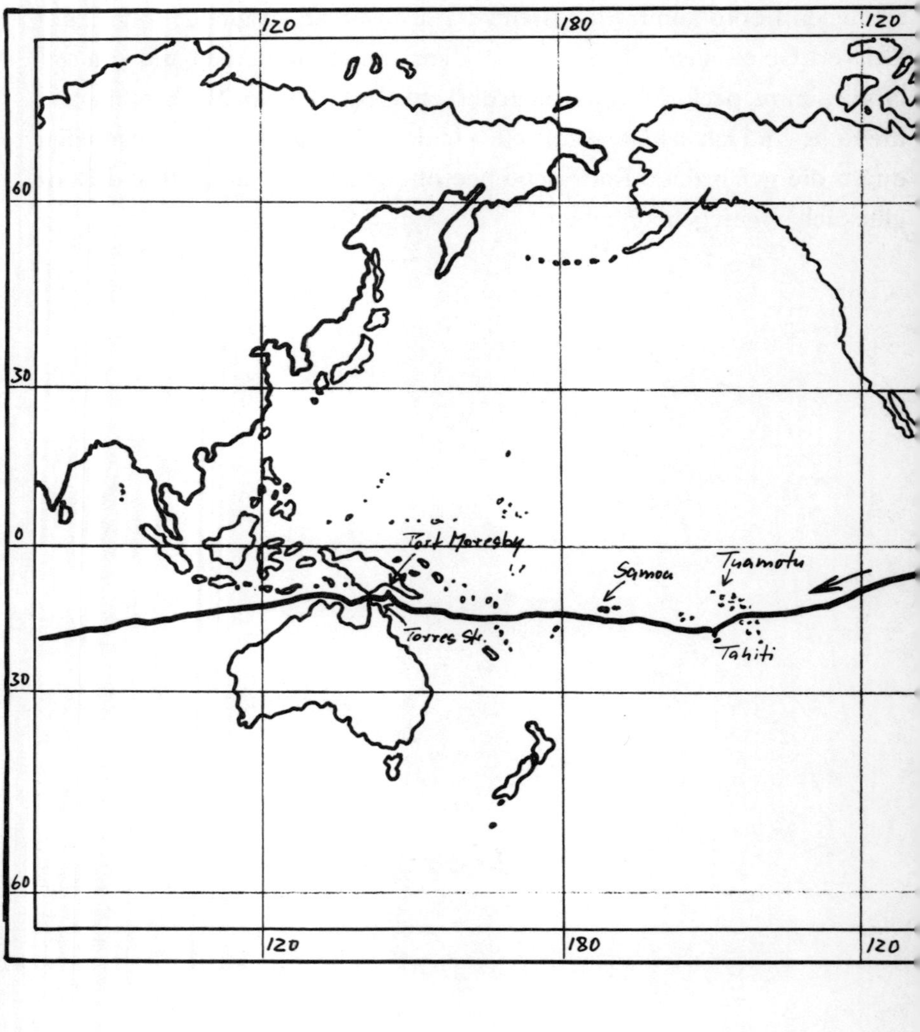
120
180
120
60
30
0
30
60
Port Moresby
Samoa
Tuamotu
Torres St.
Tahiti
120
180
120

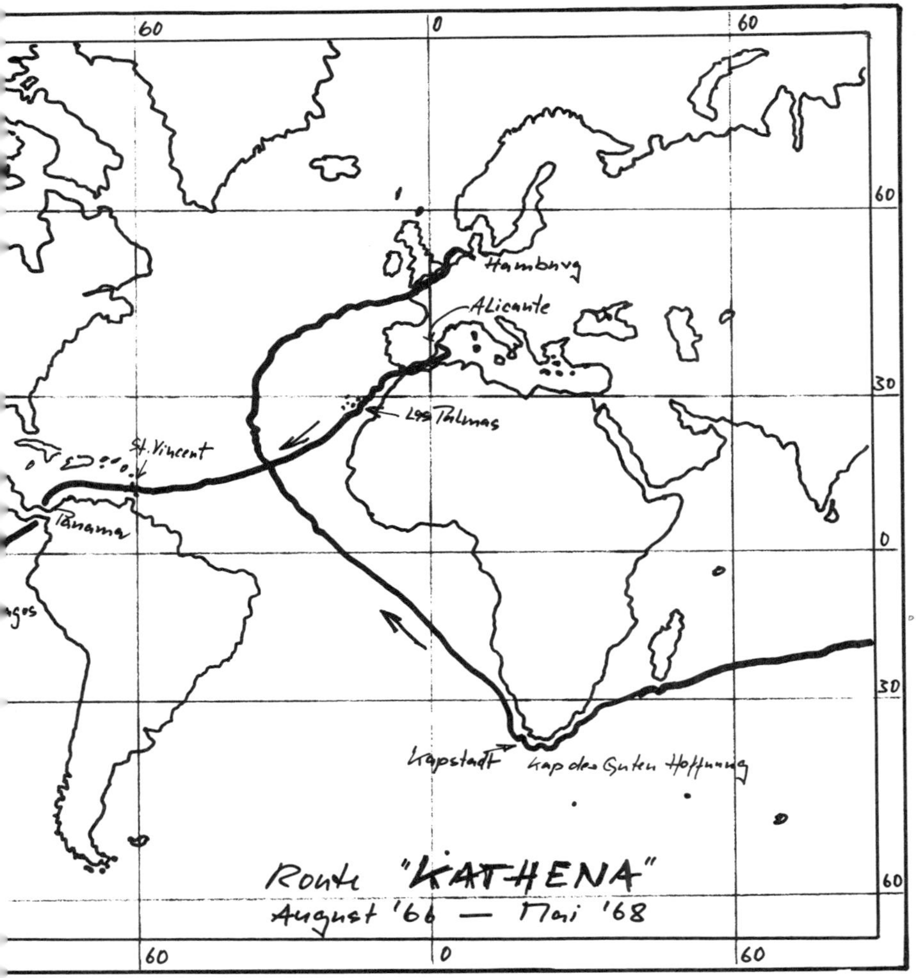

60
0
60
60
30
0
30
60
Hamburg
Alicante
Las Palmas
St. Vincent
Panama
Kapstadt
Kap des Guten Hoffnung
Route "KATHENA"
August '66 — Mai '68

Meine größte Angstpartie

Durch den Panamakanal und in Balboa
4. Januar 1967 bis 26. Januar 1967
1 Tag 46 Seemeilen und 21 Tage an Land

Sanft muß sich das Ungetüm von Barkasse, fast zweimal so lang wie die KATHENA, längsseits gelegt haben. Ich wache erst auf, als ich merke, daß jemand aufs Kajütdach gesprungen ist.

»Hello!« ruft es auch schon vom Niedergang her. Das kann nur ein Beamter der Kanalverwaltung sein.

Ich springe auf, reibe mir die Müdigkeit aus den Augen und fahre hastig mit dem Kamm durchs Haar. Als ich einigermaßen vernehmungsfähig bin, sitzt der Mann schon am Tisch und bringt sofort Unordnung in die Kajüte mit den vielen Formularen, die er rund um sich ausbreitet.

Formulare, Formulare! Ich muß sie alle unterschreiben. Zwischendurch bekomme ich eine Spritze gegen Gelbfieber verpaßt. Formulare und Spritzen - das sind die typischen Willkommensgrüße Amerikas. Währenddessen rumpeln über mir auf dem empfindlichen Bootsdeck die harten Schuhe von Männern, die meine KATHENA genau vermessen, um danach die Gebühren für die Durchfahrt durch den Kanal zu berechnen. Und der Beamte redet und redet und redet. Haarklein erklärt er mir, was ich alles tun muß, bevor ich endgültig an Land gehen darf.

Die KATHENA darf ihren Ankerplatz auf der Quarantänereede erst mal nicht verlassen. Ich muß deshalb zunächst mein Dingi klarmachen. Mit dem Dingi soll ich in den inneren Hafen rudern. Bei dieser Bullenhitze! Im Hafen habe ich mich bei der Einwanderungsbehörde zu melden und ihr meine Ankunft mitzuteilen. Von dort aus muß ich sofort das Büro des Yachtclubs aufsuchen und die Erlaubnis einholen, daß ich meine Yacht auf dem Clubgelände festmachen darf.

Ich darf. Die Geschäftsführerin des Clubs weist mir einen freien Platz an der Brücke zu, nicht ohne darauf aufmerksam zu machen, daß ich dort nur für einen Tag unentgeltlich liegen kann. Danach muß ich täglich zweieinhalb US-Dollar zahlen. Zehn Mark. Es ist das erste Mal, daß ich überhaupt Liegegebühren zahlen muß. Und dann gleich so sündhaft viel für meinen schmalen Geldbeutel!

Ob wenigstens Post für mich angekommen ist, die mich aufmuntern könnte? Ich habe allen meinen Bekannten und Freunden von St. Vincent aus mein nächstes Ziel mitgeteilt. Aber ich bin wohl zu schnell durch die Karibische See gerauscht. Die Dame im Clubbüro kramt neben einem Brief von meinen Eltern noch einen dünnen Brief hervor. Und der ist von meiner Hamburger Sparkasse, die mir eine Geldüberweisungen nach Panama bestätigt. Die Dollars für die Kanalzone sind also vorhanden.

Ärgerlich pulle ich mein Dingi zurück und verhole die KATHENA endlich zum Yachtclub, der am sogenannten alten französischen Kanal liegt, einem Vorläufer des heutigen Panamakanals. Er wurde 1881 in Angriff genommen – von keinem Geringeren als dem französischen Ingenieur und Unternehmer Ferdinand de Lesseps, der bereits Weltruhm als Erbauer des Suezkanals genoß. Aber an dem Durchstich durch die mittelamerikanische Landenge scheiterte er. Tausende von Arbeitern starben am Fieber. Nach acht Jahren Wühlerei machte auch die Finanzierung Schwierigkeiten und die Baugesellschaft unter skandalösen Umständen pleite. Zwischen 1906 und 1914 bauten die USA den heutigen Kanal auf einer etwas anderen Route, 82 Kilometer lang, mit gigantischen Schleusenanlagen und einem Stausee. Derart als Wohltäter der Menschheit ausgewiesen, pachteten sie von Panama einen Landstreifen von je acht Kilometern zu beiden Seiten des Kanals als eigenes Hoheitsgebiet und machen seither ein lukratives

Geschäft mit jedem Schiff, auch mit dem kleinsten ärmsten Segelboot, das von einem Ozean in den anderen will, ohne um Südamerika mit seinem gefürchteten Kap Hoorn herumzufahren.
Und Kap Hoorn kann ich mir nicht leisten. Erstens habe ich dafür noch nicht genügend Segelerfahrung. Und zweitens ist meine KATHENA nicht danach gebaut. Ich muß mir die Bewältigung dieser schwierigsten Segelstrecke der Welt für spätere Jahre vorbehalten und jetzt in den sauren Apfel beißen, meine Dollars am Panamakanal auszugeben.
Dafür sind die Anlagen des Clubs mit Restaurant und Bar und Duschräumen und Slipwagen mustergültig und perfekt organisiert, wie alles in der US-Kanalzone. Der Unterschied zur Republik Panama fällt besonders auf, weil die Zwillingsstädte Cristobal und Colon nur durch einen leichten Drahtzaun voneinander getrennt sind.
Diesseits des Zauns gepflegte Straßen mit luftigen, modernen Häusern, die allen den Amerikanern so wichtigen Komfort enthalten. Gelbfieber und Malaria, diese Geißeln der Kanalbauerjahre, sind in der Kanalzone ausgerottet worden.
Jenseits des Zauns, auf der Panama-Seite, sind die Straßen verstopft mit alten, verbeulten Autos. Polizisten in Khaki, Neger, Mestizen und Cholos, leichte Mädchen und Mulatten, Indios und Soldaten quirlen durcheinander. Ein lärmendes Tingeltangel mit Zeitungsverkäufern, Taschendieben und Schuhputzern. Jedes Haus scheint eine Bar zu sein.
Hinter dieser Kulisse breitet sich das undurchdringliche Dschungel dunkler Geschäftemacherei aus. Panama war schon immer die »Costa del Ore«, die Goldküste. Einst schleppten Maultierkarawanen das Gold Perus zum Chagres oder nach Porto Bello. Heute sind viele Schiffahrtsgesellschaften und alle möglichen Scheinunternehmen in Panama ansässig, um unter den günstigen Steuergesetzen Riesengewinne zu schöpfen.
Leider muß ich meine Absicht aufgeben, etwas mehr von Panama zu sehen, denn das Leben unter Dollarverdienern ist für mich einfach zu teuer.

Allein die Slipanlage, auf der ich die KATHENA zu Überholungsarbeiten aus dem Wasser ziehe, kostet mich für vier Tage 52,50 US Dollar. So bin ich gezwungen, jede Stunde für die notwendigen Arbeiten auszunutzen und mich nicht lange aufzuhalten. In einem Tempo, wie man es den guten alten deutschen Handwerkern heute noch nachsagt, überhole ich alle Naturhölzer, kalfatere die Ritzen am Rumpf, streiche außenbords und gebe zum Schluß einen Strich Unterwasserfarbe.

Die KATHENA ist zu dieser Zeit das einzige Gastsegelboot vor dem Club. Segeln ist ohnehin in der US-Kanalzone fast unbekannt. Statt dessen liegt hier eine ganze Armada kleiner und großer Motorboote, die von den Amerikanern für die Sportfischerei benutzt werden. Das seemännische Leben dieser Leute spielt sich hauptsächlich in der Clubbar ab, die Tag und Nacht geöffnet ist. Die rund um die Uhr beschäftigten Lotsen und anderen Kanalleute schalten hier in der Regel mit Musik und Mixgetränken für kurze Zeit ab. Die Musikbox, die draußen dicht an meinem Steg steht, bleibt selten still. Der Dr. Schiwago-Hit wird mich sicher bis ans Ende meines Lebens an Cristobal erinnern. Aber auch die junge Amerikanerin, die stets vor der Box steht, seitdem sie mit ihrem Trimaran vor Panama gestrandet sind. Sie schenkt mir nicht nur schöne Augen, sondern eine braune Sturmfock, Laternen, Werkzeug – und Gras, das sie mit ihrem Mann täglich raucht.

Man findet es dort kaum der Mühe wert, vom eisgekühlten Drink aufzusehen, wenn ein fremdes Boot von fern in den Hafen einläuft. Ein bezeichnendes Beispiel erzählt mir der Amerikaner Al Gehrman, der hier mit seiner Tahiti-Ketsch MYONIE nach einer Weltumseglung und nach der Durchfahrt durch den Panamakanal während meines Aufenthaltes am Clubsteg längsseits geht. »Man sollte annehmen«, so klagt er bei einem Drink, »daß ein weitgereistes Schiff wie meine MYONIE auch in Panama ein gewisses Interesse findet. Denkste! Neun Stunden lang war der Kanallotse bei mir an Bord. Aber glaubst du, daß dieser Mann auch nur einmal gefragt hätte, woher oder wohin?«

Na, es soll mich wenig kratzen, ob sich jemand für mein Woher und Wohin interessiert. Viel wichtiger ist für mich angesichts der bevorstehenden Kanaldurchfahrt das Wie.

Irgendwo habe ich einmal gelesen, daß der amerikanische Segler Erling Tamps seine TEDDY zum größten Teil unter Segel durch den Panamakanal gesteuert hat. Ein anderer, Harry Pidgeon, hat seine Yacht ISLANDER sogar hindurchgewriggt. Aber das war in der sogenannten guten alten Zeit vor dem Zweiten Weltkrieg.

Im Büro der Kanalverwaltung belehrt man mich über die strengeren Vorschriften von heute: Entweder müsse ich ein Motorboot als Schlepper chartern – irrsinnig teuer – oder sonstwie eine Möglichkeit finden, per Motor durch den Kanal zu kommen. Segeln und Rudern ist verboten, weil es den Verkehr aufhält.

Zunächst denke ich daran, mir irgendwo einen Außenbordmotor zu leihen, den ich an die KATHENA anhängen kann. Aber daraus wird nichts, denn es ist kein Motor aufzutreiben, der für mein Boot stark genug wäre.

Als ich meine Sorgen mit Bill Arborough, einem Clubmitglied, bespreche, rät er mir, doch einmal bei einem der koreanischen Hochsee-Fischkutter drüben im Hafen zu fragen, ob ich mich bei ihm anhängen kann.

Ich pulle hinüber und lege bei der etwa 300 Tonnen großen WOEL MI 306 aus Icheon an. Der Kapitän ist ein kleiner, gelber, freundlicher junger Mann mit schmalen Augen. Ich trage ihm mein Anliegen vor. Er erkundigt sich nach der Größe meines Bootes. Es folgt ein kurzes Schweigen. Und dann sagt er: »Okay, Sie können sich bei mir anhängen. Ich lege morgen früh ab.«

Jetzt muß ich noch schnell ins Kontor der Kanalverwaltung, um die Gebühren für die Durchfahrt zu bezahlen: 3,15 Dollar. Außerdem noch 5 Dollar für die Vermessung. Glücklicherweise brauche ich jetzt nicht 15 Dollar für einen Lotsen auszugeben.

Dann taucht unvermutet eine andere Schwierigkeit auf: Es müssen mindestens zwei Mann an Bord der KATHENA sein, um in den Schleusen aufzupassen und Hand anzulegen, wenn sie geschleppt wird. Kummervoll erzähle ich von dieser neuen Hürde in der Bar des Clubs – da erklärt sich Neil Cook von einem gerade eingelaufenen australischen Schoner spontan zur Hilfe bereit.

So werde ich plötzlich zum Kapitän mit richtiger Besatzung. Allerdings bekommt mein Decksmann keine Heuer, nicht etwa, weil ich so arm oder geizig bin, sondern weil man solche großzügige Hilfe in Seglerkreisen als selbstverständlich ansieht und sich dafür einfach nicht mit Geld bedanken kann. Also nur mit Essen und Trinken.

Jetzt habe ich nur noch eine Angst: den freundlichen Koreaner bei seiner Abfahrt am nächsten Morgen zu verpassen. Deshalb machen Neil und ich die KATHENA sofort los und legen sie drüben direkt hinter den Fischkutter.

Ich stelle mir diese nächste Etappe meiner Weltumseglung ganz bequem vor: Ich brauche mich nicht um die Segelführung zu kümmern, sondern nur ein bißchen am Ruder zu sitzen und mich beschaulich durch die Landschaft ziehen zu lassen. Denke ich!

Der nächste Tag belehrt mich eines Besseren: Obwohl ich auf meiner Reise um den Globus nie zuvor und nie hinterher so viel Land und so wenig Wasser um mich herum gesehen habe, zählt diese kurze Strecke zu meinen größten Angstpartien.

Meine Reise durch Amerika von Ozean zu Ozean beginnt am 15. Januar 1967, morgens um halb neun. Die freundlichen kleinen gelben Herren von der WOEL MI 306 werfen mir ein Schlepptau zu, das ich auf einer Klampe am Bug belege, und dann machen sie Dampf auf ihrem Fischerboot. Ordentlich Dampf!

Die WOEL MI 306 nimmt Fahrt auf, die Schleppleine strafft sich so stark, daß ein leichtes Sirren in der Luft zu hören ist. Die KATHENA legt sich gewaltig über. Dann gibt es einen kurzen Knall, und im selben Augenblick, da die Leine reißt, bricht auch die Belegklampe aus ihrer Verankerung.

Heftiges Gebrüll, allerdings nur von mir. Die kleinen gelben Herren lächeln gleichmütig freundlich, kehren mit ihrem Kutter in großem Bogen zur KATHENA zurück und raten mir, mein Boot zum Schleppen besser seitlich an ihrer Bordwand zu vertäuen. Das hat den Vorteil, daß ich nicht mal mehr zu steuern brauche, und auch in den Schleusen habe ich keine Arbeit mit dem Manövrieren. Aber jetzt preßt sich mein kleines hölzernes Schiffchen Bordwand an Bordwand so kräftig gegen den stählernen Rumpf des großen Kutters, daß Neil und ich zur notdürftigen Federung alle verfügbaren Decken zwischen die Schiffe stopfen müssen. Dann geht's endlich los. Abermals machen die Koreaner Dampf, gehen auf »Volle Kraft voraus« mit etwa 12 Knoten Fahrt. Ich höre es schon im Holz knistern, als ob sie meiner KATHENA den Steven herausreißen wollten, und abermals brülle ich lauthals, bis der koreanische Kapitän seine Fahrt auf etwa 8 Knoten verringert. Sehr freundlich von ihm, soviel Rücksicht auf mich zu nehmen, aber Zug und Druck wirken beinahe immer noch zu stark auf mein Boot. Schnell eine Notiz ins Logbuch gekritzelt: *Ich danke Gott, wenn ich in Balboa bin und alles gutgegangen ist.*

Nach rascher Fahrt zu der Schleusenanlage von Gatun werden wir in drei hintereinanderliegenden Kammern, die mit je 330 Metern Länge das Gardemaß der größten amerikanischen Flugzeugträger nur um eine Handbreite übersteigen, zum Gatun-Stausee hochgehoben. 26 Meter über den Meeresspiegel. Damit ist sozusagen der höchste Punkt meiner Weltumseglung erreicht.

Der Gatun-See ist voll von kleinen, tropisch grün und wild bewachsenen Inseln. An den Ufern sehe ich träge Alligatoren liegen. Sie scheinen tief zu schlafen. Aber plötzlich reißt eines dieser Tiere sein Maul auf. Der Abstand zwischen Ober- und Unterkiefer beträgt nach meiner Schätzung einen dreiviertel Meter. Und seine Zähne sind länger als mein Zeigefinger. Ich bin darauf gefaßt, gleich ein gewaltiges Gebrüll des Alligators zu hören, aber das einzige, was das Motorgeräusch meines koreanischen Schleppers übertönt, ist der kurze, schrille Schrei eines Vogels. Ich sehe, wie er auf den Kopf des Alligators fliegt und heftig darauf herumpickt, während das Reptil beinahe freudig mit dem Schwanz wedelt wie ein Spaniel. Dann sind wir schon vorbei.

Jetzt geht es in das längere Stück des Kanals, zur Schleuse von Pedro Miguel, die uns von 26 auf 12 Meter absenkt. Eine Seemeile weiter müssen wir einen vorbeirauschenden Bananendampfer abwarten, bevor wir in die letzte Schleuse bei Miraflores einlaufen können. Nur acht Minuten dauert der Aufenthalt. Dann öffnet sich das Schleusentor geräuschlos, und das Süßwasser wird in einigen schnellen Wirbeln von der pazifischen Salzflut verschluckt. Die KATHENA hat den Stillen Ozean erreicht.

Die WOEL MI 306 schleppt mich noch durch die Kanalausfahrt bis Balboa, verlangsamt vor dem Yachtclub die Fahrt, bis die freundlichen kleinen gelben Herren die letzte Leine einholen und mich in schwungvollem Bogen zu einem Bojenplatz entlassen, während sie auf geradem Kurs dem Horizont zustreben.

Nach dieser Tortur für meine KATHENA und mich folgt sogleich eine weitere Überraschung, aber diesmal eine angenehme. Der Bootsmann des Yachtclubs, der uns mit einem kleinen Motorboot entgegenfährt, weist uns einen Platz an einer Boje auf Reede zu und erklärt, daß ich hier die ersten vierzehn Tage kostenlos liegen darf. Für den Personenverkehr zwischen den Booten auf Reede und dem Land in dieser Bucht mit heftiger Strömung betreibt der Yachtclub von sieben Uhr morgens bis sieben Uhr abends sogar einen Zubringerdienst per Motorboot.

Ich will zwar so schnell wie möglich starten zu meinem nächsten Törn nach Tahiti, für den ich zweieinhalb Monate rechne, aber ich brauche doch noch zehn Tage in Balboa, um mich für die längste Strecke auszurüsten, die mir je bevorstand.

Bei den letzten Vorbereitungen finde ich einen wichtigen Helfer in Mr. Herbert K. Sloane, einem hier stationierten Lieutenant Colonel der US-Luftwaffe, den ich im Club kennenlerne und der sich sogleich für meine Pläne begeistert. Er darf in der »Commissary« einkaufen, der Verkaufsorganisation der Kanalgesellschaft, die alle Waren zu verringerten Preisen anbietet, aber nur den Einwohnern der Kanalzone zur Verfügung steht. Dort besorgt mir Colonel Sloane eine für meine weitere Navigation notwendige Omega-Uhr zu »nur« 119 Dollar. Er besorgt für mich ein hochwertiges Kurzwellen-Radio, Marke »Zenith«, zu »nur« 200 Dollar. Und er schleppt für mich nach meiner Bestell-Liste massenweise Proviant aus dem »Commissary« heran, der mich in einem normalen Laden ein noch größeres Vermögen als »nur« 46 Dollar gekostet hätte. Es ist nicht immer das Richtige, was Colonel Sloane da anbringt, aber leider ist es mir als Ausländer verboten, selber mit in den Laden zu gehen. Außerdem beschenkt mich der segelbegeisterte Luftwaffenoffizier noch mit sechs Dosen Notproviant, einem Fallschirm, dessen festes, dünnes Tuch ich noch mal irgendwie brauchen könnte; ferner mit Destillierpillen zur Aufbereitung von Salzwasser zu Trinkwasser und mit einer Blinklampe von enormer Reichweite – alles aus Beständen der US Air Force.

Bei einem anderen Problem kann mir der Offizier leider nicht helfen: Ich muß die Gasflaschen für meinen Kocher füllen lassen. Erfolglos laufe ich von einem Laden zum anderen. Entweder haben sie kein Gas oder nicht das richtige Gas oder nicht den passenden Anschlußschlauch für meine Flasche. Schließlich nehme ich mir sogar gegen alle meine Gewohnheiten ein Taxi und fahre von Fabrik zu Fabrik, bis mir irgendein Ingenieur meine Stahlflasche füllt. Das ganze kostet mich samt Taxi immerhin wieder fünf gute Dollar.

Ganz zum Schluß meines Aufenthaltes in Amerika bekomme ich doch noch etwas zu sehen. Mr. Sloane lädt mich zu einer Besichtigung der landeinwärts liegenden Ruinenstadt »Panamavieja« ein. Das alte Panama.

Es ist nicht mehr viel von dieser einst so überreichen Stadt mit ihren Palästen und Kirchen übriggeblieben. Über einen breiten Graben spannt sich

eine alte spanische Brücke. Eine ausgebrannte, hohle Fassade ist der Rest von einem vierkantigen Steinturm der früheren Kathedrale. Das ist fast alles. Morgans Piraten haben auf ihrem Plünderzug ganze Arbeit geleistet und von den sagenhaften Reichtümern nichts übriggelassen.
Ich stehe hoch über der öden, buschüberwachsenen Küste und sehe nachdenklich hinaus auf die See. Just über der Kimm kann ich noch die Kette der Perlas-Inseln ausmachen. Welcher Sturm der Gefühle muß den spanischen Entdecker Vasco Nunez de Balboa durchbraust haben, als er die mittelamerikanische Landenge zu Fuß überquert hatte und 1513 als erster Europäer an den Gestaden dieses gewaltigen Ozeans stand!
In Balboa, am 16. Januar 1967, schlage ich übrigens ein neues Logbuch auf. Nicht etwa, weil nun ein neues Meer vor mir liegt, sondern einfach, weil das alte Buch, das ich mit der KATHENA von meinem Vorgänger übernahm, jetzt voll ist. Es wird Zeit, daß ich es wegpacke. Ich habe ihm ohnehin gar zu viele haarsträubende Geschichten eines Greenhorns zur See anvertrauen müssen. Und außerdem riecht es vom Salzwasser so muffig und ist so zerfleddert, daß es in einzelne Seiten auseinanderfällt.
Die letzte Eintragung in mein erstes Logbuch lautet: *15. Januar 1967. Strecke: Panamakanal von Cristobal nach Balboa. Etmal: 46 Meilen.*
Die erste Eintragung in mein zweites Logbuch gleich auf der inneren Titelseite unter den schiffstechnischen Daten soll mein Motto für die Weiterreise sein: *Angst ist ein Kurzschluß der Phantasie. Punkt. Solange die Phantasie keine Zeit hat, kann sich der Kurzschluß nicht ereignen. Punktum.*
Auf diese Weise mit einem neuen Logbuch versehen und seelisch durch einen guten Spruch gestärkt, nehme ich mir für den nächsten Tag den nächsten Ozean vor.

Pazifik, Erster Teil

Ozean des Hungers

Von Balboa nach Tahiti
26. Januar 1967 bis 5. April 1967
69 Tage 4792 Seemeilen

Pelikane streichen in geordneten Zügen dicht über das Wasser dahin, als ich am 26. Januar 1967, morgens um halb acht, von der Boje des Yachtclubs ablege und auf die roten Fahrwassertonnen zusteuere. Mein nächstes Ziel ist Tahiti, die Insel meiner Träume mitten im Pazifischen Ozean, mindestens 4500 Seemeilen von Panama entfernt.
Dennoch kann ich nicht sagen: Ich nehme direkt Kurs auf Tahiti. Selten im Leben kann man ein entferntes Traumziel geradenwegs ansteuern. Und schon gar nicht in der Segelschiffahrt, die sich nach den günstigsten Winden richten muß. So liegt auch für mich jetzt Tahiti im Westen, und ich steuere dennoch Kurs Süd, damit ich zunächst einmal den Passat südlich des Äquators erwische.
So einfach ist das gar nicht. Denn zwischen Panama und dem südlichen Passat liegt eine Zone von Kalmen: Windstillen, stürmische Regenböen, leichte Gegenwinde und abermals Flauten. Die Seehandbücher warten mit einer ganzen Reihe von Beispielen aus der Marinegeschichte auf, wonach in dieser Kalmenzone Besatzungen nach Monaten vergeblichen Treibens ihr wurmzerfressenes, proviant- und wasserloses Schiff verließen, um das rettende Land per Ruderboot zu erreichen.
Mit den Schwierigkeiten, solche Gebiete unzuverlässiger Luftströmungen zu durchkreuzen, ist es für einen Segler jedoch nicht getan. Wind ist zwar immer Kraft für die Segel, selbst wenn er schräg von achtern oder seitlich

oder sogar aus vorlichen Richtungen kommt. Aber nicht nur Wind bringt einen Segler voran. Was nützt ihm der beste Wind, wenn die Strömung des Meeres sein Boot aus dem Kurs drückt! Und die Meere haben Strömungen, die stark wie die der Flüsse auf dem Festland sein können.
Besonders tückisch sind diese Meeresströmungen, die keineswegs immer parallel zur Windrichtung laufen, im Pazifischen Ozean. Von der Antarktis im Süden rollt der Humboldtstrom seine eisigen Fluten nach Norden. Am Äquator umspült er die Galapagos-Inseln und strömt dann westlich in die Endlosigkeit des Pazifik. Das ist der kräftige Hauptstrom, den Thor Heyerdahl einst nutzte, um mit seinem Floß KON TIKI von einem südlicheren Startpunkt Südamerikas zu den Inseln der Südsee jenseits des Stillen Ozeans mehr zu treiben als zu segeln.
Nur, kurz davor – von Panama aus gesehen – fließt das Meer in einer äquatorialen Strömung entgegengesetzt auf das mittelamerikanische Festland zu. Je nach Jahreszeit mischen sich die unterschiedlichen Strömungen verschieden stark und, mal nördlicher, mal südlicher, bilden sich von Jahr zu Jahr andere unberechenbare Wirbel. Da helfen einem auch die Spezialkarten der Atlanten nicht, und der Segler bleibt letztlich auf sein Gefühl angewiesen.
Mein Gefühl sagt mir, daß ich in der schmalen Strömung am Kap Mala vorbei die Insel Malpelo mitten im Golf von Panama ansteuern muß, um weiter südwestlich bei den Galapagos-Inseln den westlich setzenden Humboldtstrom am Äquator zu erreichen.
Aber erst mal muß ich aus der Kanaleinfahrt heraus, die mir mit ihrem starken Schiffsverkehr keine Minute Schlaf läßt. Ein leichter Hauch von Wind bringt mich so weit, daß ich mittags die Insel Taboga draußen in der Bucht schon querab habe. Doch der Wind schläft bald wieder ganz ein. Und bis abends hat mich der Tidenstrom so stark versetzt, daß ich bei Einbruch der Dunkelheit abermals bei der Ansteuerungstonne des Panamakanals liege, die ich bereits heute früh achteraus hatte.

1421
Rev. 8-17-56

CANAL ZONE GOVERNMENT

CANAL ZONE

PORT OF Balboa, C. Z.

CLEARANCE

This is to certify to all whom it may concern:

That Wilfried H. Erdmann,

Master or Commander of the Yacht "KATHENA" (German),

burden 4 net *tons or thereabouts, navigated with a crew consisting*

of one *members, and bound for* Tahiti direct

has here entered and cleared his vessel according to law.

GIVEN under my hand and seal this

25th *day of* January

one thousand nine hundred and sixty-seven

P. M. Türck, Jr.

for. *Captain of the Port*

Ausklarierungsbescheinigung für Tahiti, das ich direkt ansteuern möchte

Zu diesem nautischen Rückschlag kommt ein seelisches Tief. Ich habe es fast vorausgeahnt. Denn es ging mir bei allen früheren Ausreisen so – und es wird auch später nach allen Abfahrten zu größeren Seetörns so bleiben –, daß ich in den ersten Tagen sehr niedergeschlagen bin. Dem neuen Logbuch klage ich mein Leid: *Der erste Tag ist der unangenehmste. Alles bleibt zurück, alle Freunde, man ist wieder allein. Wehmütig denkt man zurück an die schönen Stunden, die man an Land verlebt hat. Jetzt merkt man, wieviel Mensch in einem ist!*

Abends gesellen sich zu diesem seelischen Wehwehchen noch starke Augenschmerzen. Die Augen müssen sich wohl erst wieder an den Anblick der Weite und die stark reflektierende Sonne auf offener See gewöhnen. Am zweiten Tag plagen mich Kopfschmerzen und Fieber. Und am vierten Tag ist meine Stimmung auf dem absoluten Nullpunkt. Kein Wunder: Bei dem starken Schiffsverkehr zur Kanaleinfahrt muß ich selber steuern und ständig Ausschau halten, so daß ich wenig Schlaf bekomme. Außerdem regnet es unentwegt, und ich habe nicht nur unangenehm nasse Klamotten am Körper, sondern auch Pfützen in der Kajüte. Irgendwo über dem Kartentisch ist das Deck undicht, und ich kann die schadhafte Stelle einfach nicht finden. Schließlich ist auch keine genaue Ortsbestimmung möglich, obwohl ich jetzt wieder alle Instrumente dafür habe. Aber die dicken Regenwolken lassen keinen Sonnenstrahl durch.

Erst am fünften Tag fühle ich mich wieder wohler auf See. Es hört auf zu regnen, so daß ich alle nassen Sachen zum Trocknen an Deck ausbreiten kann. Und gegen Mittag kommt sogar die Sonne durch. Schnell ein Besteck nehmen! Da lacht einem das Herz im Leibe, wenn man nicht mehr das Lotterleben eines Weltenbummlers führen muß, sondern sich als echter Seemann fühlen kann – mit justiertem Sextanten und einer genauen Uhr, die man zusätzlich am Zeitzeichen aus dem Radio kontrollieren kann. Aber wie war das noch mit der Ausrechnung des Standorts? Zu lange habe ich mich nicht mehr damit beschäftigt, und jetzt hole ich schnell wieder die

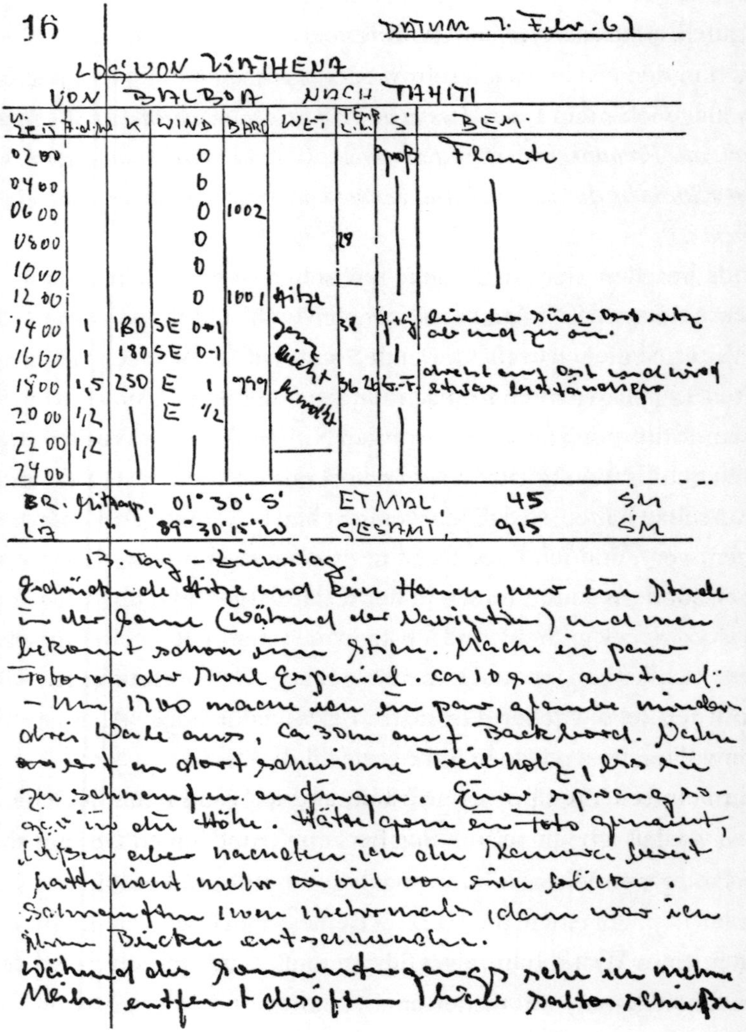

16 DATUM 7. Febr. 67

LOG VON KATHENA

VON BALBOA NACH TAHITI

ZEIT	F.d.M.	K	WIND	BARO	WET	TEMP L.W.	S	BEM.
0200			0				groß	Flaute
0400			0					
0600			0	1002				
0800			0			28		
1000			0					
1200			0	1001	Hitze			
1400	1	180	SE 0-1			38		
1600	1	180	SE 0-1					
1800	1,5	250	E 1	999		36 26		
2000	1/2		E 1/2					
2200	1/2							
2400								

BR. Mittag 01°30' S ETMAL 45 SM

LÄ " 89°30'15" W GESAMT 915 SM

13. Tag – Dienstag

Logbuchblatt vom 7. Februar 1967:
Oben die nautischen Eintragungen, unten die privaten Notizen

Zettel hervor, auf denen Bernard Moitessier mir in Alicante alles vorgerechnet hat.
Der gute Bernard, wo er jetzt wohl steckt?
Keine Zeit für Träumerei! Ich rechne und rechne und mache die Gegenprobe und komme dabei sogar ins Schwitzen. Aber es müßte stimmen: Ich bin jetzt auf 4 Grad und 55 Minuten nördlicher Breite und 52 Grad und 00 Minuten westlicher Länge. Hurra, ich weiß jetzt wieder, wo mir der Kopf steht!
Das einzige, was meine Freude dämpft, sind die schlechten Etmale, die ich in dieser Kalmenzone mache: 40 bis 60 Meilen täglich, dazwischen auch mal nur 15 Meilen. Das ist natürlich gar zu bescheiden.
Mein Logbuch vom zehnten Tag: *Morgen könnte ich endlich den Äquator kreuzen und die Roßbreiten hinter mir lassen. – Gewöhnlich sind die Winde hier zum Verzweifeln. Stundenlang weht überhaupt keiner, und dann fällt mal ein leichter Hauch von hier oder dort ein, bleibt wieder aus und wird ganz plötzlich zu einer handfesten Bö mit heftigen Regenschauern. Anschließend kann man bei der Unbeweglichkeit von Luft und See wieder in der Tropenhitze rösten wie in einem Kartoffeldämpfer.*
An einem solchen Tag, als die See wieder bleich und öde daliegt, sichte ich einige Kabellängen entfernt einen schwimmenden Gegenstand. Er ist auch mit dem Glas nicht genau zu erkennen. Die KATHENA trottet wie verschlafen im Schneckentempo vor sich hin, und ich muß noch fast eine halbe Stunde warten, bis wir nahe genug heran sind und ich erkennen kann, daß der Gegenstand an seinen vier Ecken Schwimmflossen hat. Eine Seeschildkröte!
Fasziniert von dieser seltsamen Begegnung mache ich rasch das Beiboot klar und rudere behutsam mit leisen Schlägen hinüber. Meine Vorsicht erweist sich als völlig überflüssig. Ohne auch nur die geringste Notiz von mir zu nehmen, läßt sich das schwere Tier aus dem Wasser ins Dingi heben und nach kurzer Ruderfahrt ans Deck der KATHENA hieven.

Es scheint sich ganz darauf zu verlassen, daß ihm in seinem dicken Panzer nichts passiert.
Das kann ich ihm auch nicht verdenken. Es gibt ja sogar Menschen, die glauben, sie seien gegen jede Gefahr stark genug gepanzert, und manchmal erweist sich der vermeintliche Panzer dann doch als dünner Schleier. Auch von der Schmackhaftigkeit einer Schildkrötensuppe kann das Tier nichts wissen, da Schildkröten im Gegensatz zu Menschen so klug sind, sich gegenseitig nicht umzubringen und aufzufressen.
Ich hole das Beiboot an Deck, fülle es mit etwas Wasser, und in diesem außergewöhnlichen Aquarium bewegt sich das Riesenvieh träge, als sei es zu Hause.
Bei näherer Betrachtung dieses Gastes sehe ich plötzlich zu meiner Überraschung, wie aus einem der Flossenlöcher im Panzer ein kleiner Tellerkrebs, nicht größer als Großvaters Taschenuhr, hervorkriecht und beginnt, sich oben auf dem Panzer genüßlich zu einem Sonnenbad niederzulassen. Zweifellos ein ständiger Untermieter der Schildkröte, die ihn gratis durch die Gegend befördert und ihm mit ihrem Panzer außerdem Schutz bietet.
Den will ich mir genauer ansehen. Ich strecke meinen Arm in Richtung auf den Krebs aus, um ihn in die Hand zu nehmen, aber das Vieh hat offenbar einen sechsten Sinn. Ich bin kaum auf Armeslänge heran, da ist es schon in seiner gepanzerten Wohnung verschwunden. Und da bleibt es auch, bis ich mich wieder entfernt habe.
Mehrfach versuche ich das Annäherungsmanöver, aber jedesmal ist der Krebs etwas schneller als ich und verschwindet in einer der Panzerhöhlen, bevor ich ihn packen kann.
Halbe Stunden muß ich sitzen und zurückgezogen warten, bis das Schalentier wieder zum Vorschein kommt, aber dann ist es mit Bestimmtheit wieder da und krabbelt abermals zum Sonnenbad mitten auf den Panzer seines Hauswirts. Ganz offensichtlich freut sich der Krebs des Lebens, scheint mit seltsamen Bewegungen seines komplizierten Mundapparates einen Psalm

Vor Anker in der Südsee – Stimmungen ...

Inseln und Natur begeistern mich

Inbild des Südens: blättergedeckte Hütten, Kokospalmen, blaues Wasser (siehe vorhergehende Seite)

Frühjahrssturm im Nordatlantik

Ein Motu auf dem Ringriff von Fakarava

Es ist fast unmöglich, einen Platz zu finden, von dem ich nicht beeindruckt bin (siehe folgende Seiten)

von Dankbarkeit der verfolgten Kreatur zum Schöpfer zu flüstern, weil der es so eingerichtet hat, daß ein böser Mensch einem rechtschaffenen Krebs trotz großer Anstrengungen nichts anhaben kann.

Diese Überheblichkeit bringt mich in Harnisch, und so setze ich meine Fangversuche noch bei Laternenschein bis in die späte Nacht fort, ohne jedoch Glück zu haben. Das Tierchen ist anscheinend sogar sehr erbaut von dem matten, gelben Licht meiner Petroleumfunzel und fühlt sich davon angezogen, aber es macht in puncto Vorsicht nicht die geringste Konzession.

Jetzt greife ich zu einer anderen Taktik: Ich lasse das lockende Licht zwar brennen, blende aber den Schauplatz ab, um den Schlaumeier im Dunkeln besser fassen zu können. Aber auch das kann ihn nicht überraschen. Stets entzieht sich der Krebs rechtzeitig dem Griff meiner grapschenden Hand. Wohl oder übel und sehr verärgert muß ich einsehen, daß meine Intelligenz nichts ist gegen den Instinkt eines Krebses.

Ich lege mich in die Koje, aber ich finde keinen Schlaf. In meinen Phantasien wird der kleine Krebs zu einem Untier, wird das belanglose Fangespiel zu einem ernsten Problem der Selbstbestätigung. Nach mehrstündigem, angestrengtem Grübeln glaube ich endlich herausgefunden zu haben, wie ein Mensch, die Krone der Schöpfung, mit einem niederen Kriechtier fertig werden kann. Die Idee fasziniert mich so sehr, daß ich schon im frühesten Morgendämmern wieder an Deck bin.

»Erschießen« ist mein großer Einfall. Ja, erschießen, das geht in Ordnung! Ich hole den Revolver an Deck, säubere und öle ihn besonders sorgfältig und lege im Vorgenuß meines Sieges eine Patrone ein. Dann wende ich mich dem todgeweihten Krebs zu.

Bis auf einen kleinen Meter läßt mich das Tier, das nichts weiß von den erhabenen Fähigkeiten des Menschen und seiner Technik, mit dem Revolver herankommen. Mein linkes Auge schließt sich, das rechte richtet sich auf das Ziel, und meine Hand dirigiert das Schießeisen über Kimme und Korn in diese Linie.

Immer noch sitzt das Schalentier regungslos auf dem Dach seines lebenden Hauses. Das unhörbare, gleichmäßige Geflüster seines Mundwerkzeugs zeigt keinerlei besondere Erregung. In der nächsten Sekunde wird es seinen Irrtum erkennen!

Mein Finger spannt schon den Abzug. Doch Bruchteile von Sekunden vor dem Schuß funkt mein sechster Sinn ein »Halt!« dazwischen. Ohne abzudrücken, lasse ich die Hand sinken und stehe nun vollends entmutigt da. Zu meinem Bedauern muß ich erkennen, daß dieser Schuß nicht nur den Krebs, sondern auch mein lebenswichtiges Beiboot zertrümmert hätte, in dem Krebs und Schildkröte sitzen.

Wahrhaftig: Dieser Sieg über einen kleinen Tellerkrebs wäre mir teuer zu stehen gekommen. Es wäre dasselbe gewesen, als ob man nach einer Fliege auf dem Spiegel mit einem Hammer wirft. Ergebnis: Fliege nicht sicher tot, Spiegel ganz sicher kaputt!

Weiterhin thront der Krebs unbesiegbar auf dem vornehmen Schildpatt seines Palastes. Mein Gott, da fällt mir erst wieder die arme, geduldige Schildkröte ein, die mich sicherlich längst für einen schlechten Gastgeber hält. Ich hole aus der Pantry einen Rest gekochten Reis und beginne die Körner mit den Fingern in den riesenhaften Schnabel zu stopfen. Tief, sehr tief lange ich dabei mit der Hand in den hungrigen Schlund, und die Schildkröte läßt sich das ohne erkennbare Zustimmung oder Abneigung gefallen. Es scheint jedoch, daß ihre gelbe, faltenreiche Kehle den Reis nicht so schnell zu schlucken vermag, wie ich ihn hineinstopfe. Deshalb hole ich einen Blechlöffel und versuche nachzuhelfen. Als der Löffel halb im Schlund steckt, schnappt das Vieh einfach zu. Völlig verdutzt blicke ich auf den Rest des Löffelstiels in meiner Hand. Abgeknipst wie mit einer Stahlschere. Und dabei hatte ich noch kurz zuvor die halbe Hand in diesem Rachen ... Jetzt habe ich aber endgültig genug von diesen undankbaren Gästen. Über Bord mit der Bande!

In den nächsten Tagen hätte ich gar keine Zeit mehr gehabt für die müßige

Beschäftigung mit so unnahbaren und bissigen Reisegenossen. Das Segeln ist mal wieder wie verhext. Dabei habe ich an genommen, ich wäre dem Kalmengürtel bereits entronnen. Aber ich habe nichts als Kummer mit dem Klima und mit der Segelführung. Wohl zwanzigmal am Tag ändert sich das Wetter. Gießt es eben noch in Strömen, so brennt mir im nächsten Augenblick die Sonne heftig auf den Buckel. Es bleibt wirklich nicht viel Zeit zum Schlafen oder Ausruhen. Segel setzen, Segel bergen, Schoten dicht holen, Schoten fieren – so geht es die ganze Zeit. Jede Meile muß mühselig erzwungen werden. Aber ich halte Kurs und komme langsam voran. Und am elften Tag meiner Reise auf dem Pazifik überquere ich zum erstenmal während meiner Weltumseglung den Äquator. Ich halte Kurs auf die Gruppe der Galapagos-Inseln mit ihren seltenen Echsen und Vögeln, urtümliche Eilande, auf denen die meisten Weltumsegler Station gemacht haben. Aber für mich ist Galapagos nur Ansteuerungspunkt. Ich will erst wieder auf Tahiti an Land gehen.

Am dreizehnten Tag habe ich in etwa 30 Seemeilen die kegelförmige Galapagos-Insel San Cristobal querab. Und hier nimmt mich endlich der lang erwartete Peru-Strom auf seinen Wellenrücken und beginnt mich gen Westen zu tragen. Einen Tag später passiere ich die südlichste Galapagos-Insel, Espanola, in einem Abstand von fünf Meilen. Hoch und öde, kahl und verlassen liegt die Insel da. Das letzte Land für die nächsten dreitausend Meilen, bis ich kurz vor Tahiti die Gruppe der Tuamotu-Inseln durchqueren muß. Der gleichmäßige Südost-Passat und die beständig nach Westen setzende Meeresströmung gestatten mir in der nächsten Zeit endlich wieder einen regelmäßigen Tagesplan. Der Tageslauf eines Seemanns beginnt mittags, Punkt zwölf Uhr. Nicht etwa, daß man bis dahin in der Koje faulenzt, wie viele Leute an Land es sonntagvormittags gern tun. Sondern es ist einfach der wichtigste, alles bestimmende Zeitpunkt an Bord eines Schiffes. Der Zeitpunkt der Ortsbestimmung.

Kurz vor Mittag hole ich den Sextanten vorsichtig aus seinem Holzkasten unter dem Kartentisch hevor, »schieße«, genau wenn die Sonne kulminiert, den Winkel zwischen unterem Sonnenrand und Horizont und notiere die Leitzahl. Wenn der Sextant durch überkommende Gischt naß geworden ist, trockne ich ihn mit einem weichen Tuch ab und halte ihn für eine Weile an die Luft, um das kostbare Instrument dann wieder sorgsam zu verstauen. Das Ausrechnen der Breite mit Winkel und Tabelle ist eine Sache weniger Minuten, und das Eintragen dieser Linie in die Seekarte, die sich mit der bereits am Vormittag genommenen Länge schneidet, ist der wichtigste Augenblick des Tages.

Anschließend mache ich meine Eintragungen in das Logbuch. Jeder Tag hat seine eigene Seite. Und jede Seite ist halbiert.

Die obere Hälfte nimmt eine Art Tabelle mit säuberlichen Trennstrichen ein. Darüber das Datum, also zum Beispiel »7. Febr. 67«, dann die Zeile »Log von KATHENA«. Unmittelbar darunter Ausschiffungs- und Bestimmungshafen, zum Beispiel: »von Balboa nach ...« An die Stelle der drei kleinen Punkte würde bei diesem Törn eigentlich die Eintragung »Tahiti« gehören. Aber seit ich auf meinem Atlantik-Törn stets selbstbewußt »von Las Palmas nach Barbados« geschrieben habe und dann doch gar nicht auf Barbados, sondern auf St. Vincent landete, trage ich mein Ziel lieber nicht mehr im voraus ein. Auch da bin ich abergläubisch. Lieber mache ich mir jetzt nach jeder Ankunft die Mühe, an Stelle der drei Pünktchen auf jeder Logbuchseite dreißig-, fünfzig- oder siebzigmal den Namen meines Ankunftshafens nachzutragen.

Unter diesem Seitenkopf folgt die eigentliche Tabelle. Auf der linken Seitenkante steht die Spalte »Uhrzeit« mit je einer Zeile für zwei Stunden, rund um die Uhr. Daneben dann die einzelnen Rubriken: Fahrt durchs Wasser, rechtweisender Kurs, Windrichtung und -stärke, Barometerstand, Wetter, Temperatur Luft/Wasser, Segelstellung, Bemerkungen.

Unter dieser Tabelle trage ich in zwei Zeilen meinen genauen Standort mit Breite und Länge ein, also an diesem Tag: Breite 01° 30'S, Länge 89°

30'15" W, daneben das Tages-Etmal, 45 sm, und die bisher insgesamt abgesegelte Strecke: 915 sm.

Während diese obere Häfte jeder Logbuchseite dem Seemann und Nautiker gehört, steht die untere Hälfte dem Menschen ganz privat zur Verfügung für ungezügelte Notizen über seine Gefühle, Gedanken, Einfälle, Beobachtungen und Erinnerungen.

Nach dieser ausgiebigen Beschäftigung mit dem Logbuch kommt die Zubereitung des Mittagessens, die immer schnell getan ist. Denn der Speisezettel besteht hauptsächlich aus Spaghetti, Reis oder Bohnen, jeweils mit einer Unmenge von Zwiebeln vermischt – Speisen, die rasch fertig werden. Übrigens sind meine Kochkünste damit auch ziemlich am Ende. Als Nachtisch gibt es einfach eine Handvoll Trockenobst.

Die Nachmittage verbringe ich mit der Lektüre meiner Lieblingsbücher und alter, zerfledderter Zeitschriften oder über Entwürfen von langen Briefen, die ich am Zielort vielleicht sogar abschicke.

Abends sitze ich im Cockpit und bewundere die Färbungen des Himmels und die Farbe der See. Dabei esse ich manchmal genießerisch an einer Tafel Schokolade oder begnüge mich mit Keksen. Die Nächte in den Tropen beginnen früh wie bei uns im Winter und sind lang, rund zwölf Stunden, die einem in der Einsamkeit doppelt so lang vorkommen.

Wenn der Wind günstig ist, schlafe ich jetzt, abseits aller gefährlichen Schiffahrtsrouten, auch nachts, sogar länger als insgesamt acht Stunden täglich. Aber natürlich nie ununterbrochen hintereinander. Zwischendurch springe ich immer wieder an Deck, um den Kurs, die Segel, das Steuer, das Wetter zu kontrollieren.

Das Aufstehen morgens richtet sich nach Wind und Wetter. Als erste Morgenarbeit lenze ich mit einer Handpumpe das Leckwasser aus der Bilge in eine Pütz und kippe es über Bord. Bei normaler Wetterlage sind es immer drei bis vier Pützen voll Wasser.

Das Frühstück besteht aus aufgelöster Trockenmilch, Zwieback und viel

Marmelade oder Haferflocken. Dann gehe ich meinen Pflichten nach. Ich wasche ab, räume auf, sichte und flicke Kleidung und erledige zahlreiche kleinere Arbeiten. Bei schönem Wetter arbeite ich auch an Boot, Takelage und Segeln, denn es gilt ja, alles hübsch in Ordnung zu halten. Und wenn der Wind sich verändert, muß ich die Selbststeuerung zwischendurch immer wieder neu einstellen.

Dann ist schnell wieder Mittagszeit. Zeit für das Besteck. In dieser Tropenhitze direkt unter dem Äquator fällt es mir allerdings schwer, auch nur das Besteck ordentlich zu nehmen. Die Zeiten harter Knochenarbeit in den atlantischen Stürmen sind vergessen. Hier plagt mich nicht die kräftezehrende Bewegung des Bootes in grober See, sondern eine unsägliche Hitze: weit über 30 Grad Celsius. Längst bin ich nackt bei Tag und Nacht und schone auf diese Weise gern meine spärliche Kleidung. Trotzdem verrichte ich nur die allernotwendigsten Arbeiten an Deck und flüchte so schnell ich kann wieder in die Kajüte, um nicht im offenen Cockpit einen Sonnenstich zu bekommen.

Nachts dagegen ist es im Cockpit kühler als in der stickigen Kajüte. Deshalb schlafe ich jetzt stets draußen, obwohl mir auch dort noch der Schweiß über den bloßen Körper rinnt und obwohl das Cockpit nicht lang genug ist und ich mich nicht richtig ausstrecken kann. Ich muß mich aufschießen wie ein Tau, um einigermaßen bequem zu liegen.

An einem dieser Tage in der Morgendämmerung sehe ich plötzlich, wie in einiger Entfernung vor mir aus dem bleiern glatten Meeresspiegel Wasser aufspritzt. Spinne ich bereits? Scharf beobachte ich die Stelle, und nach wenigen Minuten sehe ich abermals eine Fontäne in die klare Morgenluft aufsteigen: Es ist ein blasender Wal. Der erste Wal meines Lebens! Geradenwegs kommt er auf KATHENA zu. Alle paar Minuten springt er halb aus dem Wasser heraus und fällt dann mit lautem Platschen wieder zurück. Bald entdecke ich, daß das Tier einigen Schwertwalen zu entkommen trachtet. Schwertwale – das sind seine schlimmsten Feinde. Heftig schlägt der Wal mit dem Schwanz um sich, seiner einzigen Verteidigungswaffe, doch jedesmal, wenn er wieder ins Wasser platscht, stürzt sich von der Seite mehr als ein halbes Dutzend Schwertwale auf ihn, während andere ihn nicht in die rettende Tiefe der See entkommen lassen und versuchen, ihm mit ihren scharfen Flossen den weichen Bauch aufzuschlitzen. Ein Kampf auf Leben und Tod.

Trotz seiner Größe ist der Wal bald durch die fortgesetzten Angriffe seiner Feinde geschwächt. Als die Kämpfer nur noch eine halbe Kabellänge von der KATHENA entfernt sind, mache ich meinen Revolver klar. Und dann knallt der Schuß fast unerträglich laut in die Morgenstille. Die Tiere sind offenbar ebenso erschrocken wie ich. Sie flüchten nach allen Seiten, und bald ist nichts mehr zu sehen als der ewige Spiegel der See.

In diesen beschaulichen Tagen mit gemütlichem Segeln vor leichtem, aber beständigem Wind tritt ein schreckliches Ereignis ein, das genauso folgenschwer ist wie einst der Defekt an Uhr und Radio auf dem Atlantik.

Mein Logbuch am 16. Tag: *So ein Malheur! Will mittags kochen und stelle dabei fest, daß das Propangas alle ist. Das versetzt mir einen gehörigen Schock. Ausgerechnet mir muß so etwas passieren, wo ich doch Seemann sein will und mich jetzt endlich in jeder Hinsicht gut vorbereitet fühlte! Ich hätte mir doch für ein paar Dollar einen Petroleumkocher als Reserve kaufen sollen. Aber nein, ich war zu geizig. Da ich die Gasflasche in Panama City neu füllen ließ und sie gewöhnlich drei bis vier Monate vorhält, konnte ich jedoch nicht ahnen, daß sie schon nach gut vierzehn Tagen leer ist. Ob sie nicht ganz gefüllt wurde? Ob es eine andere Marke von Gas war? Oder sollte die Flasche undicht gewesen sein? Fragen dieser Art beschäftigen mich den ganzen Tag, lähmen mich geradezu. Die Aussichten sind ja auch nicht gerade rosig. Fünfzig Tage - so lange rechne ich noch bis Tahiti – kalte Verpflegung. Entsetzlich. Mein Magen hat bereits heute dagegen revoltiert!*

Vier Tage später versuche ich, mich gegen mein Schicksal aufzulehnen. Ich stelle den Docht der Petroleumlampe so hoch, wie es nur irgend geht, und

versuche, auf der Flamme wenigstens einige Eier zu braten. Aber der Versuch schlägt fehl. Die Flamme ist nicht stark genug, die Eier werden nur halb gar. Da hätte ich sie gleich auf das sonnenerhitzte Deck schlagen können. Die ganze Pantry ist verrußt und verräuchert, und ich benötige fast eine Stunde, um alles wieder sauber zu bekommen.
Die Erkenntnis ist bitter: Nicht nur, daß ich in den kommenden Wochen bis Tahiti den Inhalt von Konservendosen – seien es nun Bohnen, Ravioli oder Fertigsuppen – kalt hinunterschlingen muß und mir selber damit jedesmal einen heftigen Schlag in die Magengrube versetze. Ich muß mir diesen kalten Fraß auch noch streng einteilen, weil ein guter Teil meiner Vorräte, wie Reis und Spaghetti, nun überhaupt nicht mehr verwendbar sind. Täglich wird die Sehnsucht nach einem warmen Essen qualvoller. Und am 43. Tag notiere ich bescheiden in mein Logbuch: *Wenn ich doch wenigstens mal eine heiße Tasse Kaffee trinken könnte.*
In der 47. und 48. Nacht auf dem Pazifik verfolgen mich sogar phantastische Träume. Noch im Schlaf denke ich fortwährend über Schiffsunglücke oder über mögliche eigene Navigationsfehler nach. Mir ist, als ob ich in seichtem Wasser segele und dem Land bedrohlich nahe komme. Mal sehe ich Korallenriffe vor mir, und dann wieder höre ich Brandungsgeräusche.
Verstört schrecke ich jedesmal hoch und husche hinaus an Deck, um im Mondschein zu sehen, daß sich nur hin und wieder eine kleine Welle am Bug der KATHENA bricht. Aber erst mühsam kann ich mich darauf besinnen, daß Hunderte von Meilen rundum kein Land ist und Tausende von Metern unter mir nur Wasser.
Nach solchen bösen Nächten inspiziere ich morgens das Deck und sehe zu meinem Ärger stets eine ganze Menge gestrandeter Fliegender Fische darauf liegen. Unwillig schubse ich sie mit dem Fuß über die Bordkante. Nicht nur, weil ich Fisch ja nicht mag. Ich könnte ihn auch jetzt, ganz ohne Kochgelegenheit, gar nicht zubereiten.

Als mir die Alpträume der Nächte und das Magendrücken durch kalte Konservenverpflegung gar zu sehr zusetzen, denke ich: »Vielleicht muß ich mich körperlich und seelisch mehr betätigen!« Deshalb mache ich mich schließlich über die unwichtigsten Säuberungs- und Aufräumungsarbeiten an Bord her.

Mein Logbuch vom 52. Tag: *Heute viel geschafft. Maschinenraum gesäubert. Maschine gemalt, obwohl sie ja völlig unnütz ist. Backskisten aufgeklart und Werkzeug geordnet. – Wasche mich heute wie ein anständiger Mensch mit Süßwasser. Habe noch genug davon.*

Nachts, beim trüben Schein der Petroleumfunzel in der Kajüte, schreibe ich meine Gedanken nieder: *Sehe den Sternenhaufen des Andromeda-Nebels. Soll aus 200 Millionen Sonnen bestehen und 2,7 Millionen Lichtjahre entfernt sein. Ein Lichtjahr sind 9,4 Billionen Kilometer. – Ob das Weltall unendlich ist, oder ob es auch dort Grenzen gibt ...?*

Meine Beschäftigungstherapie hilft nur teilweise. Dem Logbuch klage ich mein Leid: *Fühle mich hundeelend. Zahnfleisch blutet immer stärker. Ist schon recht empfindlich. Wahrscheinlich hilft gegen Skorbut auch nicht, daß ich jeden Tag eine Menge Tomatensaft trinke und die Zwiebeln jetzt sogar roh esse wie Kinder einen Apfel.* Lakonischer Zusatz, zwei Tage später: *Rohe Zwiebeln schmecken scheußlich.*

Am 64. Tag holen mich in aller Herrgottsfrühe Vögel mit ihrem Gekrächze aus der Koje. Ich springe an Deck, doch Land ist nicht zu sehen. Dafür fliegen aber mehr als hundert Vögel vor der KATHENA her und machen Jagd auf Fische. Das Land kann also nicht mehr weit sein.

Dichte Wolken breiten sich am Nachmittag über den Horizont und lassen keinen Fernblick zu. Dabei müßte ich jetzt eigentlich Fernblick haben, um Taiaro – eine Insel der Tuamotu-Gruppe – zu entdecken, die ich auf meinem Wege nach Tahiti als Ansteuerungspunkt benutze. Aber die Insel ist nach dem Seehandbuch nur ein niedriges Eiland von fünf Metern Höhe und etwa drei Meilen Breite. Von Deck aus müßte ich die Insel auf vier bis fünf Meilen Entfernung sehen können. Aber ich sehe gar nichts. Und weil ich meiner Ortsbestimmung vertraue und mich in der Nähe dieser Koralleninseln glaube, hole ich für die kommende Nacht die Segel ein und drehe bei.

Nach dem Frühstück am nächsten Morgen, das aus einer halben Dose kalter Bohnen besteht, bin ich gerade mit dem Spleißen eines Festmachers beschäftigt, als ich voraus an der Kimm einen dunklen Streifen zu erkennen glaube. Mühsam klettere ich in den Mast, und dann sehe ich, daß wirklich Land voraus liegt. Nach zwei langen Monaten auf der unendlichen See!

»Land! Land voraus!« schreie ich aus Leibeskräften, und es ist mir dabei ganz egal, daß es niemand hört.

Die Insel, die gegen Abend deutlich vor mir steht, ist wirklich winzig. Rund um das unbewohnte Atoll wachsen einige Kokospalmen mit einer leichten Neigung nach Lee.

Jetzt ist Vorsicht geboten. Diesmal nicht, weil etwa starker Schiffsverkehr herrscht, sondern weil sich nun ein ganzer Archipel von Koralleninseln vor mir auftut – die Tuamotus. Deshalb streiche ich jeweils am Abend die Segel, um nachts nicht auf irgendwelche Korallenbänke aufzulaufen. Und ich bin froh, als ich eines herrlichen Nachmittags die Laguneninsel Fakarava vor mir ausmache. Die letzte Untiefe vor meinem Traumziel Tahiti.

Zum Greifen nahe liegt das bißchen Land verlockend vor mir. Ich sehe kleine Boote und Kanus auf dem spiegelglatten Wasser der Lagune, die von einem grünen Ring saftiger Kokospalmen umgeben ist. Ich sehe auf dem nur knapp hundert Meter breiten Streifen Land einige Hütten und sogar Eingeborene, die spärlich bekleidet sind. Laut Handbuch leben auf dieser Insel 140 Menschen, die ihren Lebensunterhalt mit der Zucht von Federvieh und Schweinen und mit dem Sammeln von Wurzeln und Perlmuscheln bestreiten.

Wie phantastisch wäre es, wenn ich hier einfach Station machen würde! Mal ein frisches Hähnchen essen oder eine heiße Suppe kochen! Längst habe ich den Rest des ungekocht eßbaren Proviants rationieren müssen. Es gibt nur noch kalte Bohnen aus der Dose und getrocknetes Obst – und davon auch noch nicht einmal genug, um meinen Hunger zu stillen. Seit Tagen plagen mich Geschwüre im Mund als Folge der mangelhaften Ernährung, und selbst die Zunge ist durch zwei Entzündungen dick angeschwollen.

Dennoch will und kann ich hier noch nicht vor Anker gehen. Ich will nicht, denn ich habe mir nun einmal vorgenommen, bis Tahiti durchzusegeln, und ich muß mir jetzt beweisen, daß ich durchhalten kann. Und ich kann auch nicht einfach in Fakarava anlegen, weil die Einfahrt in die schmale Passage der Lagune mit ihrer starken Strömung allein unter Segeln unmöglich und mit Motorkraft schwierig ist. Mein Motor aber gibt ja schon seit langem keinen Mucks mehr von sich.

Vorbei an Fakarava: Kurs auf Tahiti. In den nächsten erwartungsvollen Tagen mache ich die KATHENA schon landfein, soweit es nur geht, und ich sichte meine Klamotten, weil man auch im Paradies der Südsee längst nicht mehr nackt herumläuft. Dabei stelle ich fest, daß meine Hosen kaum mehr zu flicken sind. Meine Logbucheintragung klingt wie ein Einkaufszettel: *Muß mir dringend neue Hosen kaufen!*

Bernard Moitessier hat mir viel von Tahiti erzählt, als wir uns in Alicante kennenlernten: Wie interessant die Insel ist, wie schön die Menschen, und auch, daß sie französisch sprechen. Denn Tahiti ist französischer Besitz. So mache ich mich in diesen letzten Tagen auf See daran, nach den mühsamen Deutschstunden in der Volksschule und nach dem praktischen »Studium« der englischen Sprache bei der Handelsschiffahrt, nun Französisch zu pauken. Gar nicht so einfach, wenn niemand die Worte vorspricht – und wenn der Magen knurrt. Zwar heißt es: »Ein voller Bauch studiert nicht gern.« Aber ein leerer auch nicht. Hunger macht müde.

Nach meinen Berechnungen liegt Tahiti nahe voraus. Der höchste Vulkangipfel der Insel ist 2237 Meter hoch und müßte weithin zu sehen sein –

wenn nicht ein wolkenverhangener Horizont mir jede Sicht nehmen würde. Immer wieder studiere ich meine Seekarte und präge mir die Leuchtfeuer, die Laguneneinfahrt und die Lage des Hafens ein. Ich bin schon ganz nervös, lege meine Papiere griffbereit von einer Tischkante zur anderen, um möglichst schnell abgefertigt zu werden und an Land zu kommen. Dabei ist noch gar kein Land in Sicht.
Wie gern würde ich jetzt zum Ausguck in den Mast klettern! Aber in meinem miserablen körperlichen Zustand traue ich mir eine solche Kraftanstrengung nicht mehr zu. So steige ich immer wieder aufs Kajütendach – bis ich die Insel endlich vor mir sehe. Da werfe ich meinen Strohhut in die Höhe, bringe ein Hurra auf die KATHENA aus und ein etwas schwächeres auf mich.
Mit dem Landgang freilich wird es heute nichts mehr. Wie verhext schläft der Wind gegen Abend ein, und erst nach Mitternacht stehe ich acht Meilen vor der Hafeneinfahrt nördlich des Leuchtfeuers Venus Point. Unter backgesetzter Fock drehe ich bei und warte den Tagesanbruch ab. Dann trägt mich der Morgenwind mit fünf Knoten Fahrt am Riff entlang mitten in den Hafen der Inselhauptstadt Papeete.
Als ich morgens um halb neun den Anker fallen lasse und die KATHENA mit zwei Leinen übers Heck direkt an den Kai verhole, liegen 69 Tage und 4792 Seemeilen hinter dem Achtersteven. Der ganze offene Pazifik – zwar nicht die größte Durst-, aber die größte Hungerstrecke während meiner Weltumseglung.

Tahiti

Insel meiner Träume

Auf Tahiti und Moorea
5. April 1967 bis 3. Juni 1967
59 Tage 30 Seemeilen

Man sagt: Liebe geht durch den Magen. Ich möchte hinzufügen: Träume auch. Ich wenigstens bin jetzt endlich auf der Insel meiner jahrelangen Sehnsucht gelandet; ich sehe die Palmen vor mir und die Mädchen und das ganze anmutige Leben, doch ich träume im Augenblick nur von einem: vom Essen.

Bevor ich jedoch ein Lokal aufsuche, muß ich noch Segel stauen und in der Kajüte aufklaren, und ich bin schon eine ganze Weile damit beschäftigt, als draußen plötzlich jemand ruft: »Hallo, KATHENA, hallo Wilfried!«

Ich schaue aus dem Luk. An der Pier steht ein hochgewachsener Mann mit lichtem Haar und grinst mich an. Ich muß zweimal hinsehen, bevor ich ihn erkenne.

»Jean!« schreie ich. »Zum Teufel! Komm 'rüber!«

Da hat man kaum die Leinen festgemacht an einem Ort, wo man noch nie gewesen ist, und schon trifft man Bekannte. Ich habe Jean Carpentier und seine Frau Paula in Alicante kennengelernt, und kurz nach meinem Start zur Weltumseglung ist er als Angestellter einer Fluggesellschaft von dort nach Tahiti versetzt worden.

Jean und Paula haben genau die richtige Vorstellung von meiner Lage. Sie laden mich sofort zum Essen ein. Ein guter Rat an alle Landratten: Biete einem Yachtsegler, der seinen Fuß nach langem Törn an Land setzt,

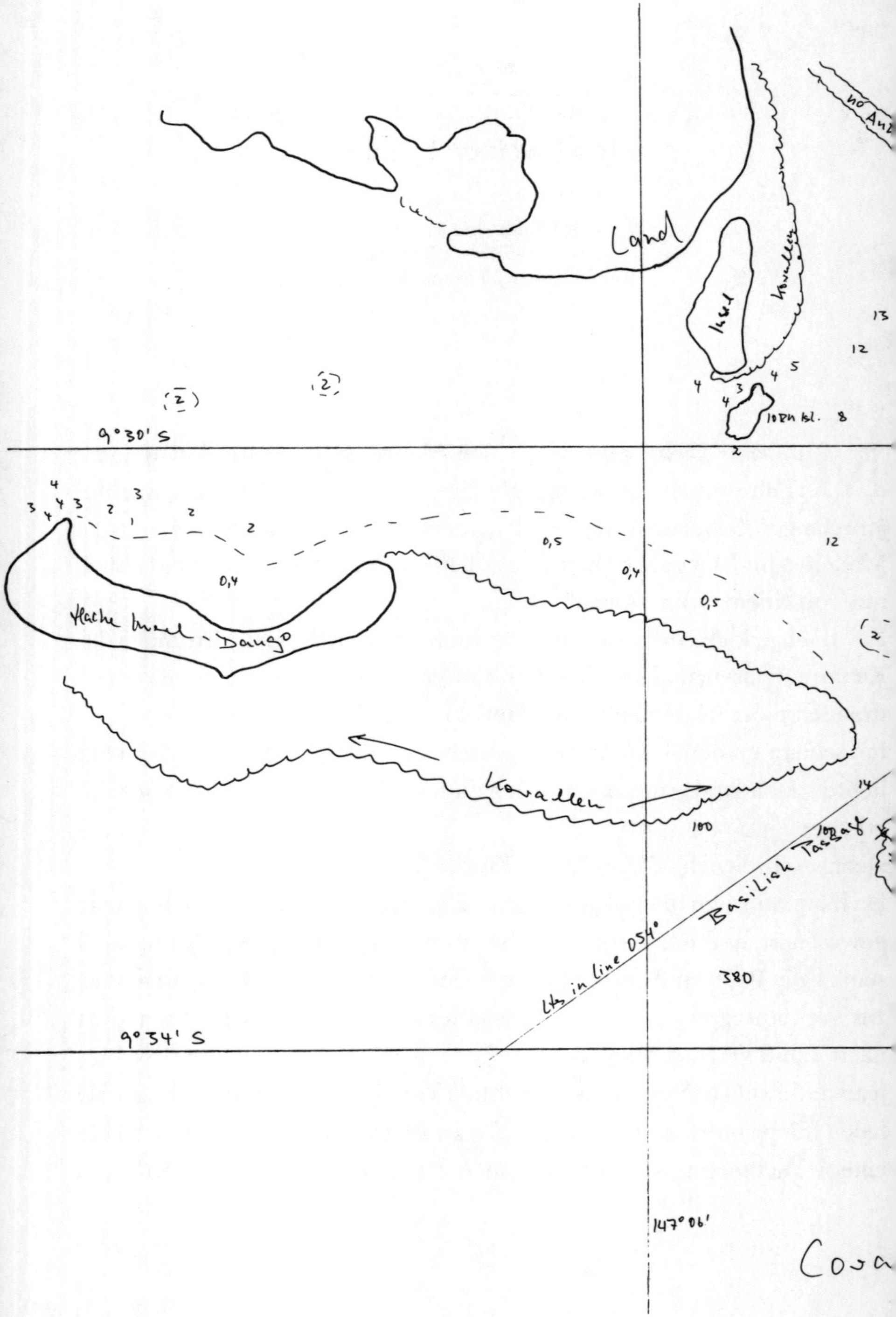

Land
Korallen
9°30' S
Korallen
Basilisk Passage
Lts in line 054°
380
9°34' S
147°06'

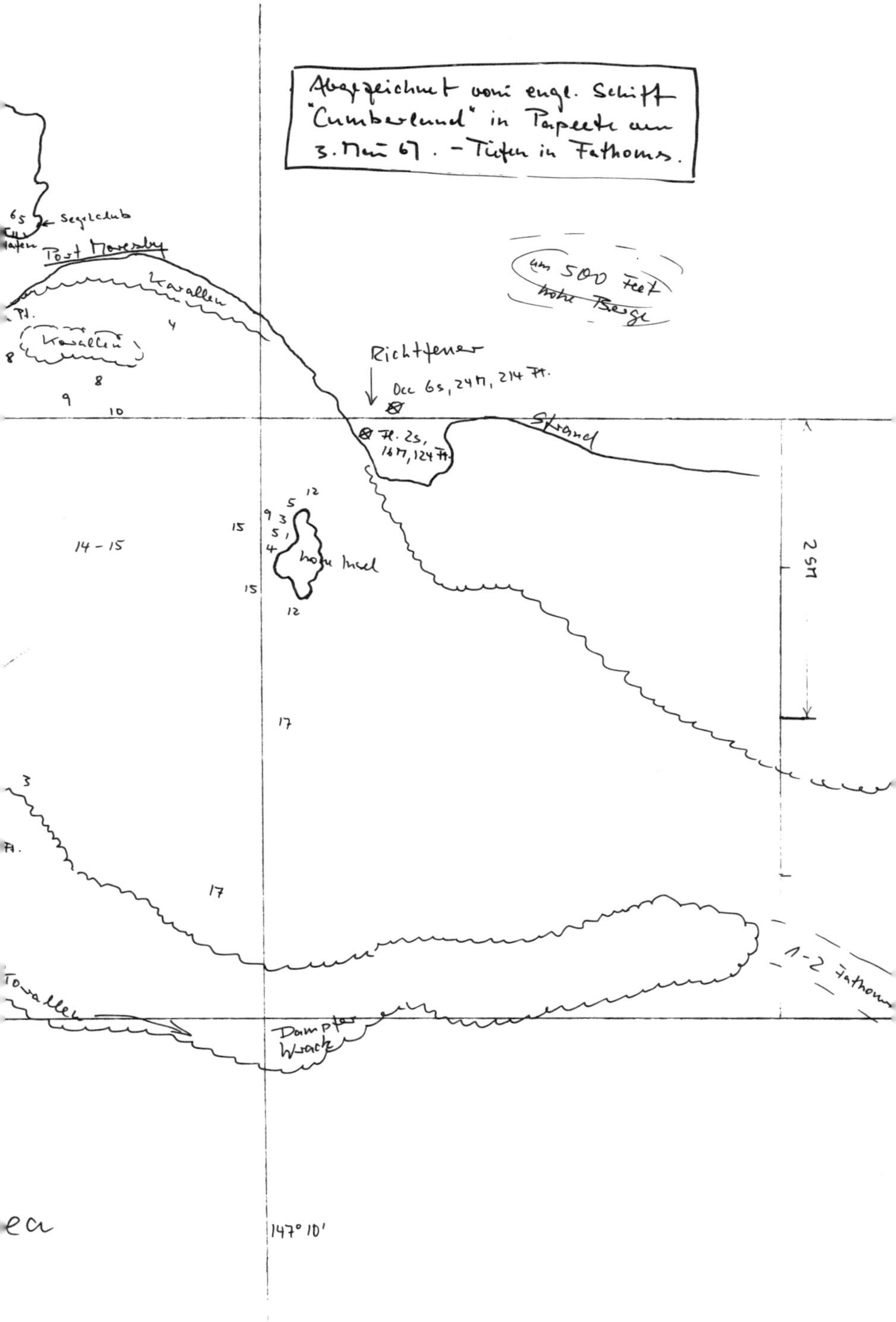
Abgezeichnet vom engl. Schiff "Cumberland" in Papeete am 3. Mai 67. – Tiefen in Fathoms.
65
Segelclub
Hafen
Port Moresby
Korallen
Pt.
Korallen
4
8
8
9
10
um 500 Feet hohe Berge
Richtfeuer
Occ 6s, 24M, 214 Ft.
Fl. 2s, 16M, 124 Ft.
Strand
12
5
9 3
5
4
15
15
12
hohe Insel
14 – 15
17
3
Ft.
17
1-2 Fathoms
Korallen
Dampfer Wrack
147° 10'
ea

niemals etwas zu essen an, wenn du es nicht ehrlich meinst! Er kann nicht nein sagen, wenn ihm etwas Eßbares vor den Bug läuft.
Jean und Paula wissen das. In einem Restaurant außerhalb von Papeete lassen sie ein opulentes Mahl auffahren, von dem ich mit Recht sagen kann: Ich zehre heute noch davon.
Wie es die berühmte französische Küche vorschreibt, beginnen wir mit Hors d'OEvres. Bei diesen mannigfaltigen Vorspeisen halte ich mich noch zurück, denn sie bestehen hauptsächlich aus Hummer und anderen gepanzerten Bewohnern der See, Austern und Seeigeln mit phantastischen Soßen und winzigen Muscheln in Essig und Öl. Auch Schnecken, deren Haus mit einer Dillpaste verklebt ist, fehlen natürlich nicht.
Nach diesen appetitanregenden Happen muß ich beim ersten Zwischengericht leider ganz ablehnen: Es ist Fisch, und wenn er auch noch so verlockend duftet – da muß ich bekanntlich passen.
Dann aber schlägt meine große Stunde. Fünf Fleischgerichte werden nacheinander aufgefahren. Schwein, Hammel und Rind, Huhn und Gans. Dazu gibt es eine Unzahl schmackhafter Gemüse und leckerer Salate aller Nuancen. Nach stundenlanger Schlemmerei mit angenehmen Pausen folgen große Platten mit den besten französischen Käsesorten, wundervoll duftende Obstschalen mit frischen Ananas und Bananen. Dann kommen knackige Äpfel, Kuchen, Cremestücke, Torten. Und schließlich herrliches Eis und zum Knabbern die verschiedensten Nüsse und Mandeln.
Den ganzen langen Abend über dauerte dieses schönste Essen meines Lebens, und als ich gegen Mitternacht den Oberkellner frage, wie viele Gänge wir bisher vertilgt haben, antwortet er: »Bedaure, Monsieur, das kann ich Ihnen nicht mehr genau sagen. Wir sind längst über zwanzig hinaus.«
In dieser ersten Nacht nach langem Törn auf See plagen mich keine Alpträume mehr. Nur etwas Bauchweh, verständlicherweise. Aber ich schlafe tief und fest bis in den hellen Tag hinein und höre gar nicht, daß jemand an

Bord kommt. Der Herr muß wohl schon eine ganze Weile an Deck gesessen haben, eifrig mit irgendwelchen Notizen beschäftigt, als ich endlich meinen Kopf verschlafen aus dem Luk stecke.
Mein ungebetener Gast stellt sich als Redakteur der örtlichen Zeitung »La Depeche« vor, und ich verstehe zuerst gar nicht, was er will. Denn ich bin kein amerikanischer Millionärssohn oder sonstwie prominent, und ich habe mit meinen 69 Tagen auf See auch keine sportliche Spitzenleistung vollbracht. Hat der ebenso freundliche wie neugierige Herr sich vielleicht in der Adresse geirrt?
Nein, er meint tatsächlich mich. Langsam wird mir klar, daß ich jetzt eine »Persönlichkeit des öffentlichen Interesses« bin. Wenigstens in Papeete. So lasse ich mich denn gnädig dazu herab, dem Zeitungsmann das erste Interview meines Lebens zu geben. Und als in dem Blättchen am nächsten Morgen unter der Schlagzeile »Er besiegte das Meer« Bilder und Bericht erscheinen, bin ich ein allseits bekannter Mann.
Wie fadenscheinig doch Berühmtheit sein kann! Ich stolziere durch die Straßen zwischen sanften, schönen Mädchen mit dunklen Augen und schwarzem Haar, nicke wohlwollend wie ein Pascha nach links und nach rechts – und bin dabei auf der Suche nach irgendeiner Hilfsarbeit, mit der ich Geld verdienen kann. Denn die paar Dollar, die ich noch habe, reichen nicht zur Weiterreise. Ich brauche Geld für neuen Proviant, vor allem aber für Taue, für Farbe und eine ganze Menge anderer Ausrüstungsgegenstände, ohne die ich meine Weltumseglung nicht sicher fortsetzen kann.
Der Zufall kommt mir zu Hilfe. Bei einem Drink im »Veima«, dem berühmtesten Cafe der Südsee gleich schräg über die Straße, bespreche ich mit anderen Yachtbesitzern die Möglichkeit, die KATHENA für Tagesfahrten in die Südsee an amerikanische Touristen zu verchartern, die hier auf der Suche nach den letzten Paradiesen der Welt einfallen. In ihren Händen massenweise Dollar.

Mir wird jedoch bald klar, daß sich meine kleine KATHENA für solche Gäste nicht eignet. Sie ist zu klein und hat zuwenig Komfort für die anspruchsvollen Amerikaner. Und so verdinge ich, der Kapitän der KATHENA, mich als Hilfsmatrose auf die 18-Meter-Luxusyacht MAYLIES. Sechs Stunden soll der Trip am nächsten Tag dauern, und der Skipper verspricht mir für meine Dienste 500 polynesische Francs Heuer. Das sind etwa 25 Mark.
So bin ich drei Tage nach meinem Einlaufen in Tahiti schon wieder auf See – wenn auch nicht allein und nicht mit der KATHENA. Trotzdem läßt sich die Sache zunächst gut an, denn die zwölf zahlenden Gäste an Bord sind alles junge Mädchen, die Ferien von ihrem Dienst bei einer amerikanischen Fluggesellschaft machen. Schon kurz hinter der Hafenmole legen sie ihre Kleider ab und pflastern das Deck mit dem bunten Mosaik ihrer knappen Badeanzüge. Da fällt mir ein altes Volkslied ein, und ich summe es wohlgemut vor mich hin, während die anderen verständnislos zuhören: »Hab mein' Wagen voll geladen ...«
Wir sind schon weitab von jeder Küste, als die Damen den Skipper um Erlaubnis bitten, auf dem Vorschiff im Sichtschutz des großen Salonaufbaues ihr restliches Tuch ablegen zu dürfen, weil sonst ein bißchen Haut so elend blaß bleibt. Natürlich erlaubt er's. Damit ist das Vorschiff für uns drei männliche Begleiter zu einer Art Heiligtum geworden, das nur nach vorheriger Anmeldung betreten werden darf.
Mike, sonst ein sehr gelenkiger Bursche, läuft zunächst so steif und förmlich herum wie ein Pfarrer, der einen Stock verschluckt hat. Doch nach einer Weile lockert er sich und klettert unter irgendeinem Vorwand auf den Großmast. Wer will ihn zwingen, seinen Blick nur auf den Horizont zu richten?
Nach drei Stunden schmilzt unter der brennenden südlichen Sonne das letzte Eis der Barriere zwischen Vor- und Achterschiff. Als Mike unsere Gäste zum Nachmittagskaffee in den Salon bittet, erscheinen die Damen ungeniert im Evakostüm ohne Feigenblatt. Nun entert der Nacktsport das

ganze Schiff, und als die Sonne im Meer versinkt, tut sie das mit hochrot verschämtem Gesicht.
Das war der angenehme Teil des Tages. Wie leicht, denke ich, auf diese Weise Geld zu verdienen! Aber ich habe keine Ahnung, daß das dicke Ende noch kommt.
Wir sind schon auf der Rückfahrt innerhalb der Lagune – westlich des Hafens, als der Wind nachläßt. Der Skipper wirft den Motor an, doch gerade an einer schwierigen Stelle setzt die Maschine aus. Mit letztem Schwung treibt die MAYLIES auf das Riff. Es kracht und knirscht unter dem Kiel, und dann sitzen wir rettungslos fest. Auch nachdem sie sich vom ersten Schreck erholt haben, sind die Damen gar nicht mehr so fröhlich. Denn es ist gegen sieben Uhr abends, und sie sehen schon ihren Abflug in die Heimat am nächsten Morgen gefährdet. Der Skipper versucht sie zu beschwichtigen, und dann schickt er mich mit dem Dingi an Land. Ich soll dort für das Beiboot einen Außenbordmotor auftreiben.
Die Strömung ist günstig, aber dennoch brauche ich länger als eine Stunde, um im Schweiße meines Angesichts die drei Meilen an Land zu pullen. Mit Glück finde ich sogar einen Elektroladen, wo ich einen 3-PS-Motor leihen kann, und nach etwas mehr als zwei Stunden komme ich damit zur MAYLIES zurückgetuckert, die nach wie vor festsitzt.
Ich lade vier Mädchen ins Dingi und bringe sie direkt zum Anlegesteg des Tahiti-Hotels, vier Seemeilen entfernt, tuckere allein zurück, übernehme abermals vier Passagiere und bin schließlich gegen Mitternacht mit der dritten Fuhre unterwegs. Viermal schlurft das Dingi bei diesen Taxitouren auf Riffe. Schließlich kenne ich den Hafen nicht so genau. Jedesmal muß ich hinausspringen auf die messerscharfen Korallen, um das Boot wieder ins tiefere Wasser zu schieben. Die Mädchen schnattern aufgeregt und ärgerlich wie eine Herde aufgescheuchter Gänse, und mir ist jetzt gar nicht mehr danach zumute, jenes schöne alte deutsche Volkslied zu singen.
Als ich die letzte Fuhre kurz nach Mitternacht beim Hotel abgeliefert habe,

geht mir das Benzin aus, und es ist zu dieser späten Stunde kein neues zu bekommen. Das ist mir jetzt auch Wurscht. Todmüde und zerschlagen wandere ich zur Pier, wo meine KATHENA liegt, und falle endlich um zwei Uhr morgens in die Koje.

Um sieben Uhr weckt mich das Pflichtbewußtsein. Was mögen Mike und der Skipper denken? Ob sie mit der MAYLIES wohl immer noch draußen auf dem Riff hängen? Ich besorge neuen Sprit und tuckere hinaus. Ja, da sind sie noch. Zu dritt versuchen wir nun auf jede Weise, die Yacht wieder flottzumachen, aber es nutzt nichts.

Endlich kommt ein Motorboot vorbei und schleppt uns vom Riff. Aber schon nach einer Kabellänge läßt unser Skipper die Leine loswerfen. Er fürchtet, sonst für das Schleppen etwas bezahlen zu müssen. Und deshalb sitzen wir fünf Minuten später wieder fest.

Was ist das bloß für ein Skipper! Fluchend und schwitzend arbeiten wir länger als eine Stunde, bis die Yacht endlich unter Segeln freikommt und in den Hafen einläuft. Fünfzig Meter vor dem Liegeplatz setzt der Wind ganz aus, und wir müssen noch zwei Stunden ankern, bis wir an langer Leine endlich gegen Abend an die Pier verholen können. Ich hatte für sechs Stunden mit leichter Beschäftigung angemustert, und nun sind zwei Tage mit schwerster Arbeit daraus geworden. Was wird mir der Skipper dafür zahlen? Ich frage ihn nach meiner Heuer, und es stellt sich heraus, daß er gar kein Geld bei sich hat. Morgen, sagt er, morgen will er es mir vorbeibringen.

Am nächsten Morgen kommt er tatsächlich und drückt mir 500 polynesische Francs in die Hand. Als er mein verblüfftes Gesicht sieht, sagt er auch noch scheinheilig: »Das war doch so abgemacht, nicht wahr?« Der Schuft!

Trotz dieser schlechten Erfahrung verdinge ich mich in den nächsten Tagen noch mehrfach zu solchen Touren, allerdings nicht auf die MAYLIES, sondern auf andere Vergnügungsyachten. Und ich bekomme dabei die kleine Stange Geld zusammen, die ich für die Ausrüstung meiner KATHENA brauche.

Walter König an Bord seiner ZARATHUSTRA in Papeete

Ich bin gerade mitten in der Arbeit, als zu meiner Überraschung ein Boot in den Hafen einläuft, von dem ich schon viel gehört habe. Es ist die Zarathustra mit Heimathafen Hamburg und ihrem Alleinsegler Walter König aus Petershagen an der Weser.

Die Zarathustra macht direkt neben der Kathena fest, und Walter König kommt sofort mit lautem Hallo herüber. Wir hocken in den nächsten Tagen viel zusammen, und so lerne ich ihn und sein Boot und seine Geschichte gründlich kennen. Es ist die Geschichte eines heiteren Abenteurers – mit einem sehr traurigen Ende.

»Die Zarathustra ist das kurioseste Boot, das seit Menschengedenken Papeete angelaufen hat«, schreibt die Morgenzeitung in ihrem Bericht. Wie wahr das ist! Ich würde mich damit nicht mal von Cuxhaven nach Helgoland trauen.

Walter König hatte – wie ich – schon seit seinen Jungentagen vor, die Welt zu umsegeln. Und weil er ebenso arm war wie ich, kaufte er sich für ein paar

Ein letztes Foto von Walter König und mir an Bord der KATHENA

Mark ein Kunststoff-Rettungsboot, das vom Haken eines Krans gefallen und in der Mitte durchgebrochen war. Er flickte es zusammen und baute es zu einer Slup aus. Um nicht in Verlegenheit zu kommen, einen Mitsegler mitzunehmen, baute er nur eine Koje ein – und diese auch noch querschiffs gleich hinter der Maststütze. Juni 1965 startete Walter in Hamburg – und kam auch gleich auf einer Sandbank in der Elbmündung fest. Ein Seenotkreuzer mußte ihn herunterziehen. Bis in die Karibik traten keine besonderen Vorkommnisse ein. Dort allerdings, vor der kolumbianischen Küste, macht die ZARATHUSTRA im Sturm eine Drehung um sich selbst, wobei der Mast an der oberen Saling abknickte. Als er Panama erreichte, sah sein weitgereistes Boot so mitgenommen aus, daß es von den Behörden für »nicht seetüchtig« erklärt wurde. Es durfte nicht auf eigenem Kiel durch den Kanal fahren, und Walter mußte es für viel Geld mit der Bahn über die Landenge von Panama nach Balboa schaffen lassen. Dort war er so pleite, daß er für ein halbes Jahr auf einer amerikanischen Segelyacht anmusterte. Dann machte er sich mit seinem gründlich überholten Boot auf nach Acapulco und kam jetzt von dort mit Aufenthalten auf den Marquesas und den Tuamotos in 75 Tagen nach Tahiti.

Hier überholen wir beide gleichzeitig unsere Boote, aber wir kommen nicht recht voran. Die Hitze ist ebenso lästig wie verführerisch, und so entspinnt sich zwischen uns täglich wiederkehrend folgender Dialog:

»Wie kommst du denn heute voran, Wilfried?«

»Ganz gut, Walter. Muß jetzt aber langsamer machen. Du weißt, die Farbe muß erst trocknen ...«

»Schrecklich heiß heute, nicht wahr?«

»Weißt du, Walter«, sage ich dann, »wollen wir uns nicht eine Erfrischungspause gönnen? Letzten Endes leistet man hinterher mehr.«

Augenblicklich läßt Walter sein Werkzeug fallen und ruft erfreut: »Das ist ein Wort! Das ist geradezu eine Erkenntnis! Die müssen wir uns auf der Stelle zu eigen machen!«

»Es könnte nicht schaden,« meine ich, und so sind wir gleich darauf unterwegs zu einer Bar, um uns mit einem kühlen Bier zu stärken. Unglücklicherweise treffen wir dort fast immer auf ein paar spendierfreudige Leute und können somit über den Rest des Tages nicht mehr frei verfügen, ohne alle Formen der Höflichkeit zu verletzen.
Walter hat nur acht Tage Aufenthalt für Tahiti vorgesehen, aber es sind schließlich drei Wochen geworden, als er wieder absegelt.
Ich nehme das Ende seiner Geschichte vorweg: Walter segelt glücklich nach Port Moresby auf Neuguinea, und dort findet er sogar in Gestalt einer aparten Südafrikanerin das Glück seines Lebens. Er heiratet. Aber nach einigen Monaten geht der Weltumsegler wieder mit ihm durch. Er läßt seine Frau zurück und fährt durch den Indischen Ozean und an der Ostküste Afrikas entlang ins Rote Meer. Dort zerzaust ihn ein Sturm, und er wird samt Boot von einem Tanker aus höchster Seenot gerettet.
Seit einiger Zeit verspürt er heftige Schmerzen im Rücken. Aber er macht sich nichts daraus. Er läßt sein Boot über Land ans Mittelmeer bringen, rüstet es abermals aus und segelt weiter. Unterwegs werden seine Schmerzen so groß, daß er den Hafen von Messina auf Sizilien anläuft und per Bahn nach München zur ärztlichen Untersuchung fährt. Die Ärzte eröffnen ihm schonungslos, daß er Rückenmarkkrebs hat, in einem fortgeschrittenen Stadium und deshalb unheilbar. Sie geben ihm eine Menge Schmerzpillen mit.
Walter fährt nach Messina zurück, seine Frau kommt zu ihm – und die ZARATHUSTRA segelt weiter. Walter König, genauso alt wie ich, will sein »Lebenswerk«, seine Weltumseglung, noch beenden.
Walter bringt das Mittelmeer hinter sich, geht durch die französischen Kanäle in die Nordsee. Doch ein Dutzend Meilen vor dem Ziel Hamburg gibt er im Oktober 1969 wegen unerträglicher Schmerzen auf. Ein Boot der Wasserschutzpolizei holt ihn und seine Frau an Land. Ein Krankenwagen bringt Walter in seine Heimat. Noch wochenlang siecht er unter dem

Im Marinedock von Papeete beim Überholen des Unterwasserschiffs

Einfluß schmerzstillenden Morphiums dahin, bis er im Frühjahr 1970 stirbt.

Es ist schon Mitte Mai 1967, und ich bin bereits sechs Wochen in Papeete, obwohl ich nur vier Wochen vorgesehen hatte. Aber das angenehme Klima und die schöne Insel und die allerschönsten Mädchen der Welt halten mich auf. Außerdem bin ich immer noch nicht seeklar. Ich habe irgendeinen Unterwasserschaden an der Selbststeueranlage und muß die KATHENA deshalb slippen. Die Werften sind aber sündhaft teuer, und es ist auch nicht möglich, das Boot bei Ebbe am Strand trockenfallen zu lassen. Die Tide beträgt nur einen Fuß. Da kommt mir wieder einmal der Zufall zu Hilfe. Ich lerne einen Ingenieur von der französischen Marine kennen, der über die Schwimmdocks zu befehlen hat. Und er meint, wenn das nächste Kriegsschiff eingedockt wird, könne er mich gratis mit hineinnehmen.

Es klappt! Gleich zwei Kriegsschiffe laufen ein: eine kleine Fregatte und ein Marineschlepper, der schon mehr als vierzig Jahre unter dem Kiel hat. Mühelos hebt das Schwimmdock die beiden samt meiner KATHENA aus dem Wasser. Jetzt beginnt für mich die angenehmste und zugleich die arbeitsreichste Zeit. Die Maschinisten von der Fregatte laden mich täglich zum Essen ein, und ich kann ihre Waschmaschine benutzen, um all meine Klamotten zu reinigen. Die Matrosen vom Schlepper schenken mir Farbe und Antifouling, und während sie mir helfen, die Selbststeueranlage zu reparieren und neue Beschläge anzubringen, liefern sie dazu auch noch per Plattenspieler flotte Musik.
Als rundum alles getan ist, mache ich mich an die letzte Verschönerungsarbeit. Ich male unter den Namen KATHENA endlich einen Heimathafen: Büchen. Die Leute in Papeete rätseln lange, wo das wohl liegt. In ihren Atlanten ist Büchen natürlich nicht zu finden. Und die KATHENA gehört jetzt zu den vielen Schiffen auf der Welt, die ihren Heimathafen nie gesehen haben. Gebaut wurde mein Boot ja in England, gekauft habe ich es in Spanien – und Büchen hat eigentlich gar keinen Hafen. Das kleine Städtchen an der Zonengrenze östlich von Hamburg liegt an einer Abzweigung des Elbe-Lübeck-Kanals, und das einzige Schiff, das dort schwappt, ist das Segelboot eines Möbelfabrikanten.
Als die KATHENA nach einer Woche im Dock wieder aufschwimmt, strahlt sie weiß und stolzer als ein Schwan. Auf der Stelle will sie jemand kaufen. 250 000 polynesische Francs bietet er dafür. Ein verlockender Preis – aber ich kann dennoch nur müde lächeln. Die KATHENA ist unverkäuflich.
Endlich will ich los. Ich setze die Abfahrt für den nächsten Morgen fest, kontrolliere ein letztes Mal meinen Proviant, meinen Wasservorrat, die Laternen und das neugetankte Gas, den Kompaß und das Handwerkszeug für die Navigation und schlafe über meinen Seekarten ein.
Ich weiß nicht, wie lange ich in dieser letzten Nacht auf Tahiti geschlafen habe, als mich eine eigenartig melodische, hohe Mädchenstimme weckt.

Gleich darauf sehe ich im Dämmerlicht zwei nackte Beine mit Sandalen hastig den Niedergang heruntersteigen. Noch habe ich das Gesicht nicht erblickt, da weiß ich schon: Es ist Magdalene, ein Mädchen aus Papeete, das ich irgendwann einmal flüchtig kennengelernt habe.
Als Magdalene eine umfangreiche Tasche in die Kajüte stellt und sich blitzschnell auf den Rand meiner Koje schwingt, frage ich sie verdutzt, was das alles bedeute. Sie legt mir den Finger auf den Mund – »Psst!« –, und dann flüstert sie mit verheißungsvoller Stimme: »Das ist doch klar. Ich komme mit dir!«
»Magdalene«, sage ich barsch, »wie alt bist du eigentlich?«
»Siebzehn!« flötet sie.
»Dann bin ich zehn Jahre älter als du!« sage ich wegwerfend und will mich abwenden.
Sie aber hält mich fest, versucht mich ungestüm in die Koje zurückzudrükken und lacht: »Was macht das schon? Ich liebe dich!«
In ihrer Hand flammt plötzlich ein Streichholz auf, sie steckt die Laterne an, und im flackernden Licht der Lampe sehe ich ihren jungen Körper, ihr hübsches Gesicht und darüber ihr wunderschönes langes schwarzes Haar. Ich schwärme für Haar. Zuletzt verfiel ich dieser Schwäche in Gibraltar – und ich flüchtete davor zu meiner Weltumseglung...
Abwehrend frage ich Magdalene: »Was wird deine Schwester dazu sagen, wenn du nicht mehr zurückkommst?« Denn ich weiß, daß sie bei ihrer älteren Schwester wohnt.
»Meine Schwester braucht mich nicht mehr, sie wird bald heiraten. Und dann bin ich dort überflüssig. Ich werde künftig bei dir bleiben, und du mußt mich auch nicht unbedingt heiraten.«
Ich nehme ihre Hand. »Aber du wirst schrecklich frieren, wenn du mit mir in meine Heimat kommst. Es ist grausam kalt im Norden.«
Sie lacht hellauf: »Das macht nichts! Es ist nirgendwo wirklich kalt, wenn man sich liebt.« Damit dreht sich Magdalene um, und ich höre bald an

ihren sanften Atemzügen, daß sie eingeschlafen ist. Ich bette mich auf die gegenüberliegende Koje, rauche gegen meine Gewohnheit hastig eine Zigarette und weiß nun gar nicht, was ich machen soll. Alle meine guten Vorsätze über Bord werfen? Sogar ein Mädchen mitnehmen? Erst spät schlafe ich, wenn auch sorgenvoll, ein.

Ich habe alles vergessen, als mich die helle Sonne weckt und ich an Deck springe, um endlich loszusegeln, wie ich es mir vorgenommen habe. An diesem frühen Morgen fahren die ersten Autos noch wie verschlafen über die Straße, während ich die Segel losbinde, die Festmacherleine vom Kai einhole und die Ankerkette durch die Klüse an Deck klickt.

Der Wind des frühen Tages greift in das gesetzte Tuch und trägt die KATHENA lautlos aus der Lagune von Tahiti. Die kleinen Häuser am Strand wandern langsam nach achtern aus und verschwinden im Dunst des aufsteigenden Tages. Vor mir liegt tief und undurchsichtig die Korallensee. Unbeirrt beginnt die KATHENA über die sanften Wellen zu reiten. Kurs: Port Moresby auf Neuguinea, fast viertausend Seemeilen entfernt. Der auffrischende Wind durchlüftet meine Gedanken. Aber erst als ich hinuntergehe in die Kajüte, fällt mir mein blinder Passagier wieder ein. Magdalene erhebt sich gerade aus der Koje, aber ihre Bewegungen sind schlapp, und auf ihrem blassen Gesicht stehen grüne Flecken. Sie ist schon seekrank.

Ich koche ihr zunächst einen Tee, aber sie kann ihn nicht mehr trinken. Die wenigen Tropfen, die ich ihr einflöße, kommen bald wieder hoch, und wie ein guter Krankenpfleger stelle ich eine Pütz bereit. Dann muß ich wieder hinaus, denn die See wird rauh.

Der Himmel hinter mir ist ohne Sonne geblieben. Graue, zerfetzte Wolken jagen in großer Eile über mich hinweg. Gischt kommt über, und ich muß ständig im Cockpit bleiben, um zu steuern.

Das Wetter entspricht dem Sturm meiner Gefühle. Ich muß mir selber treu bleiben und meine Weltumseglung unbedingt zu Ende führen. Aber da ist jetzt ein Mensch unten in der Kajüte, der von niemandem gebraucht oder

vermißt wird, der sich an mich klammert und der sogar glaubt, daß er mich liebt! Ich bin ungehalten über diesen Konflikt. Ich habe eine Wut im Bauch, eine Wut auf mich selbst. Und weil ich mir nicht anders zu helfen weiß, will ich mir wenigstens zeigen, daß ich noch segeln kann.
Ich ändere meinen Kurs von Nordwest auf Westnordwest. Mit unveränderten Schoten zieht die KATHENA noch schärfer an. Steif wie Bretter stehen die Segel am Wind. Ein wildes Rennen beginnt, aber immer sind die Seen schneller und heben das Heck des Schiffes auf eine gemeine Art von achtern dwars hoch aus dem wandernden Gebirge hinaus, um es donnernd wieder ins nasse Tal stürzen zu lassen. Ich schätze die Fahrt auf 6 bis 7 Knoten, und meine Augen blitzen dabei, mein Herz jubelt. Denn alle Bewegungen des Schiffes habe ich fest in meiner Hand.
Gegen Mittag bin ich bereits 25 Meilen von Tahiti entfernt, nördlich der Insel Moorea. Als die Wucht der Wellen etwas nachläßt, steckt Magdalene ihren Kopf vorsichtig aus dem Luk. Und als sie das nahe Land sieht, blitzen ihre Augen auf.
Ich verweise sie auf ihre Pflicht, uns bald ein Mittagessen zu kochen, und unverzüglich geht sie an die Arbeit. Vielleicht, denke ich, kann sie die Seefahrt leichter ertragen, wenn sie etwas im Magen hat. Bald darauf serviert sie einen großen Topf mit Nudeln und Speck, doch als wir uns beide darüber hermachen, wird sie gerade wieder von einem entsetzlichen Anfall von Seekrankheit gepackt, wobei auch der Topf etwas abbekommt. Mir schmeckt es deshalb nicht mehr so recht, und Magdalene ist hinterher völlig fertig. Schwankend zieht sie sich in die Kajüte zurück und fällt auf die Koje, von wo ich nur noch ihr klägliches Jammern höre: »Retour, Wilfried, retour!«
Zurück? Die Insel Moorea liegt doch schon acht Meilen achteraus. Aber das Mädchen tut mir leid, und so kehre ich gegen Wind und See um. Nach vier langen Kreuzschlägen bekomme ich die Einfahrt zur Pao-Pao-Bucht zu fassen, und nachdem ich die KATHENA am Stamm einer Palme wie ein

ungestümes Pferd festgebunden habe, kommt das schmutzige, verweinte Gesicht Magdalenes wieder zum Vorschein. Ich lange in die Kajüte und halte ihr einen Spiegel vor, und nach einem mißtrauischen Blick sagt sie mit eigenartig zitternder Stimme: »Ich möchte baden, wenn es möglich ist.«
Natürlich ist es möglich. Dezent verlasse ich die KATHENA und begebe mich zu einem kleinen Hotel am Ufer, wo ich mich auf der Terrasse zu einigen amerikanischen Touristen setze. Sie haben mein kühnes Einlaufmanöver aus dem Liegestuhl beobachtet, und sofort werde ich nicht nur mit aufdringlichen Fragen bombardiert, sondern auch zum Essen eingeladen. Als wir den schlanken braunen Körper Magdalenes vom Kajütendach ins Wasser hinuntergleiten sehen, bestellen meine Gastgeber noch ein Gedeck mehr.
Während ich von meiner Weltumseglung erzähle, bekreuzigt sich eine kleine, dicke Frau jedesmal bei den Worten »allein« und »Ozean«. Dann endlich kommt Magdalene, frisch und munter, als hätte sie eine vortreffliche Überfahrt gehabt, mit mühsam geordnetem Haar, das der laue Wind wieder halbwegs zerzaust hat. Und es macht mir beim Anblick dieses Mädchens nichts aus, daß die anwesenden Herren mich verulken: Wieso ich denn immer von »allein« redete...
Der unfreiwillige Aufenthalt in der Pao-Pao-Bucht gehört zu meinen schönsten Erinnerungen. Ich gehe in dieser Nacht nicht an Bord, sondern ruhe unter den wispernden Wedeln einer Palme. Der Sand ist warm und herrlich weich. Draußen auf dem blanken Wasser leuchtet mein Segelboot wie ein Kristall.
Einige Tage später bringe ich Magdalene mit ihrer Tasche zur Schnellbootfähre nach Papeete. Sie ist, zu meinem Glück, zu keinem weiteren Abenteuer in einem kleinen Boot auf dem Meer aufgelegt. Als sie mir von Bord der Fähre noch einmal ein Lebewohl zuruft, glaube ich in ihren Augen zum erstenmal Tränen zu sehen.
Seit diesem allerletzten Abschied von meiner Trauminsel liegt im Umschlag meines Logbuchs eine schwarze Locke. Denn ich schwärme nicht nur für die Südsee. Ich schwärme auch für Haar.

Pazifik, Zweiter Teil

Ozean der Lebensgefahr

Von Moorea nach Port Moresby
3. Juni 1967 bis 19. Juli 1967
45 Tage 3974 Seemeilen

Mein Logbuch vom 1. Tag: *Ist wieder mal soweit. Unruhig geschlafen, 10.30 Uhr Anker auf. Treibe mit killenden Segeln. Fühle mich sehr elend.*
Mein Logbuch vom 2. Tag: *Habe an nichts Interesse. Traurig. Lustlos. Kein Appetit. Ich könnte heulen – so miserabel geht es mir.*
Mein Logbuch vom 4. Tag: *Schlafe immer noch schlecht, wälze mich die ganze Nacht unruhig hin und her. Bin immer noch nicht dabei.*
Auch diese Ausfahrt zu einer größeren Teilstrecke auf meiner Weltumsegelung beginnt mit starken Depressionen. Eigentlich müßte ich mich schon daran gewöhnt haben. Aber dieses Mal beschleicht mich die ungute Vorahnung, daß mir eine besonders schwierige Strecke bevorsteht.
Zum Teil ist mir die Schwierigkeit bewußt: Ich will von den Gesellschaftsinseln, zu denen Tahiti gehört, direkt nach Port Moresby auf Neuguinea segeln. Das sind abermals 4000 Seemeilen über den Südpazifik. Und im Gegensatz zum ersten Teil des Stillen Ozeans von Amerika bis zu den Südseeinseln ist dieser zweite Teil des Pazifik voll von Inseln, vor allem flachen Inselgruppen und tückischen Riffen. Gelegenheit für beständiges Bordleben unter dauernder Passatbesegelung und Zeit für Träume werde ich kaum haben. Erst das letzte Viertel dieser Strecke, nördlich von Australien, hat den geographischen Namen »Korallenmeer«, aber schon auf den drei Vierteln davor muß ich die bedrohlichen Untiefen mit korrekter

Abschied von Papeete: mit Blumenkranz und Muschelkette

Navigation umschiffen. Da ist die Gruppe der Samoa-Inseln und die der Fidschi-Inseln, da sind ferner die gefährlichen Neuen Hebriden, bevor es ins eigentliche Korallenmeer zwischen Australien und Neuguinea geht.
In den nächsten Tagen ziehe ich südlich an Huahine, Raiatea und Tahaa, diesen traumhaft schönen Südseeinseln, vorüber. Es ist beinahe wie im Kino. Da sieht man auch alles wie zum Greifen nahe und kann nichts anfassen. Nur wenige Meilen entfernt lockt weißer Strand mit grünen Palmen an den spiegelglatten Lagunen, die mal silbern, mal azurblau schimmern. Ein Paradies auf Erden. Aber meine Zeit wird bereits knapp, und so kann ich nicht noch diese Inseln anlaufen. Auch darf ich nicht denken: »Ach was, auf einen Tag mehr oder weniger kommt es nicht an ...« Aus einem Tag wird bei mir schnell eine Woche, und die günstigsten Winde würden nicht auf mich warten.
Unvergeßlich wird für mich der Anblick bleiben, den diese idyllischen Südseeinseln in der Dunkelheit bieten. Da entfachen die Eingeborenen ein weithin leuchtendes Feuer an Land. Nicht etwa, um sich zu wärmen. Das ist nicht nötig, denn auch die Nächte sind hier angenehm lau. Sondern um Fische zu fangen. Jede Lagune wimmelt von Fischen, die sich von dem Lichtschein angezogen fühlen. Die Eingeborenen stehen am Ufer und holen die herbeiströmenden Fische mit Wurfnetzen aus dem Wasser.
Oder sie fahren ins Meer hinaus zum Fang von Fliegenden Fischen. Deutlich kann ich von ferne sehen, wie jeweils drei Mann einen Einbaum besteigen. Einer sitzt im Heck und treibt das Boot mit einem Paddel voran. Der zweite steht mittschiffs, eine große lodernde Fackel aus getrockneten Kokoswedeln in der Hand. Der dritte kniet im Bug mit flachem Netz an langem Stiel, einer Art Kescher. Das Ganze sieht aus wie ein sportliches Spiel: Wenn der Fliegende Fisch, angezogen vom Licht, im Segelflug auf den »Fänger« mit der Fackel zuschnellt, dann wirft sich der Mann mit dem

Kescher dazwischen und fängt das nasse, glitschige Geschoß, bevor es an der Fackel vorbei ins Dunkel fliegt.
Langsam zieht die KATHENA an diesen Bilderbuchlagunen vorbei. Leichter Wind mit guter Brise wechselt mit längeren Flauten ab. Die See ist ziemlich ruhig. Ein paarmal regnet es auch. Wenn dann endlich ein Windhauch einfällt, kommt er eigentlich zu sehr aus Süd, als daß die Passatsegel ihre volle Wirkung erreichen können, aber aus Bequemlichkeit lasse ich sie stehen. Denn am Beginn einer längeren Überfahrt kommt es nicht so sehr darauf an, den Kurs haarscharf einzuhalten. Ein oder zwei Tage mehr oder weniger spielen bei einer Fahrtdauer von 40 bis 50 Tagen keine große Rolle. Die Hauptsache ist, sich nicht gleich am Anfang zu sehr zu verausgaben und in Form zu bleiben für den Fall, daß man später in Schlechtwetter gerät.
Erst im schwindenden Licht des dritten Tages sehe ich Bora-Bora, das letzte Eiland der polynesischen Inselgruppe, deren Hauptstadt Papeete auf Tahiti ist. Immer wieder werfe ich einen Blick hinüber. Diesmal eilt meine Sehnsucht nicht voraus, sondern strebt zurück in die nahe Vergangenheit. Zurück nach Tahiti. Diese Südseeinsel war jahrelang mein Traum – aber haben sich meine Träume erfüllt? Was habe ich dort gesehen und erlebt? Rummel mit amerikanischen Touristen. Ärger mit dem notwendigen Geldverdienen. Schwierigkeiten, meine KATHENA außerhalb des Wassers gründlich zu überholen.
Das Ziel meiner Träume? Jetzt, in den ersten Tagen dieser neuen Etappe meiner Weltumseglung, wird mir klar, daß man seinen Träumen keine Ziele setzen sollte. Denn man erreicht sie nicht.
Mir wird bewußt, daß ich nicht segele, um an ein Ziel zu kommen, sondern daß ich segele, um unterwegs zu sein. Ich liebe diese langen Überquerungen, bei denen alles Erdgebundene seine Bedeutung verliert. Wenn man sich mitten auf dem Ozean befindet, wird Geld ebenso unwichtig wie die eine oder andere Art des Lebens zu Lande. Ich könnte unaufhörlich so weiter dahinsegeln, weiter und weiter, bis alle meine Vorräte aufgebraucht und

PORT DE PAPEETE — RÉPUBLIQUE FRANÇAISE — TAHITI

L. G. n° 188 — LIBERTÉ - ÉGALITÉ - FRATERNITÉ

SERVICE DES PORTS ET RADES

PERMIS DE SORTIE

Nom du bâtiment Kathena
Port d'attache Buechin
Nationalité Allemande
Nom du Capitaine W. Erdmann
Est autorisé à partir le 31 mai 1967
à 10.00 - heures pour se rendre à Moorea -

Le Capitaine de Port,

Ausklarierungsbescheinigung von Tahiti

meine Wassertanks leer wären und ich notgedrungen wieder Land aufsuchen müßte.

Als ich ungefähr dreihundert Meilen westlich von Bora-Bora stehe, dreht der Wind langsam auf Südwest und flaut zu guter Letzt ganz ab. Laut Windkarte beträgt die Häufigkeit von Unwettern in diesen Breiten nur 6 Prozent und die von Flauten 3 Prozent. Deshalb haben die spanischen Entdecker dieses Weltmeer ja auch den »Stillen Ozean« genannt. Und mir kommt es jetzt so vor, als seien die Windstillen eines ganzen Jahres für mich aufgespart worden.

Das Großsegel trägt vom dauernden Schlagen in der Flaute einen Riß davon, den ich behelfsmäßig flicke. Es ist glühend heiß, und ich verliere jeden Zeitbegriff. Nun erst merke ich, daß nichts die Nerven auf eine härtere Probe stellt als eine längere Flaute. Ein Segelboot ohne Wind stimmt traurig. Dagegen ist es ein unvergleichlich schönes Gefühl, wenn das Boot pfeilschnell über die Wogen dahinschießt und wie ein lebendes Wesen, wie ein munterer Delphin, mit seinem Leib die Fluten teilt.

Während dieser Dauerflauten verhindern ganz reale Dinge, daß ich mich endgültig in meine Gedanken verliere. Unangenehm fällt mir auf, daß auch die Südseesonne ihre Schattenseiten hat. Auf Tahiti ist nicht nur Magdalene als blinder Passagier an Bord gegangen, sondern auch eine ganze Schwadron von Kakerlaken, die sich in den warmen, feuchten, dunklen Ritzen des Bootes schnell vermehren. Die ekligen Tierchen werden bald so frech, daß sie mir nicht nur beim Essen über den Rand der Schüssel krabbeln, sondern sogar nachts in der Koje über mein Gesicht huschen. Man ist nicht zu müßigen Tagträumen aufgelegt, wenn man mit einem Schuh in der Hand durchs ganze Schiff kriecht, auf der Jagd nach den unerwünschten Mitfahrern. Leider ist mir auch nur ein Teilerfolg beschieden; ich kann die Kakerlaken zwar dezimieren, aber nicht endgültig ausrotten. In irgendwelchen unzugänglichen Ecken haben sich die letzten Überlebenden binnen weniger Tage wieder so stark vermehrt, daß ich erneut auf Jagd gehen muß.

Eine andere unangenehme Folge der Tropenhitze ist, daß alle meine Frischkost – Ananas, Bananen, Papaya, geschenkt von Herrn Thieme aus Moorea – viel zu schnell und zugleich reif und schlecht zu werden beginnt. Deshalb muß ich mich jetzt hauptsächlich an die frischen Nahrungsmittel halten. Ich rede mir ein, daß eine Banane den gleichen Nährwert hat wie ein Steak, und ich versuche es sogar zu glauben. Massenweise stopfe ich Bananen in mich hinein, denn Proviant verderben zu lassen, ist die größte Sünde, die man auf See begehen kann.

Die ungeahnten Schwierigkeiten dieser Teilstrecke meiner Weltumsegelung werden bald noch spürbarer, ja sogar schmerzhaft. Seit dem 6. Tag leide ich unter Zahnweh, und schon am 10. Tag notiere ich voller Selbstvorwürfe in mein Logbuch: *Zahnschmerzen machen mir heute sehr zu schaffen. Selber schuld! Warum bin ich in Papeete nicht zum Zahnarzt gegangen?*

Ein Tölpel hat sich an Deck niedergelassen

Da habe ich mir nun schon lange vor der Weltumseglung vorsichtshalber den Blinddarm herausschnippeln lassen und gar nicht an die zweite ständige Gefahrenquelle gedacht, die einen Menschen fernab aller Zivilisation überraschen kann: das Gebiß. Freilich hätte ich mir niemals alle Zähne herausrupfen lassen wie manche Forscher vor ihren Expeditionen. Soll ich als junger Mensch vielleicht schon mit einem künstlichen Gebiß herumlaufen? Aber wenigstens ausreichend Schmerzpillen hätte ich mitnehmen können, ich Trottel!

Zu alledem überrascht mich die Südsee mit einer neuen Gefahr. Sie wird mir zuerst gar nicht so recht bewußt. Arglos wie immer seit dem Bootskauf schöpfe ich alle paar Tage bei bewegter See das übliche Leckwasser aus der Bilge, aber es wird immer mehr, so daß ich bald jeden Tag schöpfen muß. Und dann sogar mehrmals am Tage.

Mein Logbuch vom 14. Tag: *Mache viel Wasser. Pumpe alle sechs Stunden.*

Mein Logbuch vom 16. Tag: *Pumpen, pumpen, alle zwei bis drei Stunden. Mache enorm viel Waser und kann die Lecks nicht finden. Eine Quälerei – für was?*

Mein Logbuch vom 17. Tag: *Dreimal mußte ich letzte Nacht hoch und die Bilge leerpumpen, jedesmal fünf Eimer. Kaum geschlafen. Nur etwas gedöst. Bin zu angespannt.*

Was mich so stark in Spannung hält, ist das große Rätsel: Warum macht die KATHENA so fürchterlich viel Wasser?

Ich pumpe und pumpe. Ich reiße sogar ein Brett vom Schwertkasten ab und vernagele einige Lecks, aber das hat wenig Erfolg. Ich muß weiterhin unentwegt pumpen, und dabei beschleicht mich langsam die lähmende Vorstellung, sang- und klanglos untergehen zu müssen. Ein unheimlicher Gedanke, nicht im Sturm mit fliegenden Segeln unterzugehen oder auf Klippen in hoher Brandung zu scheitern, sondern ganz still bei Flaute und spiegelglatter See abzublubbern und nicht zu wissen, warum.

Verzweifelt krieche ich abermals durchs Boot wie vor wenigen Tagen auf der Jagd nach Kakerlaken und suche nach der Ursache. Habe ich einen so morschen Appelkahn gekauft, daß er jetzt langsam auseinanderfällt? Ich nehme einen scharfen Spachtel und kratze damit unten im Bootsrumpf über das Holz – und nachdem ich die dünne Oberschicht entfernt habe, sehe ich zu meinem Entsetzen, was der KATHENA fehlt. Sie ist krank wie ein lebendes Wesen. Sie hat Würmer. Kleine Bohrwürmer, auch Teredos genannt, die von außen in Faserrichtung dünne Kanäle durchs Holz fressen. Auch tropische Bohrwürmer scheinen zu wissen, daß afrikanisches Mahagoni gut ist. Überall, wo ich kratze, schießt ein feiner Wasserstrahl ins Boot, eine zwei Millimeter dünne Fontäne.

Ich stehe zunächst fassungslos vor dem Problem. Wie soll ich alle diese Stellen abdichten? Ich habe gar nicht genug Brettchen an Bord, um sie darüber zu nageln, und außerdem geht mein Vorrat an Bleiweiß zur Neige, das ich als eine Art Kitt zwischen Brettchen und Planken schmieren muß.

Was tun? Bäuchlings liege ich im Boot und betrachte sinnend die Bescherung. Soll mein ganzes Unternehmen jetzt an so winzigen Leckstellen scheitern? An Löchlein, die kaum den Durchmesser eines Streichholzes haben?

Streichholz? Wie ein Blitz durchzuckt mich da die rettende Idee: Ich müßte es einfach einmal mit Streichhölzern probieren. Davon habe ich genug an Bord. Jetzt hole ich die Hölzchen aus ihrer wasserdichten Packung hervor, breche sie in zwei Teile und hämmere jeweils ein halbes Streichholz wie einen Nagel in jedes Wurmloch. Es paßt genau hinein, und schon nach zehn Minuten kann ich es nicht mehr herausziehen, weil es auseinander gequollen ist und sich festgesetzt hat.

Hurra! Das ist die Rettung! Wie ein Besessener lege ich zwei Tage lang all die Wurmlöcher frei und stecke sie mit halben Streichhölzern zu.

Mein Logbuch vom 20. Tag: *Vergesse über meiner Arbeit sogar das Mittagsbesteck. Sollte nicht passieren. Sieht aber aus, als ob ich mit den Streichhölzern Erfolg habe. Brauche kaum noch zu pumpen.*

So wäre jetzt endlich alles in Ordnung – wenn ich nur vorankäme. Aber weiterhin ist vom Wind kaum ein Hauch zu spüren. Ich treibe Westnordwest mit der 1,5 Knoten starken Strömung auf Wallis und damit auf eine gefährliche Schiffsfalle zu, denn diese Insel ist von einem großen Riff umgeben. Mit angespannter Aufmerksamkeit mustere ich die allmählich näher kommende Küste und spitze die Ohren, ob die Brandung schon zu hören ist. Ab und zu fällt ein Luftzug in die Segel, aber er ist viel zu schwach, um gegen die Strömung anzukommen. Langsam, aber unerbittlich treibt der Strom mich auf das Riff zu. Eine schreckliche Situation für einen Segler, der keinen Hilfsmotor hat. Mehr denn je wünsche ich jetzt, daß meine Maschine intakt wäre. Noch bevor ich sie anzuwerfen versuche, bin ich überzeugt, daß sie nicht geht. Ich versuche es trotzdem, aber natürlich geht sie nicht. Das verdammte Ding!

Es ist ein unheimliches Gefühl, durch diese See zu segeln, die von keinem

Sturm aufgewühlt wird und trotzdem tückisch ist. So ungefähr muß ein Mensch empfinden, der schreckgelähmt im Treibsand oder vergeblich strampelnd in einem unergründlichen Moor versinkt.
Die Küste von Wallis ist gegen Abend noch näher gerückt, beinahe bedrohlich nahe. Hinter der Insel geht die Sonne rubinrot in einer schwarzen, riesigen Wolkenwand unter, die über den Horizont heraufsteigt. Dieser düstere Schein im Südwesten läßt Böses ahnen. Ich mache alles klar für einen harten Strauß mit heftigem Wind. Und mir ist es jetzt lieber, daß ich etwas zu tun bekomme, als die Hände weiter untätig in den Schoß zu legen.
Als ich mit allen Vorbereitungen fertig bin, nehme ich auf dem Kajütdach Platz und blicke erwartungsvoll nach Westen. Aber es geschieht nichts. Eine gute Stunde später liege ich immer noch auf dem gleichen Fleck. Jetzt komme ich mir schon recht albern vor, weil ich wieder alles so sorgfältig vorbereitet habe für Böen, die doch ausbleiben.
Enttäuscht lege ich mich schließlich in die Koje. Doch um Mitternacht weckt mich das alte vertraute Geräusch anziehender Fallen und knarrender Blöcke: Es ist der lang ersehnte Südost. Endlich ist der Passat da.
Alle Mann an Deck zum Segelsetzen!
Von neuem Mut erfüllt, setze ich alles verfügbare Tuch und halte Kurs nach Südwest. Ein Tagesanbruch auf See ist immer schön, aber an diesem Tag ist er paradiesisch. Wenn nach langem Warten endlich eine gute Brise aufkommt, dann wird man von einer grenzenlosen Lebensfreude erfüllt, die alle Dinge in einem frischen Glanz erstrahlen läßt. Seevögel kreisen aufgeregt schreiend um die KATHENA. Fische springen aus dem Wasser. Und die Segel sind bauchig gefüllt, die Fahrtwelle rauscht am Bug, daß einem das Herz im Leibe lacht.
Am 27. Juni 1967 gerät mein sonst so sorgfältig geführtes Logbuch ohne meine Schuld in Unordnung. Denn an diesem Tag passiere ich die Datumsgrenze. Das ist der 180. Längengrad von Greenwich. Wenn man von Westen nach Osten reist, wird der Tag zweimal gezählt. Aber wenn man,

Ein Foto aus dem Beiboot: KATHENA *unter Passatbesegelung*

wie ich, von Osten nach Westen fährt, wird ein ganzer Tag im Kalender überschlagen. Es ist das kurioseste Ereignis meiner Weltumseglung: Dieser Dienstag, der 27. Juni, ist zugleich auch Mittwoch, der 28. Juni. Den ganzen Doppeltag lang kann ich mich mit neckischen Spitzfindigkeiten unterhalten: Heute ist morgen aber gestern ist auch heute. Ist deshalb gestern morgen? Und was mache ich eigentlich an diesem Tag, den ich vierundzwanzig Stunden lang erlebe und der doch nach meinem Kalender gar nicht existiert?

Mein Logbuch vom 25. Tag: *So, die halbe Erdkugel hätten wir geschafft. Dafür wird meine einzige Flasche Bier auf dieser Reise geköpft. Wieder mal gute Etmale. Fühle mich recht wohl dabei. Was wird mir die andere Hälfte bringen? – Ist doch noch ein weiter Weg, den ich vor mir habe.*

In den nächsten Tagen gibt es keine Böen, keinen Tropfen Regen, keine bedrohlichen Wolken. Nur beständigen Passat. Das Wetter ist strahlend und heiter, so daß ich nachts im Cockpit unter den Sternen schlafe. Über mir funkelt das Kreuz des Südens.

In diesen Tagen bekomme ich wieder Gesellschaft. Ein fauler, alter Tölpel läßt sich als Passagier an Bord nieder. Er hat einen langen, spitzen Schnabel und eine Flügelspannweite von gewiß einem Meter. Er sitzt auf der Griffleiste des Kajütaufbaues, putzt sich stundenlang das Gefieder und wird mir über Nacht bestimmt das ganze Deck bekleckern. Aber ich lasse ihn sitzen, denn er ist sehr zutraulich. Ich kann ihn sogar streicheln, jedoch bin ich etwas enttäuscht, daß er meine Einladung zum Essen ablehnt: Ich biete ihm einen Rest gekochter Linsen an, aber er frißt sie nicht. Na ja, er kennt dieses Gericht wohl nicht. Denn Linsen wachsen sehr selten auf See.

Die Zeit verfliegt nur so, der Wind ist gut, der Strom drückt kräftig mit, und Etmale um die hundert sind der Durchschnitt. Wenn der Wind etwas nachläßt, berge ich schnell meine Doppelfocks, um einige Nähte nachzunähen und ein paar Löcher mit Flicken zu überlappen. Denn ich will vorsorgen für die Zeit in der eigentlichen Korallensee, wo der Südost-Passat laut Seehandbuch oft Sturmstärke erreicht.

Aber vorher habe ich unerwartet mit Navigationsschwierigkeiten zu kämpfen. Ich besitze natürlich nicht die genauesten Detailkarten der einzelnen Seegebiete. Die hätten mich ein Vermögen gekostet und sehr viel Stauraum in Anspruch genommen. Auf ganz normalen Frachtschiffen umfaßt der Schrank mit den wichtigsten Seekarten der befahrenen Gebiete zwei bis drei Kubikmeter. Mehr als meine halbe Kajüte. Aber ich bin vorsichtig genug gewesen. Im Hafen von Papeete hatte ich mir auf Frachtern von deren Einzelkarten die gefährlichsten Stellen der Korallensee in meine Karte übertragen. Dabei habe ich nicht sonderlich auf Überlappungen geachtet – und damit einen lebensgefährlichen Fehler begangen.

Mein Logbuch vom 36. Tag: *Muß mit dem North-Riff (160 Grad Ost und 12 Grad 15 Minuten Süd) klarkommen. Oh-la-la! Beinahe wäre ich glatt auf das Riff und die Inseln der Indispensable-Gruppe aufgelaufen. Hätte ich meinen Kurs nicht in der Pazifik-Übersichtskarte abgesteckt, wäre es das »Aus« für Kathena und mich. So ist es, wenn man nicht genügend Karten an Bord hat! Nur 2 Längengrade haben in meinen kopierten Detailkarten gefehlt, und genau dort liegt das Riff von Indispensable, das ich mit dem North-Riff verwechselte. Werde die ganze Nacht steuern müssen, um wieder klarzukommen. Dabei kommen Gischt und Seen über. Sehr anstrengend und fürchterlich naß – aber gute Fahrt. Bin ja so froh, meinen Fehler noch gemerkt zu haben. Muß so schnell wie möglich weg von den Riffen.*

Zwanzig Stunden sitze ich an diesem 37. Tag während meines Rittes über das Korallenmeer am Ruder. Als ich endlich wieder auf sicherem Kurs bin und von der Pinne aufstehen kann, tun mir alle meine Knochen weh, besonders aber meine vier Buchstaben. Als ich mich todmüde in die Koje lege, spüre ich, daß sich vom dauernden Druck des unteren Rückens gegen die Cockpit-Verschanzung sogar eine knotenartige Geschwulst neben der Wirbelsäule gebildet hat. Aber ich schlafe trotz der Schmerzen schließlich ein in dem beruhigenden Gefühl, etwas geschafft zu haben.

Am 38. Tag habe ich wieder mit undichten Stellen zu tun: *Kathena macht bedenklich viel Wasser. Arbeite in der Bilge kopfüber mit Bleiweiß und Sperrholz. Ich glaube, es liegt an der hohen Fahrt – um 7 Knoten. Und im Surf 10. Die Belastung ist dabei für die Holzplanken groß. Sie arbeiten zu stark. Die Windstärke liegt bei gut 6 und Seen kommen häufig über, seitlich. Steuert auch furchtbar schlecht, zeitweise auf Zickzack-Kurs in einem Bereich von 50 Grad. Kann es mit der Selbststeuerung bei der Geschwindigkeit nicht besser hinkriegen. Rollen dabei heftig, was eine ständige Gewichtsverlagerung erfordert.*

Den Rest der Strecke lege ich beinahe schneller zurück, als mir lieb ist. Am 43. Tag herrscht morgens um drei Uhr noch totale Flaute bei leichter Dünung, und bereits um vier Uhr bläst es mit Windstärke sieben bis acht aus Südost. Der Wind kommt gerade aus der richtigen Richtung, aber viel zu heftig. Die Seen wachsen zusehends, werden größer und immer größer, schieben das Boot zeitweise mit einer Geschwindigkeit von zehn Knoten

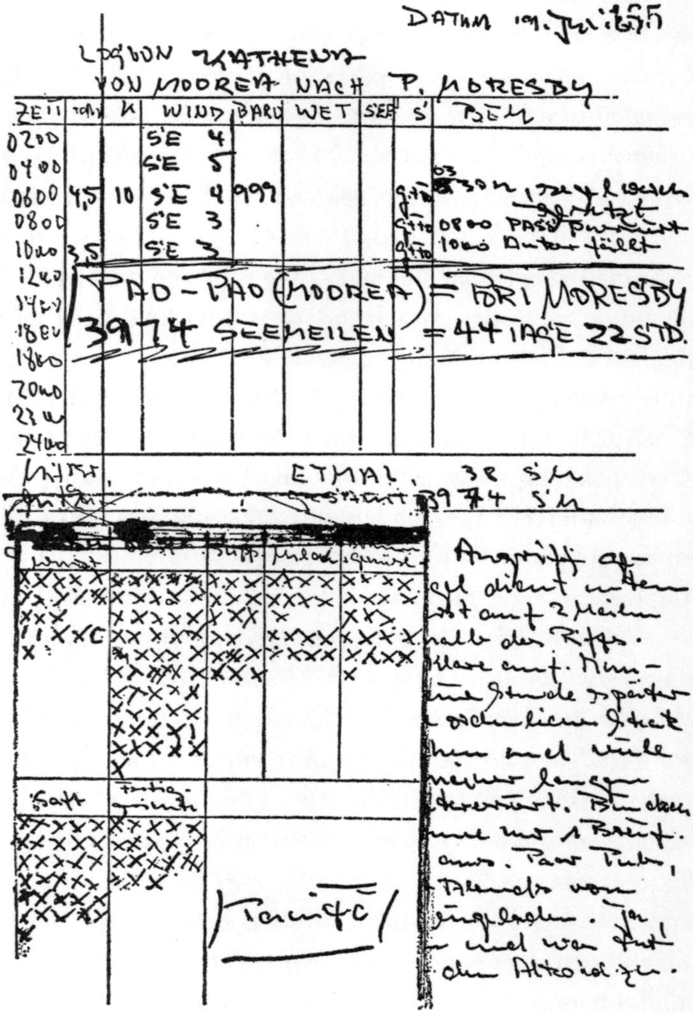

Logbuchauszug vom 19. Juli 1967 mit Proviantverbrauchstabelle für die gesamte Pazifikreise

vor sich her, und manchmal steigen sogar Seen ins Cockpit ein. Nachmittags bricht auch noch der Steuerbordbaum, und ich muß ihm bei der wilden Bewegung des Bootes eine Spiere anlegen wie einem gebrochenen Knochen eine Schiene. Eine Mordsarbeit.
Dazu kommen die Nervosität vor der Ankunft in einem Hafen nach längerem Törn auf See und die entsprechenden Vorbereitungen. Ich schlafe schlecht, obwohl ich mich bei großer Wäsche und Backschaft auf dem rollenden Boot den ganzen Tag redlich abgerackert habe. Ich vollbringe sogar das Kunststück, mir den Bart abzurasieren, ohne mich bei den heftigen Bewegungen der KATHENA auch nur ein einziges Mal mit der Klinge zu schneiden.
Abends um 10 Uhr höre ich plötzlich entferntes Donnern. Es kann kein Gewitter sein. Das ist Brandung! Ich bekomme einen gewaltigen Schrekken. Selten bin ich so schnell in den Mast geklettert wie jetzt, um die Lage zu peilen. Ja, da sehe ich selbst in der Dunkelheit des späten Abends die glitzernde Brandung des 5 Seemeilen vorgelagerten Korallenriffs Neuguineas in Nordnordost.
Behende klettere ich wieder an Deck und husche in die Kajüte, um mich im tristen Schein der Lampe über der Seekarte zu orientieren. Jetzt müßte längst der Lichtkegel des Leuchtfeuers von Hoods Point zu sehen sein. Aber meine Karte ist im Maßstab zu groß, daß dieses Feuer gar nicht mit Kennung und Reichweite verzeichnet ist.
Meine Augen brennen, während ich die ganze Nacht nach dem Leuchtfeuer Ausschau halte und meinen Kurs sicherheitshalber viel weiter südlich lege, um nicht auf dem Riff zu zerschellen. Im Morgengrauen, als ich endlich den Leuchtturm ausmache, fällt mir ein Stein vom Herzen. Jetzt weiß ich, wo ich bin und brauche nur noch am Riff entlangzusegeln.
Leicht gesagt. Ich segele den ganzen Tag, und der Brandungsstreifen über dem kilometerlangen Riff nimmt kein Ende. Nachmittags kommen mir Zweifel, ob ich nicht schon an der Einfahrt zum Hafen vorbei bin. Zu

dumm! Viermal ist mir das jetzt schon passiert, daß ich nach langem Seetörn einen Hafen zum Greifen nahe vor mir habe und nicht noch abends einlaufen kann. Denn die Einfahrt in einen riffumlagerten Hafen bei Dunkelheit ist für einen Segler zu riskant.

Ich drehe abermals für die letzte Nacht bei und nehme die Riffpassage erst während der Morgendämmerung in Angriff. Unheimlich still sind nach dem Brausen des Meeres die letzten 5 Meilen innerhalb der Lagune. Als mein Anker dann endlich vor dem Yachtclub von Port Moresby in den Grund rasselt, bin ich ganz zufrieden: Ich habe von Pao-Pao auf Moorea bis hierher 3974 Seemeilen zurückgelegt in 45 Tagen. Nach dem Kalender sind es sogar nur 44 Tage. Ein Gewinn von einem Tag bei meinem Sprung über die Datumsgrenze. Gar nicht mein Verdienst. Aber ich freue mich doch, allen festen Regeln – in diesem Falle dem Kalender – ein Schnippchen geschlagen zu haben.

Mehr noch freue ich mich, daß ich überhaupt hier ankere und es mal wieder ohne Havarie geschafft habe. Ich gehe an Deck und schaue stolz auf die KATHENA herunter. Ich umarme den Mast und frage ihn, ob er mich auch bis nach Hause nicht im Stich lassen wird. 14 500 Seemeilen liegen hinter uns – die Hälfte meiner Weltumsegelung.

Neuguinea

Insel meiner Qualen

In Port Moresby
19. Juli 1967 bis 20. August 1967
32 Tage

Port Moresby ist ganz nett, aber ziemlich langweilig. Es dauert eine Stunde, bis der Paßbeamte an Bord kommt und mich abfertigt. Er ist sehr freundlich. Im Yachtclub bestelle ich ein großes Steak. Es schmeckt köstlich. Womöglich, weil zwei deutsche Mädchen, die hier auch essen, mir Gesellschaft leisten. Trotz langer Haare und ungewaschen, scheine ich interessant zu sein. Abends werde ich dann von Brigitte und Christine – und ihren Männern zum Bier eingeladen. Ja, da kommt man nach 45 Tagen todmüde übers Meer an Land und was tut man: bummelt durch Moresby und trinkt sich einen Rausch an.

Geographisch befinde ich mich noch immer in der Südsee. Aber dieser Teil von Neuguinea mit Port Moresby als Hauptstadt gehört zu Australien; oder genauer: wird von Australien verwaltet.

Port Moresby sieht ziemlich trostlos aus. Ein paar Kneipen, die nach englisch-australischer Sitte nur wenige Stunden geöffnet haben. Ein paar einfache Geschäfte. Zwei oder drei Behördengebäude für die Verwaltung des australischen Teiles dieser größten Insel im Stillen Ozean, der nach seinen wilden Einwohnern »Papua« heißt, sowie für die Betreuung der ehemaligen deutschen Kolonie Kaiser-Wilhelm-Land, das Australien jetzt als »Territory of New Guinea« untersteht.

Leider habe ich keine Gelegenheit, das Innere dieser reizvollen Rieseninsel mit ihrem feucht-heißen tropischen Regenwald an steilen Berghängen zu

Segelausflug mit der Australierin Karen in der Bucht von Port Moresby

Allgemein sind die Papuas scheu und zurückhaltend

erkunden. Zu gern hätte ich die dunkelhäutigen Ureinwohner kennengelernt, die von allen Eingeborenen der Welt den prachtvollsten Schmuck aus buntschillernden Vogelfedern haben sollen und sogar noch die berühmten Schrumpfköpfe herstellen aus den Schädeln gefangener Feinde. Aber aller fernsten Verlockung zum Trotz zwingt mich ein höchst profanes abendländisches Bedürfnis in seinen Bann: Ich muß unbedingt Geld verdienen, um notwendige Reparaturen an der KATHENA bezahlen und Proviant für die Weiterreise einkaufen zu können.
Ich habe mal wieder unwahrscheinliches Glück. In Port Moresby, diesem abgelegenen Nest, wo man eigentlich gar kein Geld verdienen kann, wird gerade eine Zweigstelle der »Bank von Australien« gebaut, und unter den Einheimischen sind natürlich nur wenige, die von modernen Baumethoden eine Ahnung haben. Die Bauleitung sucht dringend Leute, die nach Zeichnung Holzverschalungen bauen können. Da komme ich gerade recht. Noch habe ich nicht vergessen, wie ich in Hamburg und Lübeck für die Firma Wayss & Freytag gezimmert habe.
So klettere ich drei Tage nach meiner Ankunft nicht in den Mast, sondern über schwankende Leitern in den zweiten Stock des neu erstehenden Bankgebäudes, schleppe Bretter, verschale Säulen, gieße Beton und schufte mich ab wie seit Jahren nicht mehr. Der Bauleiter ist zufrieden mit diesem rund um die Welt segelnden Deutschen. Aber das schmeichelt mir wenig. Ich beneide ihn außerdem nicht. Er, als Bauleiter, hat wirklich viel Mühe, alle beim Arbeiten zu halten. Zudem herrscht ein tolles Durcheinander auf der Baustelle. Sechs Weiße und über zwanzig Papuas sägen, hämmern und schaufeln hier. Obwohl Betonwände und Decken bis zu einem Meter Dicke geschüttet werden, ist kein Kran vorhanden. Für ganz schwere Hebe- und Transportarbeiten werden zusätzlich Eingeborene für ein geringes Entgelt angeheuert.
Im Geldverdienen bin ich den anderen Kollegen auf dem Neubau sogar noch voraus. Denn sie müssen auch für die lausigste Unterkunft irgendwo

Miete zahlen, und diese unsinnige Ausgabe bleibt mir erspart, weil ja draußen in der Bucht die KATHENA, mein Zuhause, schaukelt. So sind meine drei Dollar (ca. 12 Mark) die Stunde netto.
Die Arbeit an Land auf dem Bau der »Bank von Australien« ist die härteste, die ich je auf meiner ganzen Weltumseglung geleistet habe. Als ich nach den ersten drei Tagen mit aufgerissenen Händen und schmerzendem Kreuz wie tot in meine Koje falle, sehne ich mich zurück nach einem ehrlichen Sturm oder auch nach einer miesen Flaute, in der ich meterweise Segelnähte nähen muß.
Haben mich die langen Zeiten auf See für das harte Leben an Land schon verdorben? Ist es wirklich so hart? Nach Feierabend an Bord der KATHENA im Hafen von Port Moresby schweifen meine Gedanken zurück zu der unvergeßlichen Zeit, die ich während der Vorbereitung zu meiner Weltumseglung in Alicante verbrachte.
Wie herrlich war es in Alicante! Natürlich habe ich auch dort heftig gewerkelt, und zwar an meinem Boot. Aber da gab es Freunde wie Herrn Henze aus Hamburg, der mich so oft zum Essen auf seine INKA einlud. Da war Bernard Moitessier, der mir auf seiner JOSHUA die Grundzüge der Navigation beibrachte. Da waren die Kneipen fast dauernd geöffnet, damit man sich an einem »Tinto« erfrischen konnte. Und da lagen genug andere Boote von verrückten Leuten, die einem die Zeit genüßlich vertrieben.
Nach meiner täglichen Arbeit und an Wochenenden finde ich jedoch genug Zeit, mir die Umgebung von Port Moresby anzusehen. Australier und auch Deutsche zeigen sie mir.
In Neuguinea hört der Einfluß des weißen Mannes einige Meilen hinter den Häfen auf. Dort beginnt das »dunkle« Neuguinea, das zwar theoretisch von Australien verwaltet wird, sich aber aufgrund seiner Unzugänglichkeit nicht öffnet. Unter den etwa 2 Millionen Eingeborenen gibt es 26 verschiedene Hauptsprachen und ungefähr 200 Dialekte. Die Bevölkerung ist nach Rasse, Sitte und Glauben in zahlreiche Stämme getrennt. Neben

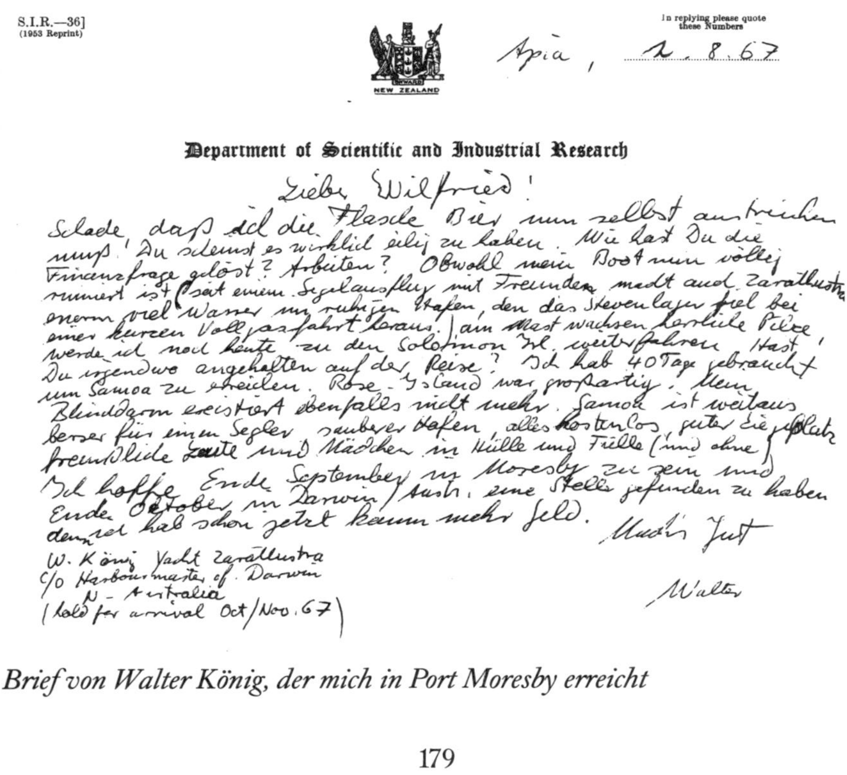

S.I.R.—36]
(1953 Reprint)

NEW ZEALAND

In replying please quote these Numbers

Apia, 2. 8. 67

Department of Scientific and Industrial Research

Lieber Wilfried!

Schade, daß ich die Flasche Bier nun selbst austrinken
muß! Du scheinst es wirklich eilig zu haben. Wie hast Du die
Finanzfrage gelöst? Arbeiten? Obwohl mein Boot nun völlig
ruiniert ist (seit einem Segelausflug mit Freunden macht auch Zarathustra
enorm viel Wasser im ruhigen Hafen, den das Stevenlager fiel bei
einer kurzen Vollgasfahrt heraus.) am Mast wachsen herrliche Pilze,
werde ich noch heute zu den Solomon Isl. weiterfahren. Hast
Du irgendwo angehalten auf der Reise? Ich hab 40 Tage gebraucht
um Samoa zu erreichen. Rose-Island war großartig. Mein
Blinddarm existiert ebenfalls nicht mehr. Samoa ist weitaus
besser für einen Segler, sauberer Hafen, alles kostenlos, guter Liegeplatz
freundliche Leute und Mädchen in Hülle und Fülle (und ohne)
Ich hoffe Ende September in Moresby zu sein und
Ende Oktober in Darwin / Austr. eine Stelle gefunden zu haben
denn ich hab schon jetzt kaum mehr Geld. Mach's gut

Walter

W. König Yacht Zarathustra
c/o Harbourmaster of Darwin
N-Australia
(hold for arrival Oct/Nov. 67)

Brief von Walter König, der mich in Port Moresby erreicht

ausgesprochen großwüchsigen Menschen mit langen Köpfen kommen ebenso kleinwüchsige Kurzköpfe vor. Alle sind dunkelhäutig und wollhaarig.
Der Großteil der Eingeborenen sind die Papuas. Sie wohnen in Hütten, die auf Pfählen nahe der Hochwassergrenze der Flüsse stehen. Die Männer jagen nach Nahrung, vielleicht auch nach den Köpfen ihrer Feinde. Präparierte Köpfe bedeuten Ruhm, Macht und Zauberkraft. Die Frauen arbeiten auf den armseligen Feldern. Magisches und Zaubertanz, Frauenraub und Menschenfraß spielen trotz aller Bemühungen der christlichen Missionen die gleiche Rolle, wie sie es zu allen Zeiten getan haben. Es geschieht manchmal, daß der Distriktsbeamte von seinem mühseligen Patrouillengang nicht zurückkommmt.
Nach gut vierzehn Tagen auf dem Bau in Port Moresby habe ich die »Bank von Australien« auf legale Weise so weit geplündert, daß ich an die Weiterreise denken kann. Port Moresby ist ein langweiliges Nest. Es gibt kaum etwas, was mich an diesem Ort hält. Zwar habe ich auch hier schnell gute Freunde gefunden – ein australisches Mädchen, von dem ich bezaubert bin, und einen Kumpel, der mich begeistert: Bob Hobman, auch ein Segler, hilft mir nämlich bei der endgültigen Beseitigung der Kakerlakenplage an Bord. Aber man muß sich eben manchmal nicht nur von unangenehmen »Bekannten«, sondern auch von Freunden trennen können, wenn man sein Lebensziel erreichen will.
So ergänze ich zunächst meinen Proviant. Es sind hauptsächlich Konserven, die mir fehlen: jeweils ein Dutzend Dosen Ananas in Scheiben, halbgare Bohnen, Aprikosen, Kirschen, gebackene Bohnen und Mischgemüse, ferner Saft von Apfelsinen, Grapefruit, Ananas und Tomaten; dazu einige Büchsen Käse, Tomatenmark und fertige Steaks mit Gemüse und natürlich: wieder ein ganzer Zentner Zwiebeln gegen Vitaminmangel und Skorbut. Das alles zusammen kostet mich 51 australische Dollar von meinem schwerverdienten Geld.
Dazu kaufe ich mir sicherheitshalber einen Primuskocher, den ich mit

Festlich geschmückte Papuas aus dem Hochland Neuguineas

Petroleum betreiben kann, wenn mir das Gas für meinen Herd wieder ausgeht. Die Gefahr besteht, weil es in Port Moresby zwar Propangas gibt, aber keinen Schlauch mit einem Verbindungsstück, das zu meinen Stahlflaschen paßt. Ich muß also weiterhin mit dem Brennstoff kochen, den ich auf Tahiti getankt habe, und mich mit dem Petroleumprimus behelfen, wenn das Gas zu Ende ist. Aber das ist mir lieber, als halbgares, kaltes Zeug aus Dosen zu löffeln, wie es während des größeren Teils meiner Pazifiküberquerung der Fall war.

Einen ganzen Tag sitze ich schließlich daran, im Büro des Hafenmeisters drei Seekarten abzuzeichnen von der gefährlichen Meeresenge, Torresstraße, zwischen Australien und Neuguinea, dem sogenannten Great Eastern Channel, der mir als schwierigstes Stück meiner nächsten Etappe bevorsteht. Die wichtigste und unangenehmste Vorbereitung für meine Weiterreise habe ich jedoch bis zuletzt aufgeschoben. Es sind keine neuen Segelnähte und keine Löcher im Schwertkasten. Viel schlimmer: Es sind meine Zähne. Nie wieder möchte ich an solchen Zahnschmerzen leiden wie auf der letzten Überfahrt. Und so begebe ich mich eine Woche vor meiner Abfahrt aus Port Moresby endlich zum Zahnarzt.

Ich sitze auf seinem Marterstuhl, und während der Bohrer in meinem Mund heult wie ein Taifun und ich meine Füße gequält gegen die Fußstütze stemme wie im Cockpit der KATHENA bei wilder Fahrt, würde ich einen handfesten Sturm mit schlaflosen Nächten dieser Tortur vorziehen.

Was bin ich für ein Feigling! Der Zahnarzt im weißen Kittel jagt mir mehr Angst ein als der Klabautermann. Und als der Zahnarzt mir nach zweitägiger Behandlung zwei Zähne gezogen und einige Löcher in meinen Backenzähnen gefüllt hat, so wie ich noch vor kurzem die Wurmlöcher im Rumpf der KATHENA mit Streichhölzern, und als er mich dann mit freundlichem Kopfnicken zur Weiterreise entläßt, da verlangt er für die durchlittenen Qualen zehn australische Dollar. Nie auf meiner ganzen Weltumseglung hat mir eine Ausgabe wortwörtlich so weh getan wie diese.

Nach dieser bitteren, aber notwendigen Erfahrung mit den Segnungen der Zivilisation sehne ich mich danach, wieder Robinson auf See zu sein. Außerdem wird es wegen der Windsysteme höchste Zeit, wegzukommen. Hals über Kopf setze ich meine Abfahrt von Port Moresby auf den 20. August 1967 fest. Doch als ich an diesem Tag frühmorgens um sieben den Anker lichte, wird mir erst richtig bewußt, daß ich mich abermals unsterblich verliebt habe. Karen, die Köchin des Yachtclubs, schaut mir beim Absegeln lange nach. Viel zu lange.

Allein mit mir und meinem Boot kann ich mich schwach zeigen.

Von meiner Abreise erfahren auch der Zahnarzt und andere Bekannte. Der australische Rundfunksender ABC verkündet das Ereignis lauthals durch den Äther.

Na ja, ich muß mich wohl damit abfinden, daß ich jetzt als »Circumnavigator of Globe from Germany« bekannt geworden bin – als der Weltumsegler aus Deutschland.

Ozean voller Zweifel

Von Port Moresby nach Kapstadt
20. August 1967 bis 26. November 1967
98 Tage 8026 Seemeilen

Von P. Moresby nach ... Abergläubisch hüte ich mich auch diesmal davor, in jene Zeile des Logbuchs einen Bestimmungshafen einzutragen. Zu gut kann ich mich noch an die größte Blamage meiner Weltumsegelung erinnern: daß ich auf meiner ersten Atlantiketappe als Ziel selbstbewußt »Barbados« eingetragen hatte und dann ganz kleinlaut in St. Vincent landen mußte. Aber außer Navigationsschwierigkeiten gibt es noch andere Dinge, die einen hindern können, das angesteuerte Ziel zu erreichen. Auch schwere Schäden am Boot oder eine ernsthafte Krankheit könnten mich zwingen, einen Nothafen anzulaufen.

Toi, toi, toi, ich klopfe dreimal auf Holz! So etwas wird mir hoffentlich nicht passieren. Aber selbst wenn ich wollte, könnte ich jetzt den Bestimmungshafen noch nicht ins Logbuch schreiben. Denn ich weiß ihn nicht. Zum erstenmal bei einer Ausreise bin ich mir über das Ziel noch nicht im klaren. Seit Tagen spukt mir nämlich der Gedanke im Kopf herum: Kurs direkt nonstop nach England.

Plymouth? Warum nicht? Das ist schließlich der klassische Start- und Zielhafen für Hochseesegler. Die Einsamkeit einer langen Strecke kann ich ertragen, das habe ich mir in den 69 Tagen meiner Reise über den Pazifik von Balboa nach Tahiti bewiesen. Und selbst wenn ich die Fahrt nach England auf 200 Tage schätze, also dreimal so lange – was macht das schon?

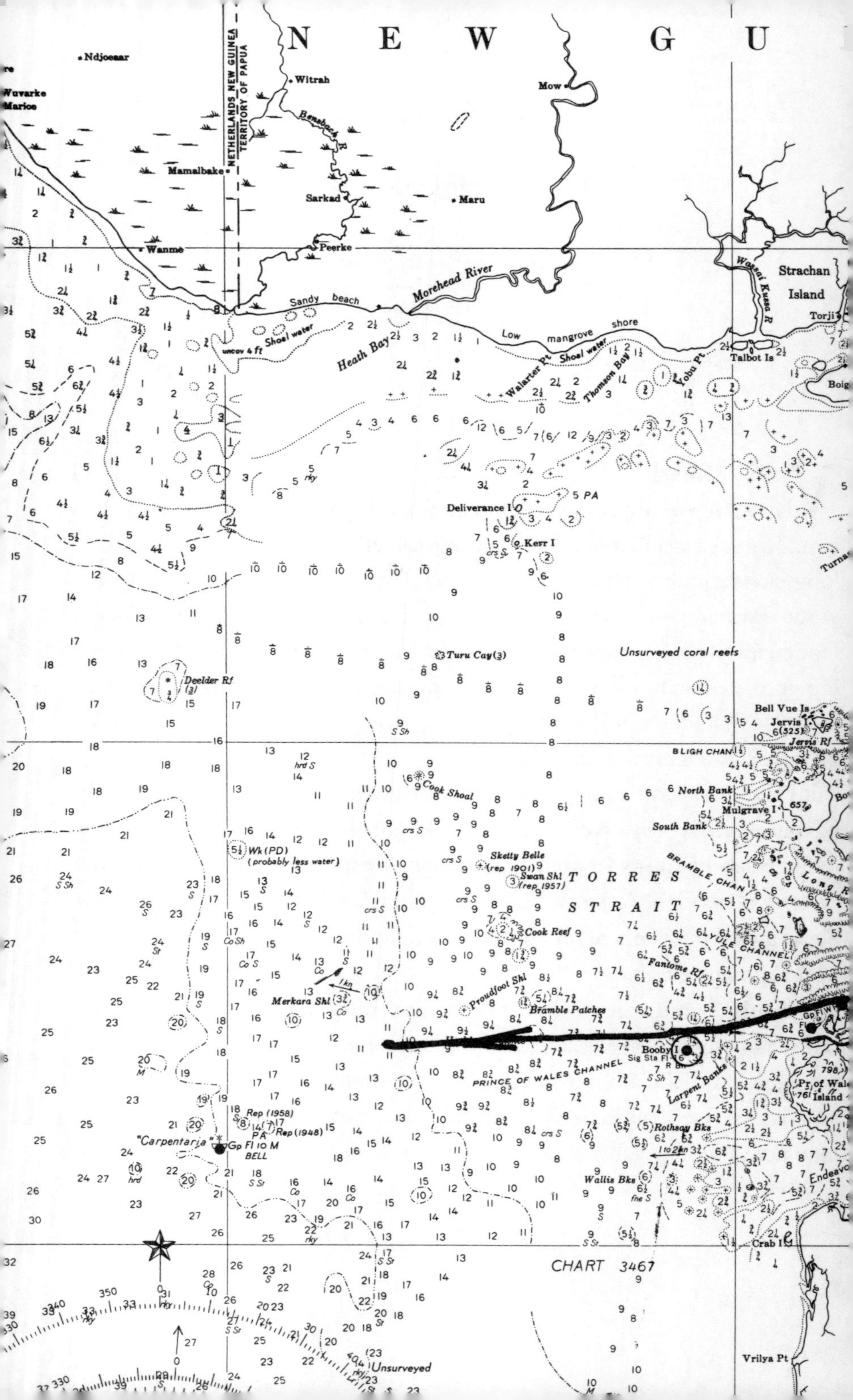

N E W G U
Ndjoesar
Wuvarke
Marioe
NETHERLANDS NEW GUINEA
TERRITORY OF PAPUA
Witrah
Mow
Bensbach R
Mamalbake
Sarkad
Maru
Wanme
Peerke
Morehead River
Strachan Island
Wassi Kussa R
Torji
Sandy beach
uncov 4 ft
Shoal water
Heath Bay
Low mangrove shore
Walarter Pt
Shoal water
Thomson Bay
Yobu Pt
Talbot Is
Boig
5 PA
Deliverance I
Kerr I
Turna
Turu Cay (3)
Unsurveyed coral reefs
Deelder Rf (3)
S Sh
Bell Vue Is
Jervis I
Jervis Rf
BLIGH CHAN
North Bank
Mulgrave I
South Bank
Cook Shoal
Wk (PD) (probably less water)
Skelly Belle (rep 1901)
Swan Shl (rep 1957)
TORRES STRAIT
BRAMBLE CHAN
Long R
Cook Reef
YULE CHANNEL
Fantome Rf
Merkara Shl
1 kn
Proudfoot Shl
Bramble Patches
Booby I
Sig Sta
PRINCE OF WALES CHANNEL
Larpent Banks
Pr of Wales Island
Rep (1958)
Rep (1948)
PA
"Carpentaria"
Gp Fl 10 M
BELL
Rothsay Bks
1 to 2 kn
Wallis Bks
Endeavo
Crab I
CHART 3467
Unsurveyed
Vrilya Pt

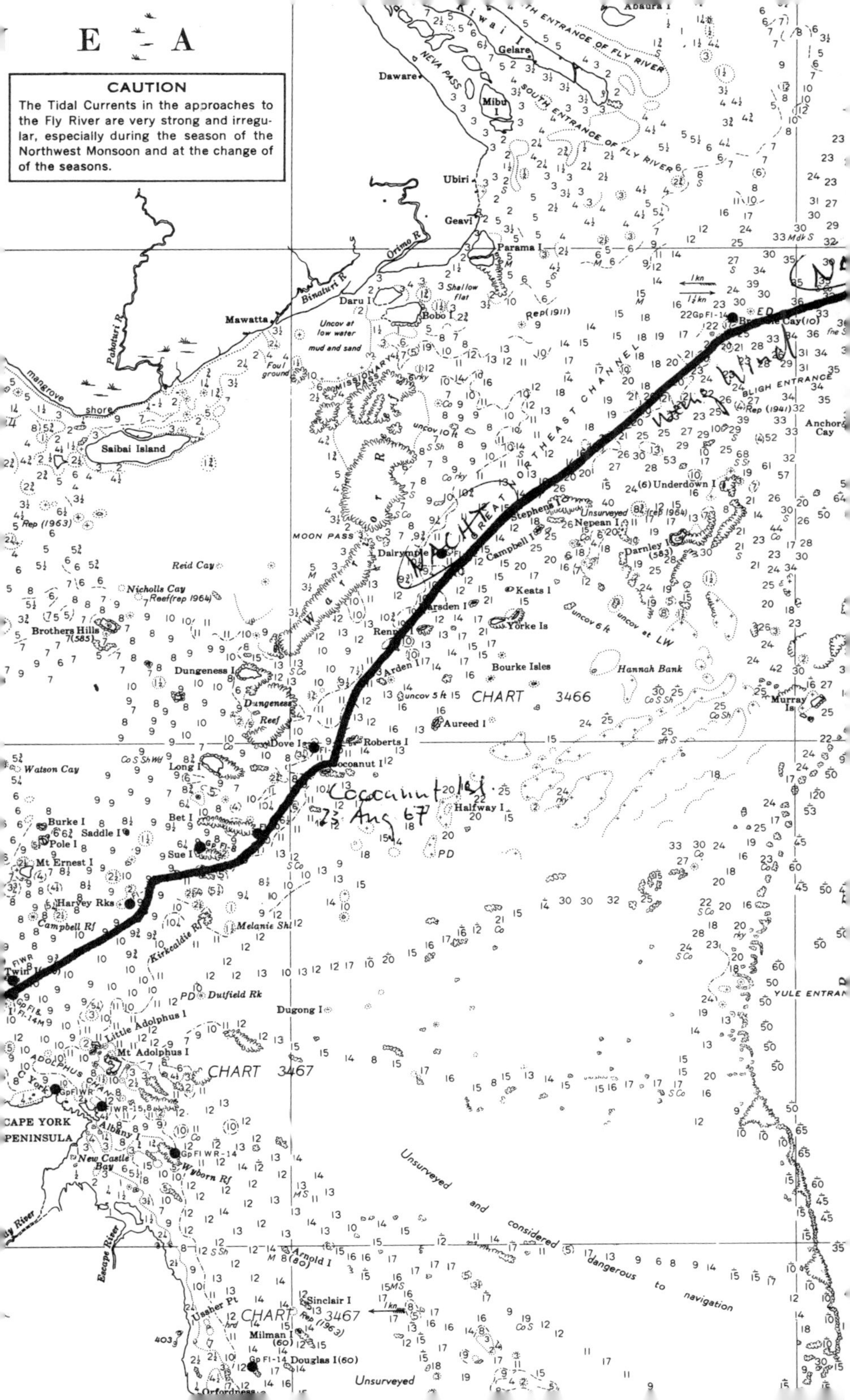

SEA
CAUTION
The Tidal Currents in the approaches to the Fly River are very strong and irregular, especially during the season of the Northwest Monsoon and at the change of of the seasons.
NORTH ENTRANCE OF FLY RIVER
SOUTH ENTRANCE OF FLY RIVER
NEVA PASS
Kiwai I
Gelare
Abaura I
Daware
Mibu I
Ubiri
Geavi
Parama I
Orimo R
Binaturi R
Pahoturi R
Mawatta
Daru I
Bobo I
Shallow flat
Uncov at low water mud and sand
Foul ground
mangrove shore
Saibai Island
MISSIONARY PASS
MOON PASS
Warrior Rf
Rep (1963)
Rep (1911)
Reid Cay
Nicholls Cay
Reef (rep 1964)
Brothers Hills 7(585)
Dungeness I
Dungeness Reef
Dalrymple I
YACHT
GREAT NORTHEAST CHANNEL
Stephens I
Campbell I
Nepean I
Unsurveyed
Underdown I
Darnley I (583)
Bramble Cay (10)
BLIGH ENTRANCE
Rep (1941)
Anchor Cay
Keats I
Marsden I
Yorke Is
Rennel I
Arden I
uncov 5 ft
uncov 6 ft
uncov at LW
Bourke Isles
Hannah Bank
CHART 3466
Aureed I
Murray Is
Dove I
Roberts I
Cocoanut I
Coccanut Isl. 23 Aug 67
Halfway I
Watson Cay
Long I
Burke I
Saddle I
Pole I
Bet I
Sue I
Mt Ernest I
Harvey Rks
Campbell Rf
Kirkcaldie Rf
Melanie Shl
Twin I
Dutfield Rk
Dugong I
Little Adolphus I
Mt Adolphus I
ADOLPHUS CHAN
C York
CAPE YORK PENINSULA
Albany I
New Castle Bay
Wyborn Rf
CHART 3467
YULE ENTRANCE
Unsurveyed and considered dangerous to navigation
Escape River
Arnold I
Sinclair I
Ushher Pt
Milman I (60)
Douglas I (60)
Orfordness
Unsurveyed
1 kn

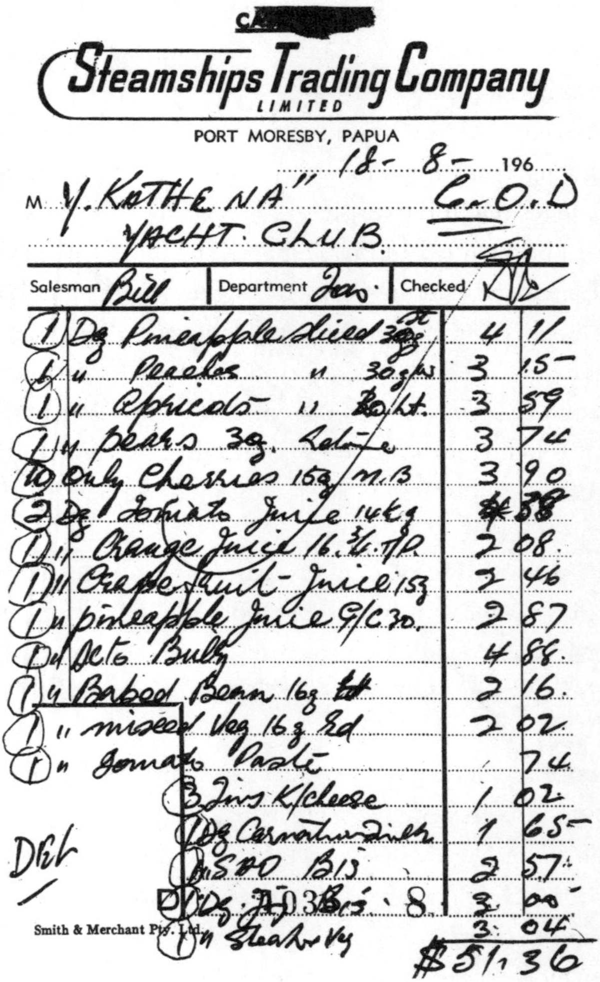

[redacted]

Steamships Trading Company
LIMITED
PORT MORESBY, PAPUA

18-8-196

M Y. "KATHENA" C.O.D
YACHT CLUB

Salesman Bill | Department Gen. | Checked

1	Dz Pineapple sliced 30oz	4	11
1	" Peaches " 30oz	3	15
1	" Apricots " 30oz	3	59
1	" Pears 30oz	3	74
10	Only Cherries 15oz	3	90
2	Dz Tomato Juice 14oz	4	38
1	" Orange Juice 16 3/4	2	08
1	" Grapefruit Juice 15oz	2	46
1	" Pineapple Juice 30	2	87
1	" Sto Bully	4	88
1	" Baked Bean 16oz	2	16
1	" mixed Veg 16oz	2	02
1	" Tomato Paste		74
3	Tins K/cheese	1	02
1	Dz Carnation Milk	1	65
1	MSD B/S	2	57
1	Dz [illegible]	3	00
1	" Steak & Veg	3	04
		$51	36

Smith & Merchant Pty. Ltd.

Für diese Proviantrechnung mußte ich auf dem Bau hart arbeiten

Wenn ich allerdings daran denke, daß es bis dahin 16 000 Meilen sind und mein bisher längster Törn »nur« 4 800 Meilen betrug, dann komme ich mir bei dem Gedanken an Plymouth als Ziel beinahe vermessen vor. Dennoch läßt mich die Idee einfach nicht los. Nüchternen Sinnes beginne ich, die Möglichkeit nochmals zu prüfen.

Ich hole meine Proviantliste hervor und rechne nach. Zweifellos habe ich in Port Moresby genug Vorräte gebunkert. Auch Petroleum, Batterien und anderes Zubehör. Ja, es reicht dicke.

Das Süßwasser ist überhaupt kein Problem. Ich habe nie viel gebraucht. Nach meiner Atlantiküberquerung von 47 Tagen waren von 120 mitgeführten Litern noch 80 in den Kanistern. Dabei habe ich sogar noch kleine Wäsche gemacht. Beim 69-Tage-Trip über den Pazifik blieb noch mehr als die Hälfte an Trinkwasser übrig. Wenn das Trinkwasser unterwegs knapp werden sollte, kann ich es fast jederzeit mit Regenwasser ergänzen. Bei den gelegentlichen tropischen Güssen läuft mehr an den Segeln herunter, als ich jemals brauche.

Die Vorräte sind also in Ordnung, und ich selber bin es auch, wenigstens körperlich. Allerdings fühle ich mich manchmal seelisch nicht ganz auf der Höhe, aber ich lege mir das als Heimweh aus. Und Heimweh ist allemal ein gutes Zugpferd. Was hindert mich also noch, direkt nach England zu segeln?

Halt! Habe ich auch an meine KATHENA gedacht? Zu meiner Schande muß ich gestehen, daß ich meines Bootes nicht ganz sicher bin für eine solch lange Tour. Ich habe es in Port Moresby zwar so gründlich überholt wie in allen anderen Häfen zuvor. Auch habe ich an einer Kaimauer KATHENA trockenfallen lassen, um das Unterwasserschiff zu reinigen und mit neuer Farbe zu versehen. Doch ist sie für die heftigen Frühjahrsstürme des Nordatlantiks seetüchtig genug?

So überlege ich mir, wo ich jetzt wohl ein geschütztes Plätzchen für eine ruhige Nacht in der Torresstraße für KATHENA finde. Vor mir liegt nämlich

die berüchtigte Meeresenge zwischen Australien und Neuguinea mit ihren Tausenden von gefährlichen Riffen und Inseln. Dort muß ich einmal Umschau halten.
Die Seehandbücher warnen vor dieser Meeresenge zwischen den beiden Kontinenten Asien und Australien. Die Strömungen sind hier außergewöhnlich stark, die unzähligen Inseln flach und deshalb schlecht vom niedrigen Deck aus zu sehen, außerdem sollen sie von gefährlichen Riffen umgeben sein. Unzählige Male klettere ich in den ersten Tagen nach meinem Start von Port Moresby in den Mast, so daß ich die Inseln gut ausmachen kann, aber von der üblichen Brandung über den Riffen ist nichts zu bemerken. Nicht einmal eine Verfärbung des Wassers.
Dennoch bleibe ich auf der Hut. Ich weiß, daß etliche Segler in diesem verteufelten Meeresgebiet ihr Leben lassen mußten. Deshalb segelte auch das deutsche Ehepaar Elga und Ernst-Jürgen Koch mit seiner KAIROS in diesem Seegebiet einige Monate vor mir nur tagsüber und legte sein Schiffchen nachts im Wind- und Strömungsschatten einer der vielen Inseln vor Anker. Obwohl sie sich, da sie ja zu zweit waren, in der Nachtwache gut abwechseln konnten. Und deshalb umkreist mich wohl auch am dritten Tag meiner Reise ein großes Flugzeug mindestens fünfmal – um zu erkunden, ob ich in Seenot bin. Wie gern hätte ich fröhlich hinaufgewinkt als Dank, daß der Pilot sich um mich kümmert. Aber schon das Winken hätte er als Notruf mißverstehen können, und so bleibe ich bei diesem letzten Abschiedsgruß Neuguineas bewegungslos in meinem Cockpit sitzen, bis das Flugzeug abdreht.
Am 4. Tag habe ich den Platz gefunden, den ich suche: Cocoanut Island. Mühelos komme ich in den Windschatten der Insel und ankere auf 12 Faden Tiefe. Wenige Kabellängen entfernt hinter dem schlohweißen Strand stehen einige idyllische Hütten unter dichten grünen Kokospalmen. Ein phantastisches Postkartenbild – es wird meine letzte Erinnerung an die Tropen sein.

Gefährlich sind die vielen Riffe und Atolle in der Torres-Straße

Kurze Erholung vor Anker in einer Bucht von Cocoanut Island

Ich erlaube mir einen Landgang. Trinke abends ein paar Flaschen Bier mit den Bewohnern und Perlfischern und bunkere noch einen Sack Kokosnüsse.
Es drängt mich, weiterzureisen. So trimme ich die KATHENA durch Gewichtsverlagerungen, damit sie bei schwerer See besser und sicherer liegt. Ich überprüfe zum letztenmal die Nähte der Segel, verstaue alle meine Habe endgültig für einen langen Törn, kontrolliere meinen Sextanten und stelle befriedigt fest, daß er haargenau stimmt. Schließlich statte ich einen Besuch auf einem Perlschoner ab, der ebenfalls vor der Insel ankert, und ich mache dabei sogar einen letzten Einkauf: Der Steuermann überläßt mir für 2 Dollar einen gebrauchten Segelhandschuh, der sich im Umgang mit meinen brüchigen Segeln noch als nützlich erweisen wird.
Frisch gestärkt und ausgeschlafen und meines Bootes sicher, lichte ich nach fast zweitägigem Aufenthalt auf Cocoanut Island und sechs Tage nach meiner Abreise aus Port Moresby frühmorgens, als an Land die Hähne krähen, den Anker. Auf nach England!
Meinem jugendlichen Übermut wird noch am selben Tag ein kräftiger Dämpfer aufgesetzt, als ich die ohnehin schmale Schiffahrtsroute einmal verlasse, um den Weg zwischen diesen Inseln abzukürzen.
Mein Logbuch vom 6. Tag: *Passiere die Three Sisters zwischen Sue und Poll. Finde Harvey Rocks leicht. Habe Schwierigkeiten mit der Suche nach Twin Island. Bin ständig am Ruder. Gehe mit der Strömung durch den Prince of Wales Channel. Steuere die Passage zwischen Hammond Rock und Turtle Head an. Mein Gott, was habe ich für ein Glück! Plötzlich sehe ich das Riff in nur 10 Meter Abstand! Strömung hat mich fast dagegengedrückt. Was habe ich da bloß für einen Irrsinn begangen ... Nur um den Weg abzukürzen!*
Am 7. Tag nach meiner Abfahrt aus Port Moresby liegt das Korallenmeer endgültig hinter mir und vor mir nur noch die flache Arafurasee und die Timorsee; dann fällt der Meeresboden auf einige tausend Meter Tiefe in den Indischen Ozean ab.

Jetzt habe ich endlich freie Bahn nach England – denke ich. Ich glaube, daß mir dieser südliche Ozean ein so angenehmes Leben beschert wie schon der Pazifik. Doch ich irre mich gründlich. Zwar segele ich nur 10 Grad südlich des Äquators dahin, aber es ist – mit Verlaub gesagt – saukalt. Die Winde aus dem Kontinent – Australien – pusten Kälte herauf. Bald muß ich mir nicht nur ein Hemd anziehen, sondern auch eine lange Hose.
Meine Unternehmungslust wird außerdem bald getrübt durch den Defekt eines wichtigen Instruments. Seit Tagen wiege ich mich in der Gewißheit, daß das Wetter gleichmäßig schön bleibt, weil das Barometer von Port Moresby an beständig auf 998,5 Millibar steht. Ich weiß, daß das alte Ding manchmal hakt, und ich ticke deshalb mit dem Zeigefinger dagegen, aber alles Klopfen bewirkt höchstens, daß das Barometer von 998,5 auf 998,0 Millibar fällt. Ich bin also ganz sicher: es bleibt »schön«. Aber am 9. Tag, als der Wind nachläßt und sich das Wasser stark von grün auf tiefblau verfärbt, wird mir klar, daß das Wetter in den nächsten Stunden umschlägt, obwohl das Barometer unverändert steht.
Verzweifelt klopfe ich an dem Gerät, aber der Zeiger rührt sich nicht. Das Barometer ist kaputt. Irgend jemand von all den vielen lustigen Gästen, die ich in Port Moresby an Bord bewirtet habe, muß das Instrument versehentlich demoliert haben.
Jetzt kann ich also nicht mehr einen Wetterumschwung vorher vom Barometer ablesen, sondern muß mich allein auf die Beobachtung der Natur – die Färbung der See, das Rauschen des Windes, das Flugverhalten von Vögeln – verlassen, um rechtzeitig Segel zu bergen oder zu setzen. Da hilft mir auch das Radio nicht, denn der australische Rundfunk gibt keinen Wetterbericht für dieses Gebiet, und andere Sender kann ich hier noch nicht empfangen. So segele ich hinaus in die weite Wasserwelt des Indischen Ozeans.
Der neue Ozean empfängt mich gnädig. Mein Logbuch vom 16. Tag: *Absolute Stille seit drei Tagen. Ertrage es noch in aller Ruhe. Etmal nur 12 Meilen.*

Begegnung mit einem Wal

Der südlichste Punkt meiner Fahrt: Das Kap der Guten Hoffnung

Am 22. Tag habe ich Jubiläum: An diesem 10. September 1967 bin ich seit meiner Abreise aus Gibraltar genau ein Jahr unterwegs. Die Passage zwischen der großen indonesischen Insel Timor im Norden und dem gefährlichen Hiberniariff im Süden läßt mir kaum Ruhe zum Feiern, und als ich mir diesen Tag wenigstens zu verschönen suche durch eine Extraration von Fruchtkuchen, den mir meine Freundin Karen auf Neuguinea schenkte, da geht auch das schief: Der Kuchen ist mit Rum gewürzt, nur ganz wenig, aber ich bin des Alkohols auf See so entwöhnt, daß ich mir nach wenigen Bissen wie betrunken vorkomme.

In dieser Zeit des beschaulichen Dahinsegelns unter dem Passat lese ich viel – soweit ich etwas zu lesen habe. Der geringe Platz auf der KATHENA schränkt den Umfang meiner Bibliothek sehr ein. Aber ich habe von vornherein Bücher ausgesucht, von denen ich vermute, daß man sie nach einiger Zeit ein zweites Mal zur Hand nehmen kann. So lese ich jetzt abermals die Bücher der beiden großen Segelpioniere Slocum und Lindemann, aber auch – mitten im Ozean Saint-Exupérys »Die Stadt in der Wüste«. Ferner Werke von Böll, Remarque und Moravia, aber auch billige Krimis, die ich schon vor so langer Zeit einmal verschlungen habe, daß ich jetzt nicht mehr weiß, wer der Mörder ist. Kann ich mich nicht so recht auf ein Buch konzentrieren, krame ich unter der Bank nach alten Zeitungen und Magazinen und bin selig, wenn ich dabei noch ein unausgefülltes Kreuzworträtsel finde.

Diese stillen Abende sind für mich unvergeßlich. Ich sitze in der Kajüte unter dem trauten Schein der Lampe. Neben mir die Seekarte mit der abgesegelten Strecke. Um mich herum das dunkel glänzende Mahagoniholz der Kajütenverkleidung, meine Bücher und Segelsäcke. Und in mir das befriedigende Bewußtsein, daß es außerhalb dieses Lichtscheines viele, viele Meilen weit keine andere Menschenseele gibt.

Und im Gefühl dieser Einsamkeit klettere ich aus der Kajüte hinaus ins Cockpit und setze mich dort auf die Bank. Auch diese kühlen Nächte im Indischen Ozean sind so schön, wie wohl nur Tropennächte auf hoher See sein können. Die Kimm ist hinter einem unsichtbaren Schleier verborgen, und wenn ich über Bord schaue auf die gleichmäßig bewegte Wasserfläche, dann leuchten aus der schwarzen Tiefe Millionen Sterne auf; sie scheinen ebenso weit entfernt wie die über mir. In solchen Augenblicken überkommt mich ein merkwürdiges Gefühl, fast eine Versuchung: Wenn ich jetzt eine Bewegung mache, verliere ich das Gleichgewicht und versinke in der Ewigkeit ...

Erschrocken über meine seltsamen Gedanken fahre ich dann von der Bordkante zurück und verkrieche mich wieder in die Kajüte. »Das viele Alleinsein ist unnatürlich, Wilfried!« sage ich mir dann. Und ich vermerke im Logbuch: *Einsamkeit läßt mich Schwierigkeiten sehen, die es gar nicht gibt.*

In solchen Augenblicken merke ich, daß ich kein Geschöpf des Meeres, sondern ein Kind der Erde und immer noch ein Mitglied der menschlichen Gesellschaft bin. Das spüre ich vor allem an meinen eintönigen Wochenenden: Dann fällt mir ein, daß die Menschen in der Heimat Sonnabend nachmittags Rasen mähen und den Gehweg harken, daß sie abends gesellig in der Kneipe sitzen oder zu Hause den unterhaltsamen Fernseher anschalten; daß sie Sonntag morgens ausschlafen können, solange sie wollen, weil sie nicht von knarrenden Blöcken und Fallen oder einem schlagenden Selbststeuer aufgeschreckt werden. Manche gehen nach alter Gewohnheit vormittags zur Kirche, und nachmittags machen sie in bester Ausgehkleidung einen Spaziergang und zeigen sich den Nachbarn und Verwandten.

Mein Logbuch vom 24. Tag: *Geht mir schlecht in Magen und Seele. Mache mir zu viele Gedanken. Am Wochenende ist es immer am unangenehmsten.*

Mein Logbuch vom 25. Tag: *Schlafe immer unruhiger. Fühle mich ganz und gar nicht wohl. Studiere die Fahrtroute und überlege, ob ich nicht zu früh bei den Azoren aufkreuzen werde, wenn ich jetzt direkt nach England durchsegele. Denn im Februar und März ist es meinem Handbuch nach dort noch sehr stürmisch.*

Mein Logbuch vom 27. Tag: *Hurra! Ein Achtel der Strecke bis England dürfte*

heute mit 2000 Meilen seit Port Moresby geschafft sein! Nehme bei herrlichem Wetter zur Feier des Tages ein ausgiebiges Bad außenbords.
Diese Hochstimmung ist bald dahin, als mich ein nicht ganz unerwartetes Ereignis vor neue Schwierigkeiten stellt. Am 34. Tag ist das Kochgas zu Ende. Jetzt muß ich meinen vorsorglich gekauften Primuspetroleumkocher in Betrieb setzen. Künftig wird das Leben für mich zwar immer noch komfortabler sein als auf der langen Strecke des Pazifiks, wo ich gar nicht kochen konnte. Aber es ist doch sehr viel unbequemer geworden mit dem Primus. Ich muß ihn erst einmal auf einem eigentlich nicht vorhandenen Platz sturmfest verankern. Bei jedem Essen muß ich ihn mit offener Flamme vorheizen. Und die Zubereitung jeder Mahlzeit dauert nicht nur doppelt so lange, sondern ist dreimal so anstrengend. Das einzige, was mich bei diesen miesen Aussichten aufrecht hält, sind die Etmale um 90 Meilen.
Mein Logbuch vom 36. Tag: *Abends möchte sich ein schwarzer Vogel an Bord niederlassen; schafft es aber nicht gegen den schräg einfallenden heftigen Wind. Er müht sich lange und vergeblich ab, die KATHENA zu erreichen. Aber ich bin wohl zu schnell.*
Zwischendurch überkommen mich wieder die Wochenenddepressionen und die Zweifel, ob ich durchhalten kann. Habe ich mir nicht zuviel vorgenommen?
Mein Logbuch vom 43. Tag: *Sonntag, 1. Oktober 1967. Ob ich wirklich nach England durchsegele – oder nicht doch Durban an der afrikanischen Küste vor mir anlaufen soll? Der Gedanke kommt mir jetzt immer öfter...*
Ich unterdrücke diese Versuchung vorerst mit einer energischen Beschäftigungstherapie. Ich spleiße die Schot der Doppelfock, die ich in Port Moresby neu gekauft habe und die doch überraschend schnell durch Reibung im Block schamfilt. Außerdem ist der Hals des Segels ausgerissen, und ich muß einen Stropp durchziehen. Schließlich stelle ich aus meinem Spinnaker ein Sonnensegel her, das ich bei Kälte auch als Decke benutzen kann.

Es ist eine Quälerei mit dem Nähen, denn das Segel ist naß, und mit jedem Stich der Nadel drückt sich ätzendes Salz vom Seewasser unter die Haut. So nähe ich einmal einen ganzen Tag lang mindestens zwanzig Meter Segelnaht. Am Abend stelle ich fest, daß der rechte Daumen vom Ziehen der Nadel stark entzündet ist. Er beginnt sogar zu eitern. Ich kann in dieser Nacht kaum schlafen, denn ich spüre mein Herz heftig im Daumen pochen.

Mein Logbuch vom 45. Tag: *Hurra, ein Viertel der Strecke bis England ist geschafft! Ich zweifle leider immer mehr an meinem Durchhaltevermögen. Habe nämlich heftige Magenbeschwerden ...*

Die Versuchung, Durban anzulaufen, wird immer stärker, seit ich die letzten frischen Früchte verfault über Bord geworfen und mir die Finger am Primuskocher verbrannt habe.

Die Deutsche Welle, die ich mittlerweile prima empfangen kann, muntert mich am 8. Oktober 1967 kurzfristig auf: Ich höre die Übertragung vom Länderspiel Deutschland – Jugoslawien, und ich hänge mit dem Ohr so sehr am Apparat, daß mich das Schlagen der Fallen und Blöcke draußen an Deck gar nicht kümmert. Das Ergebnis des Spiels gibt mir wieder Mut: drei zu eins für Deutschland!

Als sich am 55. Tag eine stärkere Brise aus Südost erhebt, werde ich unruhig. Gerade aus dieser Richtung kommen immer die überfallartigen Sturmböen. Der Himmel ist ganz mit Schäfchenwolken bedeckt, und der Wind frischt rasch auf. In weiser Voraussicht reffe ich das Großsegel. Keinen Augenblick zu früh, denn gleich darauf überfällt mich eine heftige Bö. Trotz der verringerten Segelfläche legt sich die KATHENA schwer auf die Seite, und der Baum schleift steuerbords tief durchs Wasser. Die Bö dreht auf Süd und erreicht Windstärke acht.

Meine Lebensweise hat sich binnen einer Stunde gründlich geändert. Jetzt ist es vorbei mit dem Träumen und mit der Selbstbesinnung, jetzt heißt es arbeiten wie ein Fuhrknecht, dem die Pferde durchgehen.

Die Segelführung erweist sich als falsch. Sie nimmt das Boot zu sehr her. Also berge ich die Fock und das gereffte Groß mit höchster Anstrengung und drehe unter der kleinen Sturmfock bei.
Die Nacht ist rabenschwarz, der Mond hat sich hinter dem dunklen Sturmgewölk versteckt. KATHENA reitet jetzt wunderbar über die Wellen, nimmt aber heftig Spritzwasser über. Längst bin ich pudelnaß. Taumelnd begebe ich mich in die Kajüte, um unter lauter Verwünschungen über das viele Wasser in der Bilge mit Pütz und Pumpe zu lenzen.
Wenn ich wenigstens etwas sehen könnte.
Wo sind denn die Streichhölzer? Ich ertaste sie neben dem Primuskocher. Verdammt noch mal, sie sind naß!
Wo sind die anderen? Verstaut. Lohnt nicht, sie hervorzukramen. Finde das Paket doch nicht so schnell. Ich verzichte also auf Licht und nehme dabei in Kauf, daß ich eine mühsam vollgepumpte Pütz in der dunklen Kajüte umstoße. Das Pumpen beginnt von neuem. Wird denn die Bilge diesmal gar nicht lenz?
Es ist eine regelrechte Expedition, jede Pütz über Bord zu kippen. Wenn ich durchs Luk klettere, schwappt die Hälfte des Wassers in die Kajüte zurück. Draußen zurre ich zwischendurch Segel und Spieren fest. Rutsche dann abermals übers Deck hinunter in die Kajüte. Wechsele meine Kleidung, kämme mir schnell das allzu lange Haar aus dem Gesicht, damit ich überhaupt noch etwas sehen kann, und spüle mit einem Glas Wasser das ätzende Salz von meinen aufgeplatzten Lippen.
In der Nacht zum 57. Tag flaut der Wind etwas ab, bläst nur noch mit guter Stärke sechs aus Südost. Die Arbeit kann von neuem beginnen. Sturmfock herunter, Doppelfock klarmachen. Ich heiße sie unter Ächzen und Stöhnen. Nichts verheddert sich, und die Segel ziehen gut.
Mir ist schlecht. Die Zunge klebt wie geschwollen am trockenen Gaumen. Vielleicht bin ich auch nur müde. 59 Tage bin ich jetzt schon seit Port Moresby unterwegs. Daß dies eine lange Zeit ist, spüre ich jetzt auch

körperlich: im Magen. Die letzten frischen Früchte an Bord waren Pampelmusen. Sie hielten bis zum 34. Tag. Jetzt ist mein Küchenzettel beinahe wieder so eintönig geworden wie zuletzt im Pazifik. Aber ich habe wenigstens noch einen Kocher. Und so versuche ich, Abwechslung in meinen Speiseplan zu bringen, indem ich mir aus halb vergammelten Kartoffeln einen Teig für Pfannkuchen reibe. Er macht keinen besonders appetitlichen Eindruck, und als ich ihn in die Pfanne gieße, bekommt er das Aussehen eines gebratenen Autoreifens. Er schmeckt auch so. Brrrr!

Am nächsten Tag lege ich höchsten Wert auf eine abwechslungsreiche Mahlzeit. Sie sieht nach Geschmacksverirrung aus – und sie wirkt auch so: Mein Logbuch vom 60. Tag: *Kakao und Sauerkraut waren wohl nicht das richtige Menü. Habe danach heftige Magenbeschwerden ...*

Es ist jetzt, im Oktober, Sommer auf der Südhalbkugel, und ich segele nur 22 Grad südlich vom Äquator entlang. Aber es bleibt weiterhin kalt. Mich friert; ich muß jetzt schon die wattierte Jacke anziehen. Und nachts liege ich bibbernd unter meiner einzigen dünnen Decke. Wie soll das bloß werden, wenn ich wieder in die nördlichen Breiten der Heimat komme?

Diese Kälte macht mich langsam mürbe, und dazu kommt die Angst vor einem Zyklon, einem zerstörerischen Wirbelwind, den Radio Mauritius voraussagt.

Die Ausläufer des Zyklons überfallen mich am 72. Tag, kurz nach Dunkelwerden. Ich sehe die schwarzen Wolkenbänke auf mich zukommen und bin so entsetzt von diesem Anblick, daß ich wie gelähmt nichts unternehme. Der Leebaum beginnt unter Wasser zu schleifen, die Reling verschwindet des öfteren in der Gischt, und die See steigt ständig ins Cockpit ein.

Warum berge ich die Segel nicht? Ich hoffe, daß dieses Wetter jeden Moment nachläßt. Aber den Gefallen tut es mir nicht. Ich sitze untätig da und kann keinen klaren Gedanken fassen. Die KATHENA geht stark zukehr. Jedesmal beim Überholen denke ich: »Jetzt kentert sie... Warum tust du nichts, Wilfried?« Ich habe keinen Willen mehr... Möchte schlafen, nichts als schlafen, und komme doch nicht zur Ruhe...

Was ist los? Ich zittere am ganzen Körper, höre den Wind heulen, die Segel schlagen, die Baumbeschläge krachen. Das einzige, wozu ich mich aufraffe, ist Schöpfen. Schöpfen. Schöpfen!

Schließlich werfe ich den Treibanker aus, aber am ersten Morgen meines zweiten Sturms im Indischen Ozean ist er verschwunden. Einfach abgerissen. Die KATHENA tänzelt wie ein ungezügeltes Pferd über die Wellen. Ich muß etwas unternehmen, damit das Boot wieder ruhiger vor der achterlichen See liegt. Da fällt mir der sinnloseste Gegenstand ein, den ich jemals an Bord genommen habe. Eigentlich nur aus Dankbarkeit. Es ist der Fallschirm, den mir der Lieutenant von der US Air Force in Panama geschenkt hat. Ich hätte nie gedacht, daß ich auf See einen Fallschirm brauche. Wozu auch? Aber jetzt ist mir das Ding hochwillkommen, und mit schnellen Stichen nähe ich daraus hastig einen neuen Treibanker. Einen halben Tag sitze ich daran mit blutenden Fingern. Aber die Wirkung ist gleich Null. Nachdem ich den Fallschirm umgeschneidert habe und ihn an einem langen Seil hinter dem Heck der KATHENA auslasse, erweist es sich, daß das Tuch viel zu wasserdurchlässig ist. Es hat fast keine Bremskraft.

Als der Sturm am dritten Tag nachläßt, bekomme ich unerwartet seelischen Auftrieb. Zufällig höre ich im Radio während der Sendung der Deutschen Welle für Südostasien einen Bericht über Walter König, mit dem ich in Tahiti Boot an Boot lag. Er hat wohl eine Postkarte an die Deutsche Welle geschickt und für mich einen musikalischen Gruß bestellt: den Shantie »Rolling Home«.

Rolling home! Ich höre es mit freudiger Rührung, aber mehr denn je bin ich im Zweifel, ob ich es in einem Rutsch bis England schaffe. Der Muschelbewuchs am Boot bremst mich erheblich, und der Bolzen zum Ausschwenken des Baumes ist durch das Seewasser kräftig festgerostet.

Am 75. Tag muntert mich eine überraschende Begegnung auf. Kurz vor

Dunkelwerden läuft ein Dampfer an Steuerbord so nahe auf mich zu, daß ich den Namen El Pidoforos und den Heimathafen Beirut lesen kann. Ich höre die Kommandos für den Rudergänger, die in mir die Erinnerung an die eigene Matrosenzeit wachrufen. Dann liegt der große Pott nur noch eine halbe Kabellänge entfernt.
Deutlich erkenne ich die Gesichter der Menschen auf der Kommandobrücke. Sie winken herüber, und dann nimmt einer ein Megaphon vor den Mund. Wohl der Kapitän. Laut quäkt seine Frage übers Meer, ob bei mir an Bord alles wohlauf sei oder ob ich Hilfe benötige. Abwehrend schwenke ich meinen Arm. Abermals hebt der Kapitän das Megaphon und wünscht mir noch »Gute Reise«.
Ich bin an Bord der El Pidoforos als »verrückter« Segler wohl längst vergessen, als ich mich immer noch darüber freue, daß sich zum erstenmal auf meiner Weltumseglung ein »großer Bruder« nach mir erkundigt hat.
Am 80. Tag meiner Reise durch den Indischen Ozean höre ich aus dem Radio die Nachricht, daß das deutsche Seglerehepaar Koch in Hamburg groß gefeiert worden ist. Als erstes deutsches Ehepaar haben sie mit einem Sportboot die Welt umsegelt. Drei Jahre benötigten sie mit ihrer 9,80 m langen Kairos. Sie machten viele Zwischenstationen, sogar einen Abstecher nach Neuseeland. Zu zweit haben sie es natürlich leichter. Sie konnten in kritischen Situationen einander helfen oder ablösen, während ich stets allein meine eigene Mannschaft bin.
Und diese Ein-Mann-Mannschaft ist jetzt nahe daran zu meutern. Denn am 83. Tag meiner Abreise aus Port Moresby quält mich abermals die Versuchung: Soll ich Durban anlaufen? Oder kann ich durchhalten?
Durchhalten? In meinen einsamen Selbstgesprächen steht England längst nicht mehr zur Debatte. Der Indische Ozean hat mich bisher so mitgenommen, daß ich mich nur noch frage: Soll ich Durban als nächsten Hafen anlaufen, oder schaffe ich es bis nach Kapstadt an der Südspitze Afrikas? Das sind »nur noch« tausend Meilen weiter.

Mein Logbuch vom 84. Tag: *Ich glaube, ich resigniere. Hätte mir eigentlich mehr Energie und Ausdauer zugetraut. Sollte in meinem Alter standhafter sein. Das bißchen Kraft, was mir noch verblieben ist, vergeude ich mit Zweifeln an mir selbst. Gemütsverfassung wechselt ständig zwischen himmelhoch jauchzend und zu Tode betrübt. Der klare, kalte Realismus fehlt mir!*
Am 85. Tag südlich von Madagaskar kommt Sturm auf, der dritte ausgewachsene Sturm während meiner Überfahrt über den Indischen Ozean, und er bläst meinen Trübsinn mit fort. Ich berge alle Segel bis auf den kleinsten Fetzen und mache dabei immer noch sechs Knoten Fahrt. Achteraus schleifen zwei Trossen von je dreißig Metern Länge als Treibanker durchs Wasser, damit ich überhaupt Kurs halten kann.
Am nächsten Morgen ist der Sturm wie ein böser Spuk vorbei. Ein leichter Hauch von Wind bleibt nach, und ich setze alles verfügbare Tuch. Doch gegen Mittag killen die Segel in totaler Flaute, und ich hole sie nieder, damit sie nicht schamfilen.
Es ist die verflixte 13. Woche seit meinem Start in Port Moresby. Kein gleichmäßiger Wind. Entweder Sturmböen – oder gleich Flaute. Und selbst bei Flauten ist jetzt meine Ruhe dahin. Denn ich nähere mich dem Schiffahrtsweg um die Südspitze Afrikas und sichte bald Schiff nach Schiff. 34 Dampfer zähle ich am 90. Tag.
Und dann: Land in Sicht! Gegen Morgen mache ich plötzlich viele Lichter aus. Es muß eine Stadt sein, der Karte nach East London an der Südostküste Afrikas. Das erste Land seit Bobby Island vor 11 Wochen! Aber ich kann mich nicht freuen. Im Gegenteil: Ich fluche fürchterlich. Denn Sturmböen und starke Strömung versetzen mich viel zu nah auf die Küste zu, und ich muß stundenlang kreuzen, um wieder freizukommen. Dabei ist alles im Boot wieder mal naß, in der Bilge plätschert massenweise Wasser, und ich schlottere vor Kälte.
Mein Logbuch vom 93. Tag: *Ich werde Kapstadt anlaufen. Ja, es ist das Beste – andernfalls könnte ich Schaden nehmen.*

Endlich habe ich mich entschlossen, welchen Hafen ich anlaufen will. Der Indische Ozean hat mich mürbe gemacht. Nicht durch Einsamkeit, sondern durch Kälte. Und in den letzten Tagen durch Stürme, die mit ebenso anstrengenden Flauten abwechseln. Jetzt muß ich meine letzten Kräfte zusammennehmen, um noch bis Kapstadt durchzuhalten.

Wegen der vielen Schiffe gehe ich nachts wieder ständig Wache und muß zusehen, daß ich wenigstens am Tage eine Mütze voll Schlaf bekomme. Aber auch daraus wird nicht viel. Denn am 95. Tag zieht dicker Nebel auf, und ich höre immer wieder Schraubengeräusche, ohne die Schiffe sehen zu können. Das zehrt an meinen Nerven, denn ich kann nichts anderes machen, als die Riemen, die Schwimmweste und die Notfeuer bereitzulegen. In diesen Stunden drehe ich beinahe durch. Als ein leichter Wind den Nebel am Nachmittag fortbläst und klare Sicht herrscht, höre ich immer noch Schraubengeräusche – und sehe doch kein einziges Schiff.

Es regnet die ganze Nacht, und am Morgen des 96. Tages überfällt mich bei blauem Himmel und Sonnenschein abermals ein Sturm. Unmittelbar zwischen Kap Agulhas und dem Kap der Guten Hoffnung. Morgens um zehn Uhr Windstärke zehn. Mittags um zwölf Uhr Windstärke zwölf. So etwas habe ich noch nicht erlebt: voller Orkan! Sechs Stunden dauert mein wilder, verwegener Ritt durch die grün-weiße See, bis der Wind endlich dreht und nachmittags schlagartig nachläßt. Und als ich mich abends um acht auf dem heftig schwankenden Boot einmal am Mast aufrichte, um Ausschau zu halten, da sichte ich im Norden ein starkes Leuchtfeuer. Das kann nur das Kap der Guten Hoffnung sein!

Kurs auf Kapstadt! Und aufgepaßt! Denn kurz davor liegt die False Bay, die »Falsche Bucht«, die schon von vielen Kapitänen für die richtige Einfahrt nach Kapstadt gehalten wurde. Das war meistens ein tödlicher Irrtum. Denn wer mit der starken Strömung in diese flache Bucht geriet, der wurde von der Brandung mit Schiff und Mann und Maus vernichtet. Die False Bay ist neben dem Skagerrak der größte Schiffsfriedhof der Welt.

Mein Logbuch vom 97. Tag: *Beinahe aufgebumst! Beim Hellwerden sehe ich Kap Hangklip in Nord voraus. Wollte mich gerade etwas hinlegen. Habe mich wohl letzte Nacht in einem Leuchtfeuer geirrt. Vielleicht hat es seine Kennung gewechselt? Ich bin fast am Ende. Unmittelbar unter dem Kap eine Flaute. Müde! Drei Nächte und Tage kein Schlaf, habe nur im Sitzen etwas gedöst. Schlottere vor Kälte!*

Am 98. Tag fassen ein paar heftige Böen in die Segel. Die KATHENA macht dabei 7 bis 8 Knoten Fahrt und nähert sich rasch dem Ziel. Schon sehe ich den Hafen von Kapstadt zum Greifen nahe vor mir. Abends um acht bei Anbruch der Dämmerung habe ich nur noch zwei Meilen zu segeln, aber da setzt der Wind plötzlich aus. Die letzten zwei Meilen von mehr als achttausend! Es ist zum Weinen. Zum fünften Mal sehe ich nach langem Törn einen Hafen vor mir und kann erst am nächsten Morgen einlaufen, muß mir die ganze Nacht um die Ohren schlagen. Die fünfte Nacht ohne Schlaf!

Mein Logbuch vom 99. Tag: *Furchtbar kalt in der Nacht. Muß achtgeben: Versetzung und Schiffe ...*

Das ist alles, was ich an diesem Tag noch niederschreiben kann, denn ich bin gar nicht mehr ganz bei mir. Und die Abschlußzeile für meine Reise von Port Moresby nach Kapstadt durch den ganzen Indischen Ozean trage ich erst eine Woche später in das Logbuch ein: *98 Tage für 8026 Seemeilen.*

Kapstadt

Piraten sind meine Freunde

In Kapstadt
26. November 1967 bis 28. Dezember 1967
32 Tage

Obwohl Murmeltiere ja eigentlich nicht an der See, sondern im Hochgebirge leben, kann ich sagen: In dieser ersten Nacht in Kapstadt schlafe ich wie ein Murmeltier. Als ich endlich aufwache, bleibe ich in der Koje liegen, genieße es, nicht sofort an Deck hinausstürzen zu müssen, um Segel, Kompaß oder Steuer zu kontrollieren. Und ich brauche eine ganze Zeit, um mich darauf zu besinnen, wie ich tags zuvor eigentlich nach Kapstadt hineingekommen bin.

Da war also die Flaute und die lange Nacht draußen vor dem Hafen, der in der Tafelbucht liegt und von einer langen Mole geschützt ist. Am 26. November 1967 habe ich morgens um fünf in der Dämmerung bei leichter Brise wieder Segel gesetzt und bin ganz langsam in die weite Bucht hineingeschippert. Mitten im großen Hafenbecken blieb die KATHENA abermals liegen, weil der Wind so schwach wurde. Der letzte leichte Hauch kam auch noch aus der falschen Richtung.

Ich war körperlich und seelisch fast völlig am Ende, aber ich kann mich genau daran erinnern, wie ich trotzdem die zum Einklarieren notwendigen Papiere bereitlegte und sogar noch ins Vorschiff kroch, um die deutsche Flagge herauszusuchen. Ich hatte sie wochenlang nicht gesehen, denn kein Schiff der Welt führt auf hoher See seine Flagge, weil der Wind sie zu schnell zerfetzt. Schließlich fand ich das schwarz-rot-goldene Tuch und hißte es ordnungsgemäß, wie man das beim Einlaufen in einen Hafen tut.

Im Hafenbecken treibend tuckerte ein kleines Motorboot auf die KATHENA zu. Ich dachte zuerst, es wäre das Behördenboot mit Zoll und Paßbeamten und Hafenarzt an Bord. Aber das Motorboot kam nicht längsseits, sondern fuhr im Bogen um die KATHENA herum, und als es auf Wurfweite heran war, schwirrte von drüben eine Leine durch die Luft. Automatisch belegte ich sie auf der Klampe am Bug.

Es war das Motorboot vom Segelclub, das mich jetzt in den kleinen Yachthafen einschleppte. Die Leute vom Club kennen das schon: Wenn von draußen ein Segler gemeldet wird, fahren sie ihm entgegen und schleppen ihn die letzte Strecke bis an den Steg, weil der Yachthafen so ungünstig liegt, daß man dort kaum segeln kann.

Irgendwie muß ich auch noch die Formalitäten mit den Beamten erledigt haben, nachdem ich vormittags um halb zwölf in Kapstadt festgemacht hatte, aber daran kann ich mich jetzt am nächsten Morgen, als ich nach zwanzig Stunden Schlaf in der Koje den letzten Ereignissen nachsinne, wirklich nicht mehr erinnern.

Mir bleibt auch keine Zeit zum Grübeln, denn schon kommt ungebetener Besuch an Bord. Es ist ein Reporter der Zeitung »The Cape Argus«, der mich mit tausend Fragen bestürmt. Fragen nach dem Woher und Wohin, nach meinem Beruf und dem Preis der KATHENA, nach meinen Erlebnissen unterwegs und nach meinen Zukunftsplänen. Am meisten interessiert ihn aber, ob ich bei dem Mangel an Frischkost auf dem letzten langen Teil der Reise nicht an Skorbut gelitten hätte. Er kennt das Problem offenbar, denn er hat mir sozusagen als Honorar für das Interview eine Tüte voll frischer Früchte mitgebracht, aus der ich jetzt einen Apfel hervorhole. Einen wunderbaren, großen, rotbackigen südafrikanischen Apfel.

Ich beiße voll hinein, daß es richtig knackt, und zeige ihm die Bißstelle: kein Blut!

Der Reporter fragt mich nach meinem Geheimnis, nach Medikamenten oder irgendwelchen Zaubertabletten, und ich erzähle ihm ganz einfach die

Geschichte mit den Zwiebeln. Fast einen Zentner habe ich davon auf meinem letzten Törn verbraucht.
Das findet der Reporter wunderbar, und in der Nachmittagsausgabe seiner Zeitung erscheint über mich und mein offenes Zwiebelgeheimnis ein großer Bericht mit Bild unter der Schlagzeile: »Einsamer Segler 98 Tage auf See!«
Gleich nach dem Zeitungsbericht über mich bin ich wieder mal – und wieder gegen meine Absicht – eine bekannte Persönlichkeit im Hafenviertel von Kapstadt. Viele fremde Leute kommen auf den Bootssteg und möchten mich kennenlernen. Darunter ein englisches Ehepaar, das mich in einen Wagen lockt und durch die schöne Stadt in einen Vorort bringt. Salz und Schmutz der 98-Tage-Fahrt werde ich dann in einem Landhaus los. Man steckt mich in eine Wanne. Nach dem heißen Bad tut sich eine andere Welt auf. Eine unheimliche Stille in einem riesigen Garten umgibt mich. Vielleicht empfinde ich nach all den Seetagen besonders: Diese Büsche und alten knorrigen Bäume. Der grüne, gepflegte Rasen. Spinnweben zwischen blauen und lila Blättern.
Das Haus ist weiß gestrichen, hat Sprossenfenster und verschnörkelte Giebel. Nach Sonnenuntergang Schatten und Silhouetten der Palmen. Eine sanfte Brandung des Atlantiks. Coloureds servieren Rindersteaks und Kapwein. Ich bin unter Weißen, Seglern des Royal-Cape-Yacht-Clubs. Einige sind kürzlich nach Südafrika ausgewandert, andere vor Jahrzenten – aus England, den Niederlanden, der Schweiz.
Seit 1652 sind sie aus Europa nach Kapstadt gekommen. Holländer waren die ersten Siedler. Sie gründeten auch die Stadt am Tafelberg. Schon 164 Jahre vor ihnen, 1488, hatte Bartomeu Diaz das Kap umsegelt, ohne es allerdings gesehen zu haben. Er entdeckte die weit in den Ozean vorspringende Felsennase erst auf dem Rückweg nach Europa und nannte sie angesichts des schlechten Wetters »Kap der Stürme«. Portugals König Johann II. gab dem Felsen später den Namen »Kap der Guten Hoffnung«.

Jan van Riebeck und 90 Männer begannen am 6. April 1652, im Auftrage der Niederländischen Ostindien-Kompanie am Kap der Guten Hoffnung ein Fort, ein Hospital, ein Lebensmitteldepot zu erbauen und einen Gemüsegarten anzulegen. 1806 – als das Kap britisch wurde – lebten in und um Kapstadt 26 000 Weiße. Sie sprachen das alte Holländisch, aus dem sich das Afrikaans entwickelte. London sicherte seine kolonialen Besitzansprüche ab, indem es seinerseits möglichst viele Siedler ins Land holte.
Afrikaans und Englisch sind dann heute die Amtssprachen. Kaapstad/Cape Town steht auf den Schildern. Bakoven, Oudekraal, Konstania heißen die Vororte, die ich neben Seapoint besuche. Ich unternehme auch einen Ausflug zum tausend Meter hohen Tafelberg. Ein fantastischer Rundblick über Stadt, Tafelbucht, Robbeninsel, Berge im Landesinnern und die Weiten des Atlantiks erschließt sich mir. Meistens sind meine Ausflüge Einladungen. Ja, genau genommen bin ich in keinem Hafen während meiner Weltumseglung so oft unterwegs wie gerade in der Kap Region. Deutsche sind daran schuld. Auch einige in Kapstadt ansässige. Sie laden mich zu sich nach Hause ein, zum Essen, Trinken und zur Unterhaltung, und ich revanchiere mich mit einer Gegeneinladung auf mein bescheidenes Boot. »Oh, wie gemütlich!« sagen sie und schauen sich etwas beklommen in meiner engen, muffigen Kajüte um. Aber dann wird es wirklich gemütlich, und es ist fast stets nach Mitternacht, wenn sie sich endlich verabschieden, nicht ohne vorher danach zu fragen, ob sie sich in mein Gästebuch eintragen sollen, wie ich mich in das ihre bei ihnen daheim eintragen mußte.
»Gästebuch« ist gut! Ich habe nur mein modrig riechendes, zerfleddertes Logbuch, das ich bereits mit meinen privaten Notizen zum Tagebuch befördert habe. Jetzt bleibt mir nichts anderes übrig, als es auch noch zum »Gästebuch« zu machen. So finden sich auf den Seiten meines Logbuchs während aller meiner Aufenthalte in den Häfen rund um die Welt Eintragungen wie: »Alles Gute für Deine Weiterfahrt wünscht Dir...« oder, »Das Beste der Vergangenheit soll das Schlechteste Deiner Zukunft

sein ...« Solche Wünsche stehen da in Englisch und Französisch, Deutsch und Holländisch und sogar in Afrikaans.
Einer meiner vielen Besucher an Bord, ein wildfremder Engländer, überrascht mich mit einem höchst willkommenen Geschenk. Er hat irgendwo von meinem Ärger mit dem kaputten Barometer gehört und weiß als ehemaliger Seeoffizier der Royal Navy, wie wichtig ein solches Instrument ist. Als er eines Tages an Bord kommt, bringt er ein Barometer mit. Es ist nicht nur der Form nach ein antikes Stück, sondern es hat auch seine besondere Geschichte:
Das Instrument ist ein Erbstück und hat in der Londoner Wohnung des Offiziers gehangen, als während des Zweiten Weltkrieges deutsche Bomber die britische Hauptstadt angriffen. Bei einem dieser Angriffe ist das Barometer durch die Erschütterung ferner Detonationen von der Wand gefallen. Dabei hat das Deckglas einen Sprung bekommen, aber das Barometer selbst arbeitet immer noch einwandfrei.
»Unsere Länder haben so viel unnötigen Streit miteinander gehabt«, sagt der nette, grauhaarige Herr, »aber wir beiden verstehen uns doch wunderbar, nicht wahr? Das war unter Seeleuten schon immer so ...«
Diese Hilfsbereitschaft unter Seeleuten spielt für mich während meines Aufenthaltes in Kapstadt noch eine große Rolle. Denn im Hafen sehe ich ein Schiff aus Hamburg, die ATLANTIC. Es ist ein Bergungsschlepper, ein ganz paradoxes Schiff: Statt der Ladung nimmt bei ihm den größten Raum die gewaltig starke Maschine ein, und statt bei gutem Wetter in See zu stechen, bleibt es wochenlang untätig im Hafen liegen und läuft erst bei schlechtem Wetter aus, wenn andere Schiffe draußen ihr SOS in den Äther funken. Solche Bergungsschlepper sind nicht wie Seenotrettungskreuzer an unseren Küsten hauptsächlich dazu da, um das Leben ertrinkender Menschen zu retten, sondern um auf See havarierte Schiffe in einen Hafen zu schleppen und dafür Hunderttausende oder Millionen Mark an Bergelohn wortwörtlich an Land zu ziehen. Man nennt die Unternehmer und die

KATHENA längsseits des deutschen Bergungsschleppers ATLANTIC in Kapstadt

Die Crew der ATLANTIC hilft mir bei Überholungsarbeiten

Besatzungen dieser Schlepper »moderne Piraten«, und ich bin wirklich nicht sicher, ob sie auch auf ein SOS der winzigen KATHENA zu Hilfe eilen würden – wenn die KATHENA überhaupt ein Gerät hätte, um SOS zu funken. Denn so ein kleines Segelboot lohnt den Einsatz eines so aufwendigen Bergungsschleppers finanziell gar nicht.
Aber als Abwechslung scheint den Bergungsleuten die kleine Yacht ihres Landsmannes jetzt hochwillkommen zu sein. Sie liegen schon lange im Hafen, langweilen sich schrecklich und kommen gern auf die KATHENA herüber.
Als sie sehen, wie ich mich da so allein mit Reparatur- und Überholungsarbeiten abplacke, fassen sie sofort mit an, ohne viel zu fragen. Seltsamerweise hauptsächlich die Männer aus dem Maschinenraum, die doch angeblich gar nicht so viel Verbindung zur See haben wie die Männer vom Deck.
Einer von ihnen schleppt einfach den ganzen Haufen dreckiger, muffiger, feuchter Wäsche mit hinüber auf die ATLANTIC und steckt sie dort in die Waschmaschine. Ein anderer nimmt eine Pütz und beginnt die Kajüte zu schrubben, bis sie blitzt wie lange nicht mehr. Ein dritter greift zum Spachtel und hilft mir beim Abkratzen von Lack. Und als sie sehen, was mir überall fehlt, stiften sie aus den umfangreichen Vorräten ihres Schleppers das notwendige Material – Farben, Kabel, Bleiweiß, Schrauben – und bringen sogar das eigene Werkzeug mit.
Oft bin auch ich bei ihnen an Bord zu Gast, werde zum Essen eingeladen, hauptsächlich aber zum Trinken. Als ich dabei einmal über den Mangel von Seekarten und Unterhaltungslektüre klage, geben sie mir sofort einen ganzen Stapel von Illustrierten mit, und einer der Decksoffiziere schenkt mir einige notwendige Karten. Auch meinen Sextanten kann ich an Bord des Bergungsschleppers durch Vergleich genau justieren.
Unweit von der ATLANTIC liegt ein anderes interessantes Spezialfahrzeug, das Forschungsschiff R.S.A. (Republic South Africa). Ich lerne den II. Ingenieur kennen, einen Deutschen, der mir viel von der Arbeit dieses

Schiffes in der Antarktis erzählt: Tiefenlotungen, Eisbeobachtungen und Versorgung wissenschaftlicher Landstationen auf dem wenig erforschten Kontinent am Südpol. Es muß eine unwahrscheinlich bizarre Welt sein, abschreckend und verlockend zugleich, und ich hätte schon Lust, sie einmal mit eigenen Augen zu sehen. Als ich das meinem neuen Bekannten sage, hakt er sofort ein: Gar kein Problem, als Decksmann oder Schiffszimmermann sofort für eine Reise anzuheuern; mein Seefahrtsbuch hätte ich ja noch.

Einige Tage lang bin ich in Versuchung, auf der R.S.A. anzuheuern. Ich würde mal etwas ganz anderes erleben und dafür noch bezahlt bekommen. Aber so eine Reise dauert viele Wochen. Soll ich meine geliebte KATHENA so lange allein lassen? Und wäre das nicht ein Verrat an meiner Absicht, erst einmal meine Weltumseglung zu beenden? Ja, ich muß meiner KATHENA und mir selber treu bleiben. Ich muß weiter.

Mein Entschluß zum baldigen Aufbruch fällt mir um so leichter, als in die Zeit meines Aufenthaltes in Kapstadt das Weihnachtsfest fällt. Voriges Jahr konnte ich noch rechtzeitig auf See flüchten, als ich erkannte, daß die lustigen Braunen auf St. Vincent aus dem Christfest eine Art Karneval machen. Dieses Jahr, 1967, bin ich in Kapstadt hauptsächlich unter Weißen europäischer Abstammung und hoffe, daß die Feiertage so angenehm still und besinnlich sind wie in der Heimat. Aber ich täusche mich. Auf der südlichen Halbkugel ist jetzt gerade Sommer mit tropischen Temperaturen, und wenn einem der Schweiß von der Stirn aufs Hemd tropft, ist einem nicht recht danach zumute, andächtig zu singen: »Leise rieselt der Schnee...« Die Menschen hocken hier während dieser Feiertage nicht daheim am warmen Ofen, sondern flanieren in luftiger, fröhlicher Sommerkleidung am Wasser auf und ab, um sich im kühlen Lufthauch zu erfrischen, der von See hereinbrist. Dabei kommen mehr Lustwandler an Bord der KATHENA als je zuvor. Mehr, als mir bei meiner Sehnsucht nach heimatlicher Weihnacht lieb ist. Gewiß, wir Menschen brauchen einander. Aber in diesen Tagen habe ich das Gefühl, daß mir Menschen mit ihrer Aufdringlichkeit mehr zusetzen können als die See mit einem ehrlichen Sturm.

Als nach den Weihnachtsfeiertagen in Kapstadt gleich die Vorbereitungen für ein noch lauteres und bunteres Silvester beginnen, beschließe ich, vorher auszulaufen und den Jahreswechsel lieber allein draußen auf dem weiten Ozean zu verbringen.

Die KATHENA ist wohlgerüstet zum Start für die letzte Etappe meiner Weltumseglung. Ich auch. Nie zuvor hat mich das Heimweh so angetrieben wie jetzt. Mein letzter Einkauf besteht aus einem Zentner frischer Zwiebeln. Mein letzter Landgang am 27. Dezember 1967 gilt dem vorzüglichen Restaurant »Bar-B-Que Steakhouse« an der Ecke von Burnside Road und Upper Buitengracht Street, wo ich mir zum Abschied das größte frische Steak meines Lebens auffahren lasse.

Dieser Abschied vom Land liegt mir dann auch schwer im Magen. Ich habe in Erwartung der Entbehrungen wohl einfach zuviel Steak gegessen. Ich schlafe die letzte Nacht in Kapstadt sehr schlecht, bin zwar schon frühmorgens auf den Beinen, brauche aber bei meinem Bauchweh doch einige Stunden, um die KATHENA seeklar zu machen. Erst gegen Mittag lasse ich mich vom Motorboot des Segelclubs aus dem Yachthafen schleppen. Als ich draußen in der Tafelbucht loswerfe und Segel setze, als sich die KATHENA in der leichten Dünung des Meeres vor lauter Wiedersehensfreude zu verbeugen beginnt, da werde ich sogar seekrank und opfere dem Ozean als Tribut mein Steak vom Abend zuvor.

Atlantik, Zweites Mal

Meine Erde ist rund

Von Kapstadt nach Helgoland
28. Dezember 1967 bis 7. Mai 1968
131 Tage 8062 Seemeilen

Am Silvestertag des Jahres 1967 bin ich schon wieder weit draußen auf See. Abends gönne ich mir zum feierlichen Jahresschluß ein halbes Hähnchen aus der Dose und zwei Glas südafrikanischen Wein. Dann packe ich mich bei totaler Flaute in die Koje, und bevor ich ins neue Jahr hineinschlafe, ziehe ich in Gedanken die Bilanz des alten Jahres. Ich bin mit ihm zufrieden: Es hat mir mehr gegeben, als ich je erwartet hatte.

Das neue Jahr fängt ganz ordentlich an. Zwar läßt der gute Wind noch auf sich warten, und eine starke Strömung versetzt mich; außerdem bin ich noch in der Dampferroute und muß höllisch aufpassen, daß ich nicht kollidiere. Aber die vielen Schiffe, die um das Kap der Guten Hoffnung ziehen, sind in diesen ersten Tagen meines neuen Törns nicht nur »feindliche Brüder« für die KATHENA.

Im Gegenteil: Manche von ihnen grüßen mich im Vorbeifahren mit einem Hornsignal. Ein indischer Frachter geht meinetwegen sogar von seinem Kurs ab und setzt extra seine Flagge zum Gruß. Ich habe alle Eile, meine wohlverstaute deutsche Flagge wieder hervorzusuchen, um zurückzugrüßen. Als ich zufällig gerade in dem Buch »Polnische Erzähler« lese, kommt ausgerechnet ein polnischer Frachter auf, dessen Besatzung fröhlich herüberwinkt. Schließlich macht auch das deutsche Motorschiff KLOSTERTOR einen großen Bogen, um nach mir zu sehen. Die KLOSTERTOR, mit Heimat-

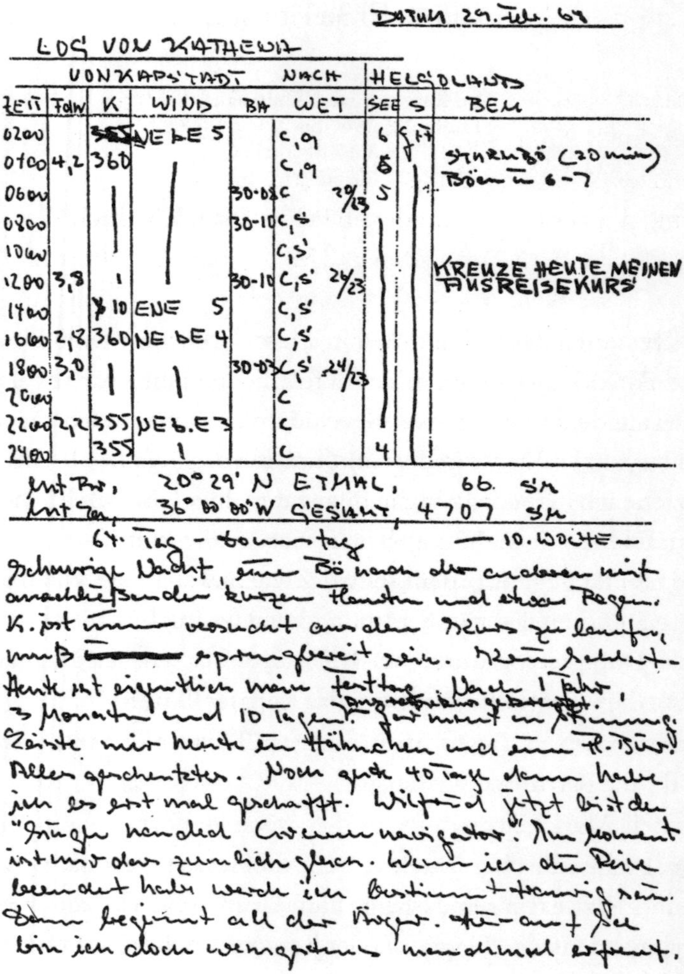

DATUM 29. Feb. 68

LOG VON KATHENA

VON KAPSTADT NACH HELGOLAND

ZEIT	FdW	K	WIND	BA	WET		SEE	S	BEM
0200		355	NE b E 5		c, q		6		
0400	4,2	360	|		c, q		5		Starkbö (20 min) Böen in 6–7
0600		|	|	30·08	c	29/23	5		
0800		|	|	30·10	c, s				
1000		|	|		c, s				
1200	3,8	|	|	30·10	c, s	24/23			KREUZE HEUTE MEINEN AUSREISEKURS
1400		010	ENE 5		c, s				
1600	2,8	360	NE b E 4		c, s				
1800	3,0	|	|	30·03	c, s	24/23			
2000					c				
2200	2,2	355	NE b. E 3		c				
2400		355	|		c		4		

Mit Br., 20° 29' N ETMAL, 66. sm
Mit Lg., 36° 00' 00" W GESAMT, 4707 sm

64. Tag – Sonntag — 10. WOCHE —

Schaurige Nacht, eine Bö nach der anderen mit anschließenden kurzen Flauten und etwas Regen. K. ist immer versucht aus dem Kurs zu laufen, muß ~~[illegible]~~ sprungbereit sein. Kein Schlaf. Heute ist eigentlich mein Festtag. Nach 1 Jahr, 3 Monaten und 10 Tagen [illegible]. [illegible] Stimmung. Leiste mir heute ein Hähnchen und eine Fl. Bier! Alles geschenkt[illegible]. Noch gute 40 Tage dann habe ich es erst mal geschafft. Wilfried jetzt bist du "Single handed Circumnavigator". Im Moment ist mir das ziemlich gleich. Wenn ich die Reise beendet habe werde ich bestimmt [illegible] sein. Dann beginnt all der Ärger. Hier auf See bin ich doch wenigstens manchmal erfreut.

Die Reise neigt sich ihrem Ende zu: Logbuchbemerkung »Kreuze heute meinen Ausreisekurs«

hafen Emden, dippt ebenfalls die Flagge, und man fragt mit dem Lautsprecher herüber, ob ich auch noch genug Wasser habe. Ich winke abwehrend zurück – aber es freut mich doch, daß meine Landsleute so besorgt um mich sind.

Die größte Freude aber macht mir bald der Wind. Die KATHENA schießt nun pfeilschnell dahin, und am 14. Tag erreiche ich das beste Etmal auf meiner ganzen Weltumseglung: 147 Seemeilen.

Die KATHENA macht bei beständigem Passat fast allein ihren Weg, und ich habe viel Zeit, in den Zeitschriften und Magazinen zu blättern, die ich von Bord des Bergungsschleppers mitbekommen habe. Die Themen, die darin behandelt werden, die Probleme der Leute an Land werden einem viel klarer, wenn man in Einsamkeit auf See darüber nachdenkt und versucht, eine eigene Einstellung dazu zu finden. Auch, wenn's mir schwerfällt. Denn Artikel über Universitätsreform und Straßenbau, Rüstungsbeschränkung oder Bundestagsdebatten können mich gar nicht so sehr aufregen. Ich lebe abseits dieser Welt. Oder lebe ich sogar schon außerhalb? Diesen Verdacht will ich dann doch nicht auf mir sitzenlassen, und so mache ich mich eines Tages im Übermut der guten Etmale daran, auf die Windfahne meiner Selbststeueranlage eine moderne Parole zu pinseln, von der ich gerade in den Zeitungen gelesen habe: »Stop War in Vietnam!«

Dann sitze ich wieder stundenlang im Cockpit, und während die KATHENA dahinrauscht, eilen meine Gedanken voraus. Wohin geht die Reise eigentlich, Wilfried?

Mein hochfliegender Plan auf dem vorigen Törn war, von Port Moresby um Afrika herum ohne anzulegen direkt nach Plymouth in England zu segeln. Das habe ich nicht durchgehalten. Und deshalb nehme ich mir jetzt »zur Strafe« vor, nicht schon in England anzulegen, wie das alle Langstreckensegler nach langem Törn tun, sondern gleich weiter durch den Englischen Kanal zu kreuzen, bis Helgoland durchzuhalten, meinen Fuß also erst wieder auf deutschen Boden zu setzen. Ich rechne mir aus, daß ich für die gesamte Strecke von etwa 8000 Meilen ungefähr 110 Tage brauche und mir zu Ostern zugleich mein Geburtstagsgeschenk machen kann, indem ich meine Weltumseglung in Deutschland beende.

Aber Vorsicht! Jetzt liegt der Atlantik nicht quer von Ost nach West vor mir, sondern in seiner ganzen Ausdehnung von Süden nach Norden. Das ist fast dreimal so weit. Und am Ende dieses langen Törns steht eine besondere Anstrengung: die Durchfahrt durch den Englischen Kanal. Am Eingang dieser Meeresenge sind früher nach langer Überseefahrt schon ganze Besatzungen von Tiefwasserseglern bei ungünstigen Winden regelrecht verhungert.

Doch ich bin weiter guten Mutes und schmiede sogar Pläne für später. Was fange ich an, wenn ich meine Weltumseglung vollendet habe? Mit dem Hamburger Segler Henze habe ich einmal erwogen, ihn an Bord seiner selbstgebauten INKA zu begleiten, damit auch er seinen Traum von einer Weltumseglung endlich wahr machen kann. Oder soll ich mich einmal im Wettrennen mit anderen Einhandseglern messen? Noch in diesem Jahr findet wieder eine Transatlantik-Regatta von Europa nach Amerika statt. Es würde sicherlich hart werden – ich brauche nur an die Rennboote anderer Teilnehmer zu denken –, aber ich rechne mir Chancen aus, die Strecke in sechzig Tagen zu schaffen. Allerdings müßte ich vorher noch viel an der KATHENA arbeiten, und ich würde wohl auch finanzielle Hilfe bei der Ausrüstung benötigen. Ruhe würde es also für mich nicht geben – aber dennoch läßt mich der Gedanke an diese Regatta nicht los.

Bei guter Fahrt und noch besseren Plänen ist auf der KATHENA längst wieder der Bordalltag eingekehrt. Das Rigg erhält einen Strich Öl. Ein Relingdraht wird ausgewechselt. Die Wantenspanner werden weiß gemalt. Die Seekarten werden sortiert – befriedigt stelle ich fest, daß ich schon mehr als hundert Stück besitze.

Mein Logbuch vom 20. Tag: *Ziehe viel Wasser. Suche das Leck. Finde es auch. Es ist achtern, wo die Planken angenietet sind. Unmöglich, von innen abzu-*

dichten. Muß von außen nachkalfatert werden. Werde es mal während einer Flaute versuchen. – Untersuche gleichzeitig meine Konserven, welche beidseitig vom Motor verstaut sind. Verdammt angerostet! – Klare überall etwas auf. Nehme ein wohliges Bad außenbords. – Herrliches, geradezu phantastisches Wetter. Habe in der Kajüte eine Temperatur von 33 Grad C.

Tagsüber erledige ich jetzt nur noch die notwendigsten Arbeiten an Bord, denn die Tropenhitze lähmt mich, und ich werde nach alter Gewohnheit immer erst gegen Abend richtig munter. Während ich unverändert Kurs Nordwest mitten auf dem Atlantik zwischen Afrika und Südamerika dahinschippere, geht mir bald meine Lektüre aus.

Da sitze ich denn wieder stundenlang im Cockpit, lausche dem Anschlagen des Wassers gegen die Bordwand, folge mit den Blicken dem Gekräusel der Bugwelle und gehe meiner alten Lieblingsbeschäftigung nach: Ich träume vor mich hin. Es ist eine Reaktion auf die Eintönigkeit der unendlichen Wassermassen um mich herum, denen ich in Gedanken zu entfliehen versuche. Die Gedanken kommen ganz von allein. Wichtig ist dabei nicht, was ich denke, sondern daß ich überhaupt denke.

Delphine bieten mir zur Abwechslung ein einzigartiges Schauspiel. Sie springen hoch aus ihrem Element und lassen sich seitlich platschend ins Wasser zurückfallen, als ob sie dabei lästige Parasiten loswerden wollten. Pilotenfische begleiten die KATHENA jetzt wieder unter dem Bug, und Makrelen ziehen in Schwärmen ihre Bahn neben dem Boot.

Vor dem Boot schwimmen einmal ein kleiner und ein bedeutend größerer Delphin. Von morgens bis abends sind sie auf der Lauer gewesen, und jetzt in der Dämmerung brechen sie urplötzlich in die Schwärme ahnungsloser Fische ein, die mich begleiten.

Wenn ein Fisch sich etwas von seinem Schwarm entfernt hat, setzt der Delphin genau in die Lücke und jagt ihn noch weiter fort, verfolgt ihn fünfzig oder hundert Meter. Das geringste Nachlassen im Tempo bedeutet für den Fisch jetzt unweigerlich den Tod.

Von Zeit zu Zeit schnellt sich der Delphin zwei bis drei Meter hoch aus dem Wasser heraus, um seinem Opfer durch die Luft noch schneller nahezukommen. Dann taucht er wieder in die Fluten, arbeitet sich von unten mit ein paar kräftigen Stößen heran – und schnappt zu. Es ist ein eindrucksvolles Bild von Fressen und Gefressenwerden, von Leben und Tod.
Ich versuche mich selber an diesem grausigen Spiel. Ich mache mir eine Schnur mit Angelhaken zurecht und habe damit schnell eine Makrele gefangen. Denn die Fische beißen hier besser als im Elbe-Trave-Kanal bei Büchen. Sorgfältig zerschneide ich den geangelten Fisch zu mundgerechten Happen, aber da ich Meerestiere ja nicht essen kann, füttere ich damit die Fische außenbords. Es ist unheimlich schön, wie sie mit eleganten Bewegungen neben dem Boot herschwimmen und ebenso graziös wie gefräßig nach den Brocken schnappen.
Ein außerordentliches Ereignis unterbricht das angenehme Einerlei meines Bordalltags.
Mein Logbuch vom 33. Tag: *Passiere heute, am 30. Januar 1968, gegen Abend auf 17 Grad 30 Minuten West den Äquator. – Prost, trinke eine Flasche Bier darauf. – Hurra, jetzt geht es bergab! Habe mir zur Feier des Tages extra die Haare ordentlich geschnitten, damit mich Neptun in sein nördliches Reich aufnimmt!*
Aber Neptun ist nicht besonders gnädig zu mir. Der Passat setzt unter dem Äquator aus. Es gibt keinen Wind, sondern nur Regen, und bald leckt es überall durch die ausgetrocknete Decke in die Kajüte. Ich versuche, die Ritzen im Dach zuzustopfen, aber dennoch ist die Matratze der Steuerbordkoje, in der ich normalerweise schlafe, bald so klitschnaß, daß ich auf die Backbordkoje ausweichen muß. Oder kommt das Wasser auch von unten? Immer lauter plätschert das Leckwasser in der Bilge, immer öfter muß ich deshalb lenzen, und mir geht dabei erst jetzt ein Konstruktionsfehler der KATHENA auf: Die Kojen sind zu tief angelegt, so daß das Wasser bei starker Krängung des Bootes direkt in die Matratzen zieht.

Mein Logbuch vom 43. Tag: *Bis nachmittags 15 Uhr gießt es. Wo kommt nur all das Wasser her? Es ist so viel, daß ich im Regen große Wäsche mache, wie unter einer Badewannenbrause. – Bin körperlich nicht mehr so stark wie zu Anfang meiner Reise. Gedanken sind schon bei meiner Ankunft. Werde unruhig; fange an, ein Buch zu lesen, lege es weg, beginne ein anderes, stecke es bald ebenso wieder ins Bord, nehme eine Zeitschrift, aber auch sie fesselt mich nicht. Kann mich einfach auf nichts Bestimmtes konzentrieren. Ist auch zum Verzweifeln mit dem Wind, zum Verrücktwerden! Habe ich den Fetzen endlich oben, dann ist gerade Schluß mit dem leichten Hauch. Lasse ich die Segel in der Flaute stehen, killen sie erbärmlich...*

Zwei Tage später kommt starke Dünung von Westen auf, ohne daß ein Wind weht. Mit schlagenden Segeln dümpelt die KATHENA heftig in der See, so daß ich mich überall festhalten muß. Einmal passe ich dabei nicht auf und stoße mit dem Kopf heftig gegen die Ecke des Bücherbords. Ganz benommen setze ich mich auf die Koje – und plötzlich schmecke ich etwas Süßes auf den Lippen. Ich wische übers Gesicht und blicke auf die Finger: Blut! In meinem kleinen Spiegel, der in der Feuchtigkeit des Salzwassers schon stark erblindet ist, kann ich eine etwa zwei Zentimeter lange Platzwunde auf meiner Stirn ausmachen. Sie will gar nicht aufhören zu bluten, und mir wird ganz übel davon. Schließlich muß ich mich sogar übergeben, und als ich mich danach auf die Koje lege, ist an Schlaf nicht zu denken, weil mir der Schädel fürchterlich brummt.

Zu diesem körperlichen Mißgeschick kommt an diesem Tag ein nautischer Mißerfolg. Als ich meinen Standort errechne, muß ich feststellen, daß mich die Strömung in der Flaute zehn Meilen versetzt hat. Zehn Meilen rückwärts! Das ist das mieseste Etmal meiner ganzen Weltumseglung.

Ich bin so niedergeschlagen, daß ich mich jetzt voller Zweifel frage: Wozu das alles? Ist dieses Leben nicht eigentlich sinnlos? Was bekomme ich für diesen Kampf? Ich höre im Radio von der Eröffnung der Olympischen Winterspiele und daß Erhard Keller eine Goldmedaille gewonnen hat.

Meine Phantasie geht mit mir durch: Ich ersinne die olympische Disziplin des Langstreckensegelns und denke mir dabei die größten Erfolge und Medaillenchancen aus. Aber wäre ich dann wirklich glücklicher? Nein, ich glaube nicht, und ich möchte schließlich doch nicht mit einem Goldmedaillengewinner tauschen.

Zwar muß ich jetzt immer häufiger pumpen, und das Blubbern des Wassers in der Bilge verfolgt mich schon in meine Träume hinein, aber dann muntert mich ein Ereignis wieder auf, das für mich so schön ist wie für einen Olympiateilnehmer der Schritt auf das Siegespodest: Zum zweitenmal auf meiner Weltumseglung schließe ich ein Logbuch ab. Es ist voll. Meine Schlußbetrachtung: *4682+20+3974+8026+3715 macht 20 417 Seemeilen in diesem Logbuch. Was haben sie mir gegeben oder genommen? 261 Tage stecken dahinter, schöne, grausame, ruhige, stürmische, geliebte und verhaßte. Aber ob Kampf oder Langeweile – schön war es doch, und interessant war es immer.*

Mein Logbuch vom 50. Tag: *Neues Logbuch, das letzte auf dieser Reise – nehme ich an. Jetzt wird es bald geschafft sein. 25 679 Seemeilen habe ich mit der KATHENA bisher gesegelt, einschließlich meiner ersten Touren im Mittelmeer. – Ein kleiner schwarzer Vogel läßt sich blicken. – Untersuche noch mal den Wasserdurchbruch. Ist nichts daran zu machen. Wenn ich von innen daranginge, würde ich es nur verschlimmern. Also heißt es nichts als pumpen. – Stelle heute fest, daß die Entenmuscheln am Bootsrumpf neuerdings wieder wachsen. In Äquatornähe hatten sie eine Pause eingelegt, und die Hornfische haben wohl während der Flauten einige abgeknabbert. Aber jetzt sind sie binnen vierzehn Tagen schon wieder um drei bis vier Zentimeter gewachsen.*

Am 55. Tag meiner Reise von Kapstadt nach Hause bei gutem Passatwind mache ich mir ein weiteres Fest: Ich feiere »Halbzeit«. Eigentlich müßte ich allerdings sagen: »Halbwegs«. Denn wie viele Tage ich noch bis zu meinem Ziel brauchen werde, kann ich ja nicht wissen. Aber ich weiß genau, daß jetzt 4036 Seemeilen hinter dem Heck der KATHENA liegen. Die Hälfte der Strecke von Kapstadt nach Helgoland.

Den ganzen Tag über singe ich aus vollem Hals. Zu Mittag leiste ich mir eine Feiertagsmahlzeit: Spargel und eine Flasche Bier – die vorletzte, die ich noch an Bord habe. Aber der Hochgenuß des Essens bleibt mir letztlich versagt. Mir fehlt zum genüßlichen Schmausen einfach die Gesellschaft.
Aus Sehnsucht nach menschlicher Gesellschaft mache ich jetzt wieder häufiger das Radio an, und je näher ich gen Norden komme, um so besser kann ich nun auch schon wieder deutsche Sender empfangen. Besonders sonntags ist das für mich wichtig, weil ich mich stets für Fußball interessiert habe und auch unterwegs gern wissen möchte, wie die Vereine der Bundesliga am Sonnabend gespielt haben. Ich habe extra eine Tabelle aus einer Zeitung geschnitten und in die Aufschlagseite meines Logbuchs geklebt, um sie nun von Woche zu Woche auf den neuesten Stand zu bringen.
Es ist das größte Fest auf meiner Weltumseglung, viel größer als Geburtstag, Ostern und Weihnachten zusammen. Und es findet auf 36 Grad 00 Minuten westlicher Länge und 20 Grad 29 Minuten nördlicher Breite statt, am 29. Februar 1968, dem 64. Tag meiner Reise.
Mein Logbuch vom 64. Tag: *Heute ist mein großer Festtag: Nach einem Jahr, drei Monaten und zehn Tagen kreuze ich meinen Ausgangskurs. An dieser Stelle war ich also schon, als ich den Atlantik von Ost nach West überquerte. Jetzt bin ich also 'rum um den Globus! Jetzt bin ich wirklich »single handed circumnavigator« – Allein-Weltumsegler! Leiste mir zur Feier des Tages ein Hähnchen und die letzte Flasche Bier. Schätze noch gut vierzig Tage, dann werde ich mein Ziel erreicht haben. Hinterher werde ich bestimmt traurig sein. Dann beginnt all der Ärger an Land. Hier auf See bin ich doch wenigstens manchmal erfreut...*
Am 67. Tag merke ich deutlich, daß ich so langsam die Tropen verlasse. Denn der beständige Passat läßt mich im Stich, und die Temperaturen sinken. Bisher habe ich wochenlang nackt an Bord gelebt; jetzt suche ich meine alte Kleidung hervor, damit ich nicht friere.
Mit dem Einzug in die nördlichen Breiten fängt für mich eine lange Pechsträhne an. Am 70. Tag – es ist noch nicht einmal ein Freitag – fällt mir

einfach alles aus der Hand, was ich anfasse. Beim Essenkochen kippt mir die Suppe um. Als ich mich nach dem Topf bücke, reiße ich auch den Petroleumkocher herunter, und der Brennstoff läuft aus, so daß die ganze Kajüte stinkt. Und nur eine Stunde später schütte ich aus lauter Ungeschick auch noch eine große Tasse Kaffee samt Kaffeegrund auf den Fußboden.
Nicht genug: Mit einer schwarzen Wolkenwand, von West aufziehend, dreht der Wind auf Nord. Und nimmt kräftig zu. Das bedeutet gegenankreuzen, und dabei stelle ich fest, daß KATHENA wegen des Bewuchs keine Wende fertigbringt. Dabei ist die See nicht einmal grob.
Am 71. Tag dümple ich voll im Sargassomeer: *Total verhangen. Leichte Dünung. Absolut null Wind. Spiele mit 2 Makrelen, die über einen Meter lang sind. Mit einem 3 cm Haken und Stahlleine jage ich sie, daß das Wasser nur so spritzt. Kurz vorm Biß ziehe ich die Leine rasch an mich. – In dieser Flaute mache ich meine Landgangskleidung klar: Aus Hemd und Hose werden die Stockflecken gewaschen. Verbrauche dafür 10 Liter Frischwasser. Die Lederschuhe werden mit Wundsalbe eingefettet. – Klart gegen Abend auf. Morgen wird es bestimmt Wind geben. In dieser Stimmung mit der Seekarte im Cockpit stecke ich den Kurs ab: Knapp tausend Meilen bis zu den Azoren, und da will ich zwischen den Inseln Flores und Faial durch.*
Zwei Tage später leide ich fürchterlich an Magenschmerzen. Sie kommen wohl vom Sauerkraut, das ich mir mittags zubereitet habe. Während ich mich vor Schmerzen krümme, fällt mir ein, daß das Kraut schon stark gerochen hat, bevor ich es in den Topf tat. Ohnehin bedrückt mich die Eintönigkeit meines Essens seit einiger Zeit, und es wird schwierig für mich werden, künftig etwas Appetitliches auf den Tisch zu bringen.
Meine Stimmung sinkt auf den Tiefpunkt wie ein Barometer kurz vor einem Sturm, als ein Schiff nur eine Meile entfernt meinen Kurs kreuzt. Das erste seit mehreren Wochen, aber es nimmt nicht die geringste Notiz von mir. Da fahren wohl keine Seeleute an Bord, sondern nur Transportbegleiter! Wütend mache ich mich darüber her, meine ausgefransten Blue

Jeans zu kürzen und neu zu umsäumen; dabei breche ich meine einzige kleine Segelnadel ab. Hoffentlich brauche ich sie künftig nicht mehr! Zu allem Unglück geht am selben Tag auch noch das Gas in den Stahlflaschen zu Ende; jetzt kann ich nur noch auf Petroleum kochen, und damit wird das Leben noch unbequemer. Es ist schon unbequem genug: Die KATHENA macht so viel Wasser, daß ich täglich zweimal – vor dem Frühstück und nach dem Abendessen – regelmäßig pumpen muß. Es ist zum Verzagen.

Mein Logbuch vom 86. Tag: *Habe schon am frühen Morgen Unbehagen. Es ist lange her, seit es so wehte. Schätze Stärke acht bis neun. Komme zwar gut voran, und auch der Kurs ist gut, aber die Belastung für das Boot und mich wird immer größer. Müßte eigentlich Segel bergen, kann mich dazu aber nicht entschließen. Endlich schaffe ich mal wieder was, und da soll ich die Segel streichen? Abends wird der Wind böig, es beginnt stärker zu regnen. Vielleicht läßt der Wind bald nach. Aber es pfeift weiter in den Wanten, und so mancher Roller geht unter der KATHENA durch. Ich bin nicht Herr meiner Entschlüsse. Eigentlich müßte ich die Segel streichen. – Gegen Mitternacht läßt das Wetter nach. Erhole mich etwas. Die Anspannung hat mich müde gemacht. Aber ich kann nicht schlafen. Die See stand heute zu hoch, um sorglos in der Koje zu versinken. Bin am Grübeln: Was wäre passiert, wenn ich gekentert wäre? Zum Schöpfen wäre ich bestimmt nicht mehr gekommen, – Bin jetzt stark deprimiert. Ich sollte es sein lassen, die See bei Sturm zu beobachten. Es macht schwermütig.*

Eine Woche später überfällt mich abermals ein ausgewachsener Sturm.

Logbuch vom 92. Tag: *Mit Westwind kommt Regen. Wind wird stürmisch und dreht Strich um Strich über Nord auf Ost. Liege gut unter doppelt gerefftem Großsegel und festgelaschter Pinne hart in Luv. 12 Grad an Deck. Wind schneidet im Gesicht. – Setze Sturmfock. Geht prima voran. KATHENA macht dabei ordentliche Bocksprünge. Liegt aber noch im Bereich des Möglichen. Sturzseen gehen übers Vordeck. Wird eine unruhige Nacht – mit viel Wasser in der Bilge.*

Der 93. Tag im Logbuch: *Döse etwas in voller Montur auf der Leekoje. Glücklicherweise ist mein Ölzeug dicht. Ich freue mich, beim Kauf in Gibraltar nicht*

gespart zu haben. Wind verdammt böig. Nimmt nach jeder Pause ständig zu. Laufe inzwischen platt vor dem Wind, dazu in einem fürchterlichen Zickzack-Kurs. Segel kommen oft zum Killen. Entschließe mich dann in stockdunkler Nacht, alles Tuch zu bergen. Anschließend merke ich erst, wie schlimm es weht.
Der 94 Tag: *Verkrampft liege ich quer in der Koje und lausche dem Heulen im Rigg. Wind und See nehmen noch ständig zu. Die Seen werden gefährlich. Füllen in regelmäßigen Abständen das Cockpit. Mein Treibanker, aus Canvas, hält das Boot mit dem Heck recht gut zu den anrollenden Seen. Ab und zu prüfe ich die Leine, auf der unheimlich Druck steht. – Durch den undichten Niedergang strömt das Wasser.*
Ich mag nicht mehr schöpfen. Nicht essen. Nichts tun. Über meinem Kopf im Bord liegt eine englische Bibel (noch vom Voreigner), ich blättere, ich lese, ich beruhige mich damit. Es nimmt die Angst, obwohl ich kaum verstehe, was ich da lese – so unkonzentriert bin ich. Das Boot, das Boot. ... all mein Denken.
Ich schätze: Stärke zehn bis elf. Dieser Sturm geht über meine Kräfte. Die üblichen Dinge tun: Schöpfen, lose Gegenstände festzurren und so weiter, lassen mich vor Angst zittern. Gegen Mitternacht, als der Sturm endlich auf Stärke sechs abflaut, hole ich den Treibanker ein.
Noch am anderen Tag bin ich so erschöpft, daß mir eine kräftige Welle meinen besten Kochtopf aus der Hand schlagen kann, als ich ihn nach altbewährter Methode zum Abwasch einfach über Bord halte. Sarkastisch rede ich mir ein, daß es kaum einen Verlust bedeutet. Was soll ich denn noch kochen? Ich habe ja kaum noch etwas. Gar zuviel ist in den Tropen schlecht geworden. Wenn ich bis Deutschland durchhalten will, muß ich mir meine schwindenden Vorräte gut einteilen.
Am 99. Tag passiere ich die Azoren und setze meinen Kurs nach Nordosten ab: Richtung Englischer Kanal. Heute breche ich meinen persönlichen Rekord an Einsamkeit: Nach meinem 98-Tage-Törn von Port Moresby nach Kapstadt bin ich jetzt länger auf See denn je. Ich rechne mir aus, daß es noch 1200 Seemeilen bis Lizard an der Südwestspitze von England sind

Unter gerefftem Groß im Atlantik mit Kurs Heimat

STOP WAR IN VIETNAM: Die Windfahne der Selbststeueranlage ist auch für Überlegungen nützlich …

und noch 1900 Seemeilen bis Hamburg. Ich lege bereits die Seekarten für den Kanal und die Nordsee bereit, damit ich mir schon jetzt in Ruhe wichtige Einzelheiten für die Durchfahrt einprägen kann. Aber es gelingt mir kaum, mich überhaupt auf irgend etwas zu konzentrieren. Nicht einmal an schöne Mädchen mag ich denken. Gutes Essen ist das einzige, was mich noch interessiert.

In niedergeschlagener Stimmung verlebe ich ein großes Doppelfest: Ostern, zugleich mein 28. Geburtstag. Es ist der 110. Tag der Reise. Ich hatte mir vorgenommen, zu diesem Tag mit der Beendigung meiner Weltumseglung in Deutschland mir selber das schönste Geschenk zu machen. Und ich habe diesen Termin auch einigen Freunden per Postkarte von Kapstadt aus mitgeteilt. Von heute an gelte ich bei ihnen also für überfällig. Viel schlimmer aber ist: Ich kann mir an diesem hohen Tag noch nicht einmal zum Trost etwas Besonderes zu essen machen. Und schönes Wetter habe ich auch nicht. Gegen Morgen des nächsten Tages frischt der Wind zu einem neuerlichen Sturm mit Stärke zwölf auf.

Aus dem Logbuch vom 111. Tag: *Voller Orkan! Regen. – Kurz vor Mittag steigt eine See von ungewöhnlicher Stärke ein. Reißt die Schutzbekleidung ab, Türen aus den Angeln, überflutet die gesamte Kajüte. Kurz darauf nochmals das gleiche. Vermag KATHENA nicht auf Vormwindkurs zu halten. Alle meine Trossen achteraus im Schlepp, um die Fahrt zu bremsen. Auch in die Nacht hinein hält der Orkan unvermindert weiter an. – Meine Lebensaufgabe ist pumpen. Ein Glück, daß es stark regnet, sonst wären die Seen noch höher. Horizont ist nicht auszumachen.*

Ich zittere vor Kälte und bin am ganzen Leib klitschnaß. Alles ist klitschnaß. Ersatzkleidung, Kojenzeug, Decken, Seekarten, Logbuch, Streichhölzer. Als der Orkan mich schließlich aus seinen Fängen läßt, bin ich felsenfest entschlossen, alle meine stolzen Pläne umzuwerfen und doch Plymouth anzulaufen.

Mein Logbuch vom 114. Tag: *Habe Sehnsucht nach den Tropen. Die Kälte setzt mir immer mehr zu, habe aber mit 108 Meilen endlich wieder ein gutes Etmal.*

Da vergesse ich fast das Bibbern. Noch 425 Meilen bis Plymouth, das brauchen also nur noch vier Tage zu sein. Habe bereits Lampenfieber. Die Wetterlage kann nicht besser sein: keine Bö, keine Schauer. Mein Appetit ist gut, nur...!

Am 116. Tag zieht endlich wieder Leben in meine triste Wasserwelt ein. Plötzlich sind viele Möwen da, die kreischend um den Mast der KATHENA kreisen. Außerdem sehe ich zum erstenmal seit langer Zeit wieder Schiffe: Ein Fischdampfer kommt aus Richtung Kanal, und ein Frachter hält stampfend auf die Durchfahrt vom Atlantik zur Nordsee zu. Diese Begegnungen beruhigen mich. Meine Navigation scheint zu stimmen. Das bestätigt mir auch der 117. Tag, als der kobaltblaue Ton des Wassers über Nacht verschwindet und die See eine grünliche Färbung annimmt. Jetzt bin ich also am Sockel des europäischen Kontinents angelangt, verlasse den tiefen Ozean und komme ins Flachmeer, das nicht viel mehr als eine Kabellänge tief ist. Das flache Küstenmeer empfängt mich am 23. April 1968 gnädig mit einem herrlichen Sonnentag. Es ist wieder wärmer geworden, sichtig und klare Luft, dazu ein leichter, brauchbarer Hauch aus Westen – ich lebe auf. Ja, die nördlichen Breiten haben auch ihre Reize.

Logbuchnotiz von diesem Tag: *In ein paar Tagen soll die Fahrt zu Ende sein – kann es noch gar nicht glauben. Werde ich jemals die fantastische Stille und Weite des Meeres aufgeben? Wenn man mit Tagen wie diesem entlohnt wird, ist alles Unangenehme fast vergessen. – Ich bin in die See verliebt, mein Herz gehört ihr.*

Am Abend des 119. Tages ertönt an Bord der KATHENA ein weiteres »Hurra«. Denn gegen 20 Uhr kommt überraschend ein Leuchtfeuer in Sicht. Ich dachte, noch viel westlicher und weiter ab von Land zu sein. Aber Tide und Strömung haben auf meinem Weg nach Osten wohl kräftig mitgeholfen. Flink klettere ich in die Kajüte und beuge mich im Schein der Petroleumlampe suchend über die Karte. Schließlich bin ich sicher: Es muß der Leuchtturm von Bishop Rock sein, äußerster Vorbote des Landes an der Südwestspitze Englands.

Im Englischen Kanal sitze ich ständig an der Pinne

KATHENA
BUECHEN

Mein Logbuch vom 120. Tag: *Vormittags zeichnet sich Land ab, aber genau auszumachen ist absolut nichts. – 12.00 Uhr: Dunstglocke über Land hebt sich. Land's End und die Spitze Cornwalls treten klar hervor. Nach 119 Tagen zum erstenmal wieder Land in Sicht, o Gott...!*

Jetzt beginnt der Kampf gegen die tückischen Strömungen und die unzuverlässigen Winde in einem engen Gewässer, in dem es wimmelt von pausenlos vorbeirauschenden Dampfern. Bei schlechter Sicht und Nieselregen ist es auch der Kampf gegen unsichtbare Klippen, auf denen schon so manches Segelschiff zerschellt ist. Vor allem aber ist es der Kampf eines Menschen gegen den Hunger. Zwar haue ich mir endlich wieder einmal den Bauch richtig voll, aber es ist nur Reis, der nicht lange vorhält. Und ich habe festgestellt, daß Hunger zur Nachlässigkeit verführt. So muß ich jetzt also meine letzten Kräfte zusammennehmen, um bis zum Ziel durchzuhalten.

Mein Ziel? Ich habe mir in einer Stunde der Verzweiflung vor einigen Tagen vorgenommen, Plymouth anzulaufen. Und Plymouth liegt jetzt beinahe sichtbar voraus. Aber muß ich meinen ursprünglichen Plänen nicht wenigstens diesmal treu sein, wenn ich mir zeigen will, daß ich doch ein brauchbarer Kerl bin? Ein günstiger Wind erleichtert mir den Entschluß, direkt nach Deutschland durchzusegeln. Ich wäre ein schlechter Segler, wenn ich günstigen Wind nicht wahrnehmen würde.

Der günstige Wind aus Südsüdwest trägt mich am 122. Tag meiner Reise schnell an der verlockenden Bucht von Plymouth vorbei und weiter in den immer enger werdenden Kanal hinein. Die ungewohnte Hundearbeit dauernder Segel- und Rudermanöver beginnt. Kleinlaut stelle ich fest, daß es fast gar nichts ist, einen oder sogar mehrere Ozeane zu überqueren, wenn man sich auf das Segeln in Küstengewässern nicht versteht.

Um den Englischen Kanal zu durchqueren, muß man wirklich aufpassen. Das stelle ich fest am 124. Tag, nachts um halb drei, als ich St. Catherine Point bereits in Nord habe und eine starke Tidenströmung mich mit 2,5 Knoten wieder nach Westen abtreibt. Dabei komme ich dichter unter

Der letzte Schlag: Von Helgoland nach Cuxhaven mitten in der Nacht

Land, als mir lieb ist, und der Wind läßt mich beinahe im Stich. Stundenlang muß ich kreuzen, um wieder freizukommen. Dann sehe ich ein merkwürdiges Gebilde wie ein Schiff mit dickem Schornstein vor Anker, und ich stelle erst im letzten Augenblick fest, daß es der Nab Tower ist, der berühmte Leuchtturm hinter der Insel Wight in der Einfahrt nach Portsmouth und Southampton.
Am Ende des 125. Tages fädele ich meine KATHENA durch das Nadelöhr der Meeresenge zwischen Dover und Calais. Deutlich sehe ich zu beiden Seiten die Küsten Englands und Frankreichs.
Diese Nacht zum 126. Tag meiner Reise werde ich nie vergessen. Ein komischer Fischdampfer fährt ohne festen Kurs in der Gegend herum – bis er auf mich zukommt. Deshalb hole ich aus der Kajüte schnell meine starke Taschenlampe und leuchte die Segel an. Aber da scheint das fremde Schiff erst richtig gierig auf mich zu werden. Es läuft weiterhin direkt auf mich zu. Nie werde ich den Namen dieses Schiffes vergessen. NAUTIL steht am Bug des Fischkutters, der sich schließlich drohend hoch über dem Heck der kleinen KATHENA erhebt. Im letzten Augenblick werfe ich das Ruder herum, und der Wind hilft mir aus der lebensgefährlichen Situation. Im letzten Moment komme ich frei von dem Kutter, der überhaupt keine Notiz von mir nimmt. Selbst der Wachhabende pennt da wohl an Bord!
Erst als die Gefahr vorüber ist, werde ich mir bewußt, daß ich vor Angst furchtbar geschrien habe – wie bisher nur einmal. Das war bei der Ausreise zu meiner Weltumseglung im Nebel gleich vor Gibraltar, vor langer, langer Zeit. Wenigstens schmerzen meine Stimmbänder nach dem Beinahe-Zusammenstoß mit der NAUTIL gewaltig, und diese gefährliche Begegnung gibt mir körperlich und seelisch beinahe den Rest.
Mein Logbuch vom 127. Tag: *Flaute zerrt an meinen Nerven. Finde keinen Schlaf. Magen macht mir heftig zu schaffen. Wird Zeit, daß ich an Land komme. Merke mehr und mehr, daß ich mit allem am Ende bin. Die Schwierigkeiten und Mühen vor und nach Dover sind immer noch nicht richtig in mein Bewußtsein*

eingedrungen. Komme seit Anfang des Kanals nicht aus Ölzeug und Gummistiefeln. Hätte doch Plymouth anlaufen sollen. Hunger setzt mir mehr zu als erwartet. Gedanken kreisen manchmal stundenlang nur um schmackhaftes Essen. Phantasiere vom ersten Landgang: Zuerst besorge ich mir frische Brötchen, Butter, Käse, Schinken und natürlich Kuchen, dazu kuhwarme Milch. Das werde ich genießen wie nie zuvor.

Mitten in der Nordsee hüllt mich einen Tag lang dicker Nebel ein, und der Wind läßt mich fast ganz im Stich. Das ist diesmal mein großes Glück. Denn plötzlich schreckt mich das Geräusch eines heftigen Zusammenstoßes aus meinen Phantasien. Habe ich etwa ein entgegenkommendes Schiff übersehen? Ich fahre aus dem Cockpit hoch, aber ich kann beim besten Willen kein Fahrzeug entdecken. Ich klettere zum Bug und beuge mich über Bord – und da finde ich endlich die Ursache der rätselhaften Kollision: Ein dicker, fünf Meter langer Balken treibt langsam vorbei. Das wäre für mich lebensgefährlich gewesen, wenn die KATHENA schnellere Fahrt gemacht hätte.

Noch mehrmals kracht Treibholz gegen das Boot. Die Nordsee ist eben nicht mehr das freie, frische Meer, für das es die Badeurlauber an den Küsten halten. Es ist eine einzige Abfallgrube. Das wird mir bewußt, als ich mich bald zum Erbrechen übel fühle. Von verdorbener Nahrung kann es nicht kommen, denn ich habe ja nichts gegessen. Es kommt von der Luft. Als ich tief einatme, fällt mir erst richtig auf, wie sehr die Nordsee stinkt. Es ist ein widerlicher Geruch nach Abfällen aus der chemischen Industrie, die einfach ins Meer geschüttet werden. Wie klar und sauber war dagegen das Wasser der großen Weltmeere, wie frisch war die Luft über meinen weiten Ozeanen!

Mein Logbuch vom 131. Tag: *Nur noch 30 Meilen. Hurra! Ja, morgen sind wir da. Nervenaufreibend diese Flaute, so dicht vor dem Ziel. Muß heute nacht unbedingt das Feuer von Helgoland ausmachen, sonst könnte es schwierig werden, morgen die Insel zu finden. – 23.02 Uhr: Helgoland-Feuer genau dort, wo ich es erwartet habe. Spüre keine Müdigkeit, Kälte oder Hunger. Weggeblasen aller*

Ärger. Voller Erwartung. Ein Gefühl der Genugtuung. – Hänge meinen Gedanken nach. Morgen wird alles zu Ende gehen, 131 Tage im Angesicht der See, Tag um Tag der runde, leere Horizont, die absolute Herrschaft in meinem Reich – all das soll nun vorbei sein! Ich kann es noch gar nicht richtig fassen.
Am 132. Tag zieht die Silhouette der roten Felseninsel langsam am Horizont auf. Bei leichtem Südwesthauch von Stärke eins treibe ich mehr als ich segele. Mittags schläft der Wind ganz ein: Stärke null. Soll es mir zum sechstenmal auf meiner Weltumseglung passieren, daß ich einen Hafen schon zum Greifen nahe vor mir sehe und doch nicht mehr am selben Tag vor Dunkelwerden einlaufen kann?
Nein und nochmals nein! Das darf mir nicht wieder passieren! Das halte ich einfach nicht durch!
Ich bin völlig am Ende, werde beinahe verrückt. Verzweifelt bewege ich die Pinne hin und her, reiße an den Fallen, um auch noch den letzten theoretisch möglichen Windhauch zu erhaschen. Aber die Segel schlagen nur. Ich muß es heute schaffen. Mittags verliere ich die Geduld. Drei Seemeilen vor dem Hafen in einer Totenflaute. Verzweifle. Das heißt: ich weine. Ein dänischer Fischer beobachtet mich, wie ich innerhalb des Bojenweges mit Paddeln von der Stelle zu kommen versuche. Langsam tuckert der Kutter heran und stoppt neben der KATHENA. Der Kapitän kommt aus dem Ruderhaus und ruft herüber, ob ich Hilfe benötige.
Und ob! Eigentlich hatte ich vor, mit eigener Kraft in meinen Zielhafen Helgoland einzulaufen. Aber jetzt ist mir alles egal. Dankbar nehme ich die Leine an, die mir der Däne zuwirft, und so lasse ich mich die letzte Meile auf meiner Weltumseglung schleppen.
Am 7. Mai um 20 Uhr mache ich neben dem dänischen Fischkutter im Hafen von Helgoland fest.
Die letzte Zeile in meinem dritten Logbuch, die letzte Eintragung am Ende meiner Weltumseglung: *Von Kapstadt nach Helgoland: 8062 Seemeilen in 131 Tagen + 9 Stunden.*

Die Empfangseskorte auf der Elbe

G 6
340

Ortwin Fink

Ein Erdmann ist kein Seemann

7. Mai 1968 bis Sommer 1970

Das Logbuch Wilfried Erdmanns ist mit seiner Ankunft in Helgoland zu Ende. Aber noch nicht zu Ende ist die Geschichte des ersten Deutschen, der in 421 Tagen auf See über 29 380 Meilen allein um die Erde segelte. Was danach geschah, ist die traurige Geschichte eines jungen Mannes, der mit seiner einzigartigen Leistung nicht vor der Welt protzen, sondern nur vor sich selber bestehen wollte. Der dann aber doch öffentlich verdächtigt wird, ein »Lügenbaron zur See« zu sein. Und den man zur Belohnung mit nicht viel mehr als einer Mettwurst abspeist, als sich seine Leistung als wahr erweist.

Der Reihe nach:

Als Wilfried Erdmann im Hafen von Helgoland festgemacht hat, fühlt er sich trotz aller Erschöpfung verpflichtet, sich sofort ordnungsgemäß beim Hafenmeister zu melden. Im Hafenbüro sitzt ein Mann, dem Wilfried erzählt, daß er direkt aus Kapstadt hergesegelt kommt. Der Mann sagt gar nichts dazu, sondern greift in seine Aktentasche und bietet dem Jungen, der hungrig aussieht, eine Klappstulle frischen Brotes mit Butter und Wurst an. Während Wilfried die Stulle heißhungrig verschlingt, hört der Mann stillschweigend den Erzählungen des Seglers zu.

So zerschunden Wilfried ist – er denkt noch nicht an Schlaf. Er denkt an sein erstes Essen. So geht er in die Südkantine, setzt sich zu den Fischern und bestellt, Suppe und Bier.

Ablegen in Glückstadt/Niederelbe

Vor dem Einlaufen hat Wilfried vorschriftsmäßig die Quarantäneflagge gesetzt. Das bedeutet: Komme aus dem Ausland und möchte amtlich abgefertigt werden. Aber der Zöllner, der erst am nächsten Tag auftaucht, kommt nicht mal an Bord der KATHENA. Er liest am Heck des Schiffchens als Heimathafen »Büchen« und denkt, Wilfried Erdmann sei direkt aus dem Zonengrenz-Städtchen die Elbe herunter und durch die Deutsche Bucht nach Helgoland herübergesegelt. Wie wagemutig doch die jungen Leute heutzutage sind!
Inzwischen hat sich die Geschichte von der Ankunft eines kühnen Seglers herumgesprochen. Rundfunk und Zeitungen rufen beim Hafenamt an, und Wilfried gibt ihnen die gewünschten Auskünfte über seine Weltumseglung. Dann kommen einige Reporter eigens vom Festland zur Insel herübergeflogen und lassen sich an Bord der KATHENA von den Abenteuern des einsamen Seglers berichten. Bereitwillig erzählt Wilfried ihnen von seiner Reise. Er ist ja so voll von Geschichten!
Die Reporter machen sich ein paar Notizen, aber als Wilfried ihnen noch die Logbücher und Einklarierungen zeigen will, sehen sie nur höflichkeitshalber hinein und empfehlen sich schnell. Sie haben es eilig, ihre Berichte an die Redaktionen durchzugeben und nach Hause zu kommen.
Auch Wilfried will noch zum Festland hinüber und informiert sich beim Hafenmeister über die Tide in der Elbmündung. Nach 30 Stunden Aufenthalt auf der roten Insel macht er am 9. Mai 1968, morgens um halb drei, die Leinen los und nimmt Kurs auf Cuxhaven.
Es ist kalt. Der Wind steht schlecht, die KATHENA kommt langsamer voran, als Wilfried dachte, und als er endlich das Feuerschiff ELBE I querab hat, setzt die Gegenströmung ein. In dieser verzweifelten Situation kommt ihm ein großes Segelboot entgegen, die LÜTT DEERN aus Cuxhaven. Sie macht eine Wende und geht für wenige Augenblicke an der KATHENA längsseits. Der Skipper der LÜTT DEERN reicht dem Skipper der KATHENA einen Präsentkorb mit frischen Früchten und einen Stapel Tageszeitungen

herüber. Dann ruft er Wilfried zu, daß die KATHENA nachmittags um vier Uhr in Cuxhaven zum feierlichen Empfang erwartet wird.
Empfang um vier? Das schafft die KATHENA nie allein unter Segeln. Und so nimmt Wilfried aus Höflichkeit die Schlepphilfe an, als das Motorboot WS 12 von der Wasserschutzpolizei heranprescht und ihm eine Leine zugeworfen wird.
Im Schlepp geht's schnell und bequem voran. Wilfried braucht nur noch die Pinne zu halten und kommt jetzt endlich dazu, einen Blick auf die Zeitungsberichte zu werfen. Und er erschrickt heftig über das, was er da von seiner Weltumseglung liest. Die Zeitungsreporter, die ihn auf Helgoland interviewten, hatten keine Ahnung von Seefahrt, wollten keine Unterlagen sehen und haben ihm nicht genau zugehört. So ist ihnen bei der Niederschrift ihrer Berichte nichts anderes eingefallen, als in die Geschichte einige Sensationen hineinzudichten. Und Wilfried liest jetzt an der Pinne der KATHENA, daß er in einem schlimmen Sturm in der Biscaya sich »mehrere Rippenbrüche« zugezogen haben soll. Er liest, daß am Rumpf seines Bootes auf Helgoland Entenmuscheln gefunden wurden, ein Beweis für seinen Aufenthalt in der Südsee – dabei hat er natürlich in Port Moresby und in Kapstadt den Bewuchs der Südsee sorgfältig vom Bootsrumpf gekratzt. Schnelle Reporter waren sogar schon bei seinen Verwandten in Büchen und berichten, daß man dort nichts von einer Weltumseglung Wilfrieds weiß. Er war so schreibfaul, daß er nicht von jeder Station seiner Reise geschrieben hat. Und daraus leiten die Zeitungsleute jetzt den Verdacht ab, daß er vielleicht gar nicht um die Welt gesegelt ist. In einem ersten Kommentar des ehemaligen Kapitäns Stolzenburg vom »Deutschen Segler-Verband« muß Wilfried sogar lesen, es sei »fast leugenhaft to vertelln« (fast lügnerisch zu erzählen), daß man in einem so kleinen Boot eine so große Reise zurücklegen könne. Als Wilfried das alles liest, kommen ihm vor Zorn und Verzweiflung die Tränen. Was wollen die Leute alle von ihm? Er hat doch klare Beweise – aber keiner wollte sie sehen!

Am liebsten möchte er jetzt umkehren, hinaus in die geliebte Einsamkeit der weiten See, möchte nach England segeln oder sonstwohin, wo man mehr von Seefahrt versteht oder ihn wenigstens in Ruhe läßt. Aber jetzt hat ihn schon die Polizei im Schlepp. Was würde das für einen Eindruck machen, wenn er die Leine einfach loswürfe und davonschipperte? Dann würden alle Leute erst recht glauben, er scheue die Kritik und wolle die Beweise schuldig bleiben.

Nie auf seiner ganzen Weltumseglung ist Wilfried Erdmann vor einer Schwierigkeit ausgewichen oder sogar umgekehrt. Und so stellt er sich auch jetzt der Situation. Er läßt sich nach Cuxhaven einschleppen.

Als er am Bootssteg des Segelclubs festmacht, wird er vom stellvertretenden Bürgermeister der Stadt mit einem Nelkenstrauß begrüßt und zu einem kleinen Empfang ins Rathaus gebeten. Dort bekommt er als Auszeichnung ein Buch über Cuxhaven geschenkt.

Noch abends in der Koje gehen ihm die kritisch aufgebauschten Zeitungsberichte abermals durch den Kopf. Er empfindet sie als kränkend und nimmt sich vor, am nächsten Morgen dem ganzen Rummel doch durch die Flucht auf See auszuweichen.

Dazu kommt es aber nicht mehr. Denn am nächsten Morgen stellt sich doch noch ein Vertreter der Zollbehörde an Bord ein. Der gestrenge Beamte fragt, wo Wilfried das Boot einstmals gekauft habe. In Spanien? Und es ist noch nie in Deutschland gewesen? Dann ist jetzt der Einfuhrzoll fällig.

Abermals steigen Wilfried die Tränen in die Augen, als er mit dem Beamten den Wert seiner geliebten KATHENA schätzt. Schließlich einigen sich der Eigner und der Zöllner auf einen Wert von 2000 Mark. Auf gebrauchten Segelyachten liegen zehn Prozent Zoll. Schon füllt der Zöllner die Quittung über 200 Mark aus – da muß Wilfried kleinlaut gestehen, daß er so viel Geld nicht mehr hat.

Auch für den Fall der Zahlungsunfähigkeit hat der Zöllner praktische Vorschriften. Er erklärt Wilfried, daß er sein Boot nicht von der Stelle bewegen dürfe, bevor der Zoll nicht bezahlt sei. »An die Kette legen« nennt man das in Seefahrtskreisen.

In dieser verzweifelten Situation taucht an Bord der KATHENA Dr. Wolfgang Frank auf, der Geschäftsführer des Deutschen Segler-Verbandes. Er will erkunden, ob Wilfried ein Lügenbaron ist – oder ein Held zur See. Bereitwillig zeigt Wilfried ihm alle Unterlagen, die seine Weltumseglung beweisen. Das sind nicht nur die amtlichen Stempel in seinem Paß und die Ein- und Ausklarierungen der Hafenämter, die er rund um die Welt aufgesucht hat. Es sind vor allem seine Logbücher, in die er alle paar Stunden alle nautischen Daten eingetragen hat – lauter Angaben, die sich leicht nachprüfen und nicht erfinden lassen. So ist Dr. Frank nach Durchsicht der Unterlagen in der Kajüte der KATHENA schnell überzeugt: Vor ihm auf der Steuerbordkoje sitzt, frierend, erschöpft und verzweifelt der erste Deutsche, der tatsächlich allein um die Erde segelte.

Dieser Besucher macht Wilfried Mut. Und auch die Hilfe seines neuen Segelfreundes Jürgen Hiort, der ihn als erster auf der Elbe begrüßt hat. Der Skipper der LÜTT DEERN legt die Zollgebühren für Wilfried aus und überzeugt ihn, daß es bei dem starken Schiffsverkehr und der Gegenströmung auf der Elbe besser sei, nicht selber gen Hamburg zu segeln, sondern sich vom starken Hilfsmotor der Cuxhavener Yacht schleppen zu lassen.

Wilfried willigt schließlich ein. Und so wird die KATHENA von der LÜTT DEERN elbaufwärts geschleppt. Am Sonntag, dem 12. Mai 1968, einige Meilen unterhalb des Hamburger Yachthafens Wedel, wirft Wilfried die Schleppleine los, um die letzte Strecke stolz allein zu segeln. Und so kommt er zwei Stunden vor der Zeit an, die von den Lokalzeitungen genannt worden ist. Während 400 000 Engländer ihren Segelhelden Chichester mit Jubel empfingen, stehen nur etwa 90 segelbegeisterte Zuschauer auf dem Bootssteg von Wedel und bringen ein schwaches »Hurra« auf Wilfried Erdmann aus. Damit ist die Würdigung seiner Weltumseglung in Deutschland vorbei.

Von Freundin Astrid auf der Elbe herzlich willkommen

Mit Vico Torriani im „Goldenen Schuß", der bekanntesten Fernseh-Show Deutschlands 1968

Fast vorbei. Denn noch gibt es zu diesem Zeitpunkt im Gemeinderat der Stadt, die er als Heimathafen unter den Namen seines Bootes geschrieben hat, heftige Diskussionen, ob man diesen Bürger Büchens offiziell empfangen solle. Die Frau des Bürgermeisters wendet ein, Wilfried Erdmann sei ja nicht eigentlich ansässig gewesen, sondern nur ein Zonenflüchtling. Aber dann beschließt der Gemeinderat von Büchen doch, den Mann offiziell zu empfangen, der den Namen der Stadt immerhin um die Welt getragen hat.

Feierlich wird Wilfried Erdmann eine Woche nach seiner Ankunft in einem alten Mercedes eingeholt. Am Stadtrand Hamburgs nimmt ihn der Büchener Bürgermeister mit Nelken in Empfang. Auf der Durchfahrt durch die Stadt Schwarzenbek darf er sich ins Goldene Buch dieser Stadt eintragen und wird mit einer Mettwurst geehrt.

In der Waldhalle von Büchen ist am 14. Mai 1968 ein größerer Rummel als zum jährlichen Schützenfest. Kinder bestürmen den berühmten Segler, ihnen auf bekleckerten Bierdeckeln Autogramme zu geben. Dann finden verschiedene Redner ein paar wohltönende Worte über Wilfried Erdmann. Er bekommt einen Scheck über eintausend Mark von einer ortsansässigen Maschinenfabrik, deren Inhaber in seiner Festrede darauf hinweist, daß Wilfrieds Leistung nicht ganz unnütz ist: »Wir Büchener Geschäftsleute haben die Verpflichtung, Wilfried Erdmann zu danken. Denn er hat den Namen unserer Stadt bekannt gemacht.«

Wenige Tage später wird dem ersten deutschen Einhand-Weltumsegler die Gunst angetragen, sich im Rahmen des Zweiten Deutschen Fernsehens zu zeigen. Aber nicht allein, sondern mit seinem berühmten Boot.

Die Sportsendung des Aktuellen Sportstudios wird vom Studio in Wiesbaden gesendet, und so zögert Wilfried lange, sein Boot per Tieflader dorthin transportieren zu lassen – auch wenn die Leute vom Fernsehen versichern, daß sie den Transport natürlich bezahlen, das Boot versichern und alle eventuellen Schäden reparieren lassen.

Schließlich wiegt sich die KATHENA auf einer Wellenschaukel im Studio von Wiesbaden vor der Kamera. Nach der Sendung wird Wilfried noch von freundlichen Leuten aufgehalten, während seine KATHENA bereits wieder per Tieflader nach Hamburg unterwegs ist. Und als er zwei Tage später selber nach Hamburg zurückkommt, sucht er im Yachthafen von Wedel vergebens nach seinem Boot. Der Hafenmeister hat die Annahme verweigert. Wilfried Erdmann: »Das war wie ein Schock. Am liebsten hätte ich diesen Giftzwerg von Hafenmeister ins Wasser geschmissen, aber meine Freundin Astrid hielt mich zurück.« Die Spedition hat das lästige Frachtstück einfach an den Elbbrücken zu Wasser gelassen. Dort findet Wilfried seine KATHENA schließlich in einem miserablen Zustand. Der Schwertkasten ist durch den Transport beschädigt, das Deck ist zertrampelt, der Niedergang ist aufgebrochen und aus der Kajüte fehlt außer einer Flasche Whisky auch sein kostbares Radio. Gestohlen!

Wilfried Erdmann meldet alle diese Schäden, aber die Fernsehleute verschanzen sich plötzlich hinter den Versicherungsbedingungen: Er hätte seine Kajüte abschließen müssen. Das hat er auf seiner ganzen Weltreise nie getan, selbst nicht in Ländern, wo die Menschen von seinen Landsleuten oft alle als Taschendiebe und Halsabschneider betrachtet werden.

Jetzt versteht Wilfried die Welt nicht mehr. Was sind denn 2000 Mark Schadenersatz fürs Fernsehen? Aber erst, als er durch einen Rechtsanwalt mit einem Prozeß drohen läßt, zahlt man ihm wenigstens 1100 Mark.

Offiziell wird er nicht besser behandelt. Zwar regt ein segelbegeisterter Bundesbürger in Bonn an, Wilfried Erdmann mit dem »Silbernen Lorbeer« des Sports auszuzeichnen. Aber das Innenministerium findet, daß Wilfried Erdmann von Staats wegen genügend ausgezeichnet sei: Bundespräsident Lübke habe ihm ja ein Bild mit Widmung zugeschickt. Es ist ein Bild, wie es von der Kanzlei des Bundespräsidenten jährlich zu Tausenden verschenkt wird.

Und die Experten der renommierten deutschen Segelvereine, die alljähr-

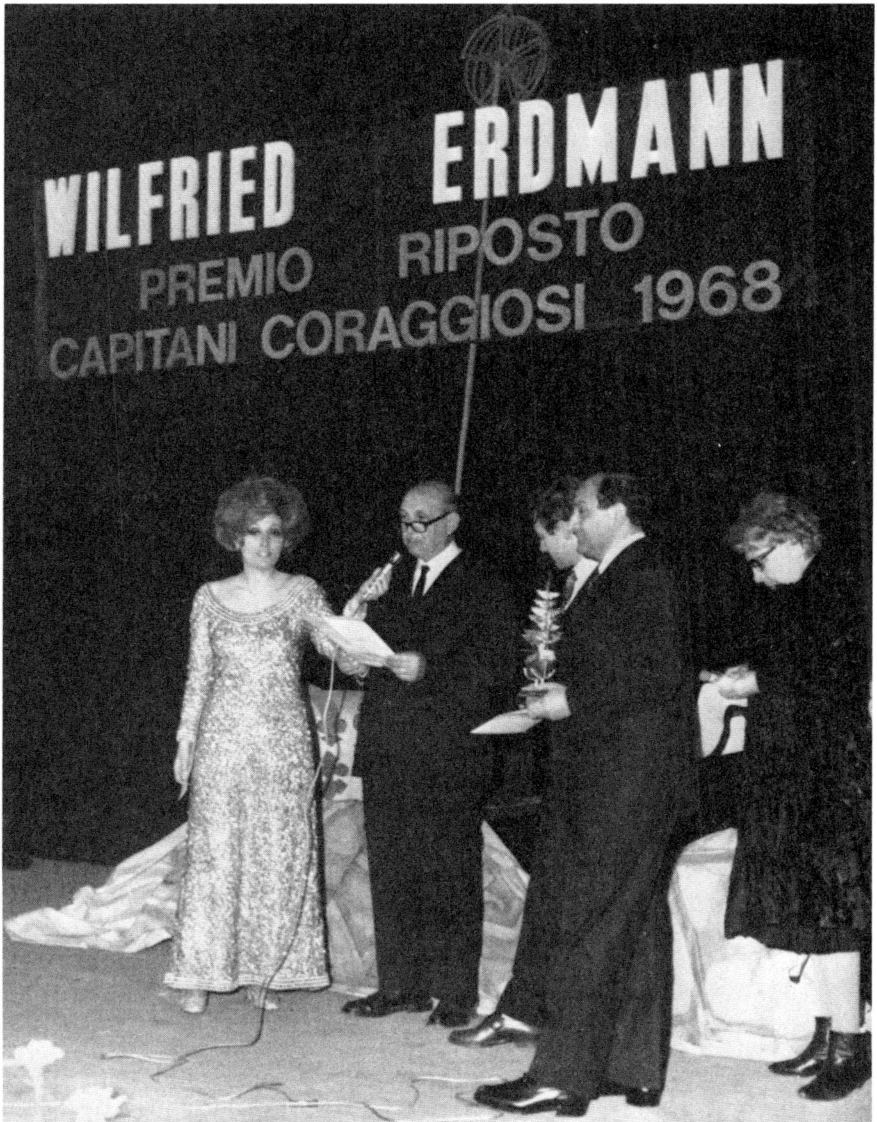

Auszeichnung „Mutigster Seefahrer des Jahres 1968" von der Vereinigung italienischer Kapitäne

lich den »Ludwig Schlimbach-Erinnerungspreis« als begehrteste deutsche Seglertrophäe vergeben, versagen dem Weltumsegler ebenfalls die Anerkennung. Die Jury bemängelt: Er habe zum Zeitpunkt seiner Weltumsegelung keinem Verein angehört und bisher auch noch keine Segelprüfung abgelegt. Das sind in Deutschland, dem Land der Vereinsmeierei und der Bescheinigungen, wahrhaft schwere Vorwürfe!

Während der Segelprophet im eigenen Lande nichts gilt, kommen aus dem Ausland hohe Ehrungen. Die Slocum-Society in New York, berühmteste Segler-Vereinigung der Welt, trägt Wilfried Erdmann die Ehrenmitgliedschaft an. Und eine italienische Kapitänsvereinigung verleiht ihm feierlich den Titel »Mutigster Seefahrer des Jahres 1968«.

Den schönsten Preis jedoch verleiht sich Wilfried selbst. Der Preis hat langes blondes Haar. Wilfried schwärmt für Haar. Und er schwärmt für die junge Düsseldorfer Sportlehrerin Astrid von Heister – das Mädchen, das er in Gibraltar kennenlernte – und die ihm spontan nach Cuxhaven entgegeneilte.

Im März 1969 heiraten sie.

Aber das ist für das junge Paar nicht der Beginn eines gewöhnlichen bürgerlichen Lebens. Dafür sind sie beide nicht geschaffen. Und so verkauft Wilfried in Hamburg seine alte KATHENA, um sich schon auf der Hochzeitsreise am Mittelmeer ein neueres, größeres, schnelleres Boot anzuschaffen. Er tauft es KATHENA 2. Gemeinsam rüsten sie die Yacht aus und richten sich an Bord häuslich ein.

Im Herbst 1969 startet Wilfried Erdmann zur eigentlichen Hochzeitsreise. Es ist natürlich eine Reise um die Welt. Zwei oder drei Jahre lang will der erste deutsche Weltumsegler Astrid die Ozeane seiner Einsamkeit zeigen.

Anhang

Boot und Ausrüstung
Kathena ist mein erstes Segelboot überhaupt. Als ich es für diese Weltreise erwarb, hatte ich weder Kenntnisse vom Segeln noch Ahnung von Segelbooten. Trotzdem wählte ich richtig. Der gebraucht gekaufte Backdecker brachte mich sicher herum. Zufall? Wie auch immer, das Angebot an Booten für meinen Geldbeutel war ohnehin gering. Und zugegeben: Der eigentlich für die Nordsee mit starken Tiden gebaute Kielschwerter war für mich ein Glücksfall. Ich konnte bei Segelmanövern Fehler begehen, ohne daß sich gleich Beschläge lösten oder gar zu Bruch gingen. Verbindungen waren überdimensioniert, das Rigg mit galvanisiertem Draht und beweglichen Backstagen solide verstagt, der Ballastanteil der dreieinhalb Tonnen schweren Kathena sehr groß: Eineinhalb Tonnen Gußeisen im Kiel und zusätzlich das bewegliche Schwert aus ca. 300 kg Eisen. Die Bewegungen dieses schweren Verdrängungstyps waren angenehm.
Von Nachteil war, daß Kathena soviel Pflege bedurfte. Besonders in den Tropen war das schlimm. Während andere Segler am Strand lagen, mußte ich Farbe verstreichen, das Rigg ölen, Segel nachnähen, festgerostete Wantenspanner lösen und immer wieder die Naturhölzer an Deck lackieren. Womöglich machte ich mir noch mehr Arbeit, indem ich minderwertige Materialien verarbeitete.
An Frischwasser führte ich 120 Liter mit, davon 60 in einem Eisentank unter der Backbordkoje, den Rest in verschiedenen Plastikkanistern. Die Menge reichte selbst während meines 131-Tage-Törns.
An Segeln hatte ich anfangs 6, später 8 Stück. Außer Genua und Groß waren alle aus Baumwolltuch. Das Großsegel hatte Bindereff und Schneckenreff, wovon ich das Bindereff lieber benutzte.
An Bord führte ich zwei Original C.Q.R.-(Pflugschar)Anker von sechs und zehn Kilogramm Gewicht mit. Dazu 25 Meter 8-mm-Kette und 10 Meter 6-mm-Kette mit Nylontrossen. Damit lag Kathena immer sicher, auch bei den schweren Winterstürmen in Alicante.
Die Fallen waren aus Hanf mit Drahtvorläufern. Ich hatte damit nur Ärger: Sie schamfilten schnell, brachen daher häufig. Die Schoten waren aus geflochtenem Terylene.

Kosten
Die Gesamtkosten der Fahrt beliefen sich auf 21 000 Mark. Davon betrug der Kaufpreis der Kathena 8600 Mark, Überholung, Ausrüstung und Navigationsgeräte etwa 5000, der Rest ging für Proviant und das Leben in den Häfen drauf.

Navigation
»Über den Daumen gepeilt hat er«, meinten Segler nach meiner Ankunft in Cuxhaven. So habe ich wirklich begonnen. Bis Panama segelte ich nur mit der Breitenberechnung. Dort ist jedoch der Daumen einer sauberen Navigation gewichen.

Ich kaufte mir ein leistungsfähiges Rundfunkgerät und eine gute Uhr. Damit hatte ich neben Trommelsextant, nautischen Tafeln, HO 249 und Kompaß alles an Bord für eine exakte Ortsbestimmung nach Länge und Breite.

Sturm

Gleich zu Beginn im Atlantik bekam ich meinen ersten richtigen Sturm aus West mit Windstärke 9. Es war nach der Straße von Gibraltar auch der erste langanhaltende Sturm. Ich brachte übers Heck einen Treibanker aus und ließ das Boot ohne Segel treiben. Dabei kam es gelegentlich quer zu den Wellen, was gefährlich aussah, aber außer, daß sich die Seen über den Aufbauten brachen, passierte nichts. Später steuerte ich in den Stürmen meistens per Hand, dabei die Seen immer 2 bis 3 Strich von achtern nehmend. In meinem schlimmsten Sturm bei den Azoren trieb ich wieder ausschließlich vor Treibanker – ich hatte Angst, im Cockpit zu hocken und zu steuern. Der Druck während dieses Unwetters auf den Treibanker muß enorm gewesen sein, denn das dicke Canvastuch des eineinhalb Meter langen Trichters war am Ende total durchlöchert.

Schlaf

Mit dem Schlaf war es sehr unterschiedlich. Manchmal kaum, besonders bei der Ansteuerung der Karibik, innerhalb der Torres-Straße, am Kap der Guten Hoffnung und meinem letzten Stück vom Kanaleingang bis Helgoland, als ich sogar regelmäßig Kaffeesatz aß, um wach zu bleiben. Sonst bemühte ich mich, einen normalen Tages- und Nachtablauf einzuhalten, das heißt: in der Nacht stundenweise zu schlafen, am Tage hielt ich einen Mittagsschlaf.

Schwierigstes Stück

Das war kurz vor dem Ziel, von Land's End bis Helgoland. Während dieser letzten zwölf Tage saß ich fast ununterbrochen in Ölzeug und Gärtnerstiefeln an der Pinne – Tag und Nacht. Wie ich das geschafft habe, weiß ich selbst nicht. Zu Beginn meiner Reise hätte ich solche Strapazen niemals durchgehalten, aber man entwickelt kurz vor dem Ziel Energien, die man sonst nicht hat. Und ich wollte doch durchhalten. Dabei waren lockende Häfen so nahe: Falmouth 5 Meilen, Plymouth 10 Meilen, Dover nur 2 Meilen entfernt. Ins Logbuch hatte ich sogar eingetragen: »Habe mich entschieden, nach Plymouth zu segeln.« Ich lief dann doch weiter.

Dabei immer die Angst vor den Fischkuttern und Handelsschiffen. Am Tage war das nicht schlimm, aber nachts kamen manchmal bis zu 5 Dampfer in einer Linie auf mich zu. Zu den Ängsten und dem fehlenden Schlaf kam noch die Kälte. Es war ja April. Wer segelt da schon nächtelang in der Nordsee. Alle Decken waren feucht. Das Schiff leckte von unten und oben. Weil ich zuwenig Brennstoff hatte, konnte ich den Kocher nur einmal täglich gebrauchen. Und nirgends konnte ich mich richtig aufwärmen. Die Kälte, die Kälte, sie war nach den Tropen am allerschlimmsten. Vielleicht spürte ich sie doppelt, weil ich unterernährt und zu dem Zeitpunkt über vier Monate auf See war.

Bücher
Gelernt habe ich am meisten aus Eric Hiscocks Buch »Segeln über sieben Meere«. Andere hilfreiche Bücher waren: Lindemann »Allein über den Ozean« und »Ein Mann, ein Boot, zwei Kontinente«; Merrien »Sie segelten allein«; Von Meiss-Teuffen: »Ziel im Wind«; Claud Worth: »Yacht Cruising«; Macpherson: »Macphersons Voyages«.
Neben einigen Segelhandbüchern waren auch viele Taschenbücher gestaut. Zum eigentlichen Lesen brachte mich das Buch »Haus ohne Hüter« von Heinrich Böll.

Deutsche Einhandsegler

1927 Günter Plüschow
von Hamburg nach Bahia/Brasilien im Kutter.

1928 Kapitän Franz Romer
von Kap Vincent/Portugal nach den Kanarischen Inseln in 11 Tagen weiter nach St. Thomas/Antillen in 88 Tagen,
Faltboot 6,00 m x 0,95 m, 5 qm Ketschtakelung. Auf der Weiterfahrt nach New York gesunken.

1928 – 1929 Paul Müller
im Juli 1928 in Hamburg ausgelaufen, in Miami am 1.6.1929, Boot vor Kap Hatteras verloren, konnte sich schwimmend retten.
Sloop Aga, Eigenbau, 5,50 m x 1,85 m, zur Hälfte eingedeckt.

1937 Kapitän Ludwig Schlimbach
von Lissabon nach den Azoren in 12 Tagen, weiter nach New York in 46 Tagen,
Yawl Störtebeker III, 10,20 m x2,60 m x 1,60 m.

1938 Hein Garbers
von Hamburg nach Spanien, weiter nach New York in 49 Tagen,
Windspiel III.

1955 – 1956 Dr. Hannes Lindemann
von Las Palmas nach St. Croix/Antillen,
primitiver Einbaum, 7,70 m x 0,76 m, 600 kg Eigengewicht.

1956 – 1957 Dr. Hannes Lindemann
von Las Palmas nach St. Martin/Antillen in 72 Tagen, Klepperfaltboot Arius II, 6,40 m x 1,00 m, 73 kg Eigengewicht.

1962 Dr. Hannes Lindemann
von St. Gentil/Afrika über Ascension, Fernando Noranha/Brasilien nach Port of Spain/Trinidad,
Liberia IV, 9,00 m x 3,15 m x 1,50 m, Doppelender, Kutter getakelt, 7,5 t Verdrängung.

1964 Rollo Gebhard
von Monte Carlo über Gibraltar, Casablanca nach Las Palmas, weiter nach Barbados, Bermuda und New York,
Sperrholzboot, Typ »Caprice« 5,06 m L.ü.a.

1965 – Wilfried Erdmann
1968 von Gibraltar über Panama, Tahiti, Torres-Straße, Kapstadt nach Hamburg, 6 Häfen angelaufen,
KATHENA, 7,62 m x 2,31 m x 1,50 m, 420 Tage, 30 000 Seemeilen. 1. Deutscher Einhand-Weltumsegler.

1968 Claus Hehner
Atlantik-Einhand-Regatta von Plymouth/England nach Newport/USA in 41 Tagen, 12 Stunden, 56 Minuten. Platz: 14.
MEX, Eintonner, 11,42 m x 3,33 m x 1,91 m, 4 503 Seemeilen.

1965 – Alfred Kallies
1969 Weltumseglung auf der Passatroute,
PRU, Spitzgatter, 8,65 m x 2,42 m x 1,25 m, 30 qm Segel am Wind. 2. Deutscher Einhand-Weltumsegler.

1969 Claus Hehner
1. Pazifik-Einhand-Regatta von San Franzisco/USA nach Tokio/Japan, als erster auf der Nordroute, 52 Tage, 6 038 Seemeilen,
MEX Platz: 3

1965 – Walter König
1969 von Hamburg über Panama, Torres-Straße, Kapstadt, Messina nach Stade (gestorben kurz nach der Ankunft).
ZARATHUSTRA, umgebautes Rettungsboot, 7,50 m L.ü.a., 3. Deutscher Einhand-Weltumsegler.

1967 – John Adam
1968 von England über Portugal, Kanaren, Antigua nach Kuba (dort gestrandet), ca. 5 900 Seemeilen,
EVE, 14-qm-Yacht, 5,20 m L.ü.a.

1969 – Ingeborg von Heister
1970 von Gibraltar über Las Palmas nach Barbados. Rückfahrt über Bermuda, Azoren, Gibraltar nach Motril. Trimaran ULTIMA RATIO, Typ Lodestar, 10,50 m x 5,20 m x 0,70 m. 1. Frau, die den Atlantik in beiden Richtungen allein überquert hat.

Seemännische Ausdrücke

astronomische Ortsbestimmung Errechnung des Standorts nach den Gestirnen
beidrehen das Schiff ohne Fahrt oder unter kleinstem Segel treiben lassen
Belegklampe Vorrichtung zum Festmachen eines Taues
Besteck(nehmen) Ortsbestimmung mit Instrumenten
Bilge tiefster Hohlraum im Schiff
Breite geographischer Breitengrad
Bugkorb Geländer am Bug zum Festhalten
Deklination Winkelabstand eines Gestirns vom Himmelsäquator
Dingi kleines Beiboot
Doppelfock zwei Focks beidseitig vor dem Mast
dwars quer, seitlich
Echolot Gerät zur Messung der Meerestiefe durch Schallwellen
einhand Segelausdruck für: allein

Etmal von Mittag zu Mittag zurückgelegte Entfernung
Faden seemännisches Längenmaß: 185 cm (Tausendstel einer Seemeile)
Fall Tau zum Setzen der Segel
fieren herablassen
Genua großes Vorsegel
Großbaum dickes Rundholz zur Befestigung des Großsegels
Großsegel Hauptsegel hinter dem Mast
Heckkorb Geländer am Heck zum Festhalten
hieven hochziehen, heranholen
Kabellänge 185,2 m (ein Zehntel einer Seemeile)
kalfatern Fugen zwischen den Planken abdichten
Kalmen Zonen häufiger Windstillen
Ketsch Yachttyp mit zwei Masten
killen hin und her schlagen
Kimm Horizont
Klüver Vorsegel
Knoten Geschwindigkeit, Seemeile je Stunde
Länge geographischer Längengrad
Lee die dem Wind abgewandte Seite
lenz leer
lenzen pumpen
Liek Saumkante des Segels
Log Gerät zum Messen der Fahrtgeschwindigkeit eines Schiffes
Logbuch Schiffstagebuch
Megaphon Sprachrohr
Meile gemeint ist hier stets die Seemeile (1852 m)
Niedergang Treppe auf einem Schiff
Pantry Anrichtekammer auf Schiffen (auf kleinen Seglern zugleich Küche)
Passat beständiger Tropenwind
Passatsegel Vorsegel zum Segeln direkt vor dem Wind
Persenning starkes Tuch
Plicht vertiefter Stauraum am Ruder, auch Cockpit genannt
Pütz Eimer
pullen rudern
Reede Ankerplatz vor dem Hafen
reffen verkleinern der Segelfläche
Rigg alle Taue und Drähte, die zum Halten des Mastes dienen
Ruder Steuer des Schiffes
Saling Querstange am Mast
Schäkel Verbindungsstück
schamfilen das Scheuern von Segeln und Tauwerk
scheren Tauwerk durchziehen, durchstecken
schlingern Schwanken des Schiffs um die Längsachse
Schot Segelleine
Schwert aus dem Schiffsrumpf nach unten ausfahrbare Platte zur Verbesserung der Segeleigenschaften
Schwertkasten Verschalung des Schwertes
Seemeile 1852 Meter
Sextant Instrument zum Messen von Winkeln
Skorbut Vitamin-Mangelkrankheit
slippen Schiff an Land holen
Spiere Stange, Rundholz
Spill Winde auf Schiffen
Spinnaker-Baum Stange zum Abspreizen des Vorsegels
spleißen Drahtseil- oder Tauenden miteinander verflechten
Stag (Stage) Drahttauwerk, das den Mast längsschiffs hält
stehendes Gut unbewegliche Spannseile des Mastes
Stropp Tau-Schlinge
Sturmfock kräftiges kleines Vorsegel
Takelage sämtliche Leinen und Seile an Mast und Segeln
Törn bestimmte Zeit oder Strecke

Top Spitze (des Mastes)
Treibanker Tuchgestell zum Bremsen des Schiffes bei Sturm
Trimaran Boot aus drei miteinander verbundenen Rümpfen
trimmen Lasten auf dem Schiff gleichmäßig verteilen
versetzen vom Kurs abtreiben
Wanten Drahttauwerk zur seitlichen Verspannung des Mastes
Wende Segelmanöver mit dem Bug durch den Wind
wriggen Fortbewegung eines Bootes durch einen einzigen Riemen (Paddel) am Heck
Zurring Leine zum Festzurren

Einnahmen: 1968

von der Fahrt – nach der Fahrt

Mai	– BILD / langes Interview	150,–
"	– dpa / ausführliche Informationen	100,–
"	– Südwestfunk / Gespräch	100,–
"	– BILD / 2 eigene Fotos	100,–
"	– ZDF-Sportstudio mit Boot	500,–
"	– STERN / Bericht + Bilder, excl.	10 000,–
"	– Blick in die Welt (Wochenschau)	50,–
"	– NEUE REVUE 1. Bild	100,–
"	– ZDF - Goldener Schuß / E:Gast	500,–
"	– Hbg. Morgenpost / Bild	75,–
"	– WDR / Interview	150,–
Juni	– YACHT - Gespräch	200,–
"	– RIAS / 1. Stunde Gespräch	500,–
"	– Deut. Welle / engl. Programm	75,–
Aug.	– WDR / Schulfunktext (4 Folgen)	1200,–
Sept.	– Hess. Rundfunk / Textbericht	250,–
Dez.	– ZDF - Verflixte Monat / Quiz	500,–
		14550,–

KATHENA
Länge: 7,61 m
Breite: 2,30 m
Tiefgang: 0,90/1,50 m
Segelfläche: 24 qm
Verdrängung: 4 t
Hilfsmotor: defekt,
Schraube ausgebaut.

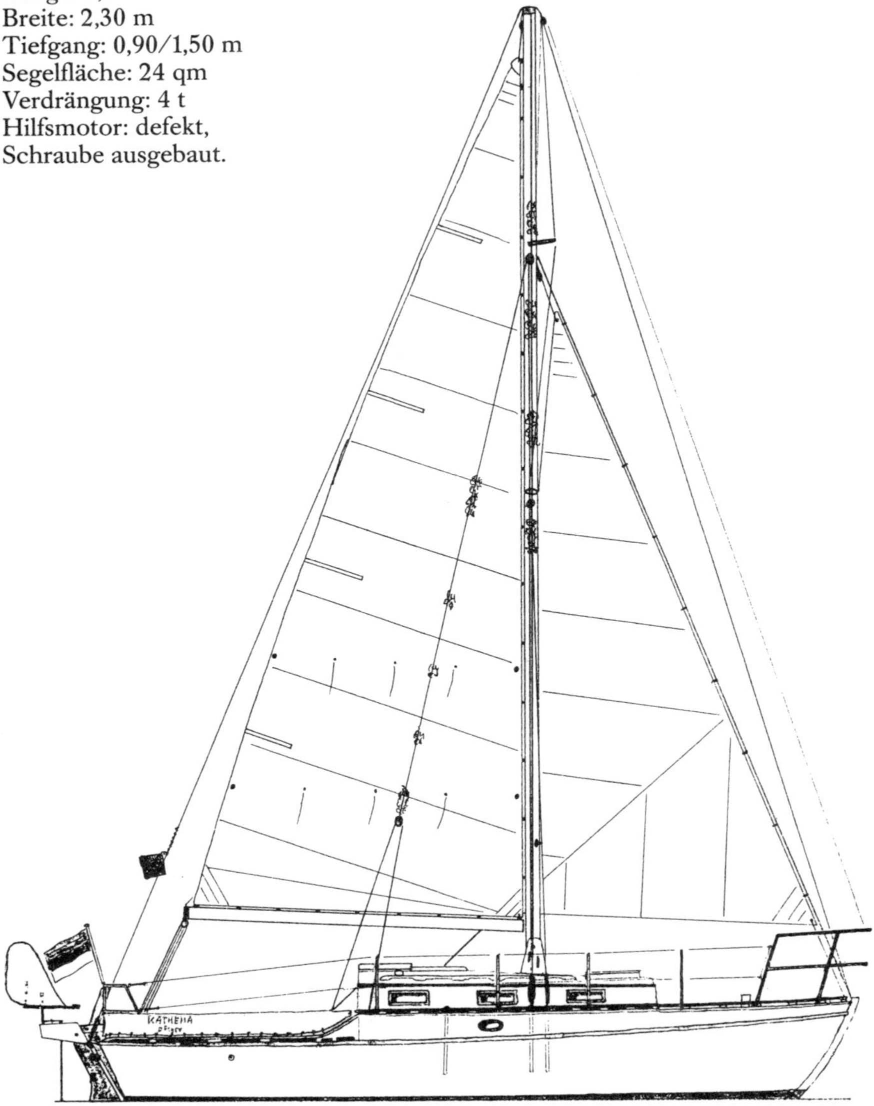

Das Schiff

Die „Kathena" ist 1952 bei John A. Ley in Scarborough, England, gebaut worden. Der Rumpf besteht aus Lärchenplanken, auf Eichenspanten gezogen, die Kajüte aus Mahagoni. Zur Zeit schimmern durch das Wasser Algen und Muscheln am Unterwasserschiff. Die Farbe ist teilweise abgeplatzt, an den Metallteilen kommt Rost hervor. Leinen, Fallen und Schoten sind stark abgenutzt, zum Teil fachgerecht angespleist. Dabei sieht das Schiff nicht verwahrlost aus. Es spricht nur die Sprache der Reise, die hinter ihm liegt.

In der gemütlichen Kajüte gibt es je eine Koje backbord und steuerbord vom Schwertkasten. Die Polster darauf noch naß von der langen Reise. Ein Teil der Backbordkoje wird von dem Kartentisch eingenommen, auf dem Seekarten liegen.

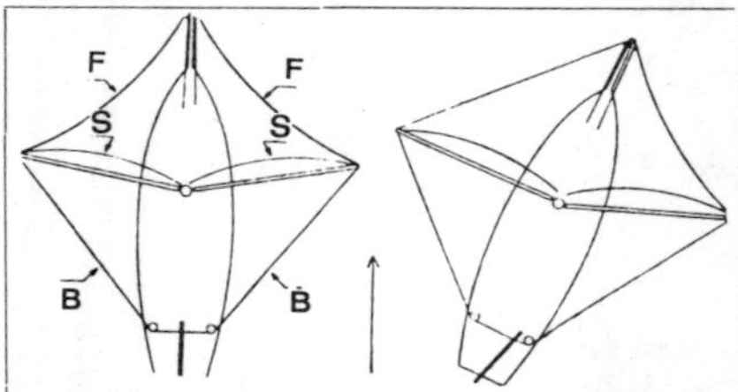

Selbststeuernde Passatbesegelung (Doppelfock). In den Zeichnungen sind die Vorsegel am Mast angeschlagen. Erdmann fuhr seine Vorsegel an zwei Vorstagen, die halbenwegs zwischen Steven und Mast nebeneinander auf dem Vordeck verankert waren. S = Segel, B = Achterholer, F = Vorholer. Die Achterholer werden durch Blöcke auf beiden Seiten des Achterschiffes an die Pinne geführt. Wenn die Yacht aus dem Kurs schert (rechts), erhält das Luvsegel größeren Winddruck als das Leesegel, zieht die Pinne nach Luv, und das Schiff kehrt auf den alten Kurs zurück.

Aus „Segeln über sieben Meere" von Eric C. Hiscock, erschienen im Verlag Delius, Klasing + Co., Bielefeld.

An den Kajütseiten sind Bücherborde angebracht, in denen sich Seehandbücher, Segelliteratur und eine ganze Reihe von Taschenbüchern befinden.

An der Steuerbordseite der Kajüte ist ein Pumpklosett eingebaut.

Die Ausrüstung

Die „Kathena" verfügt nur über ein Minimum an Ausrüstungsgegenständen. An der Vorderseite der Plicht ist der Kompaß angebracht, den Erdmann sich vor seiner Reise in Hamburg gekauft hatte. Kompensiert ist er nicht. Dies sei, so Erdmann, auch gar nicht nötig, da man nach gewisser Zeit auf See doch feststellt, wie groß die Abweichungen sind. Dazu ein Zweitkompaß unter Deck. Sextant, Armbanduhr, Radioempfänger (Transistorgerät), Ankergeschirr, Treibanker, zwei Spinnakerbäume. Ein Großsegel, acht Vorsegel.

Unter der Plicht ist die Maschine eingebaut, die er trotz mehrerer Reparaturen nie richtig zum Laufen brachte. Er gab's schließlich auf und verschenkte nach und nach alle wichtigen Teile des Motors, Magnet, Vergaser, Schraube usw. Erdmann hätte wohl auch die Maschine selbst verschenkt, wenn er nicht befürchtet hätte, daß die „Kathena" ihre Selbststeuerungs-Eigenschaften verlieren würde.

Wie eine Selbststeueranlage auszusehen habe, zeigte ihm Weltumsegler Bernard Moitessier im Hafen von Alicante. Er baute sich eine, doch sie fiel bereits zu Anfang der Reise aus. Erdmann begnügte sich danach mit der Doppelfocksteuerung (siehe Skizze links oben). Unter ihr war das Schiff weit kursstabiler.

In Alicante hat Erdmann auch die Seereling durch einen direkt am Kai aus selbstgebogenen Gasrohren gebauten Heckkorb völlig sicher gemacht. Auch das Cockpit machte er selbstlenzend — zum größten Teil mit Hilfe von Brettern, die er aus dem Hafen von Alicante fischte.

Instandhaltung

In jedem Hafen wurde fleißig lackiert, auch wurden die 6 mm starken Wanten und Stagen (Eisen verzinkt) mit einer Stahlbürste bearbeitet und hinterher mit Leinöl und Lack eingerieben. Nachdem er seinen ersten Atlantiktörn überstanden hatte, setzte er Schamfilings aus Kabelgarn überall dort hin, wo die Segel stark gescheuert hatten.

Große Flicken aus Segeltuch prangen im Groß- und Vorsegel. Erstaunlich ist, daß die Befestigung der Segelschlitten am Großsegel gehalten hat: Sie sind nur mit Perlonbändseln lose ans Liek gebunden.

Da das Schiff durch Wirbelbildung im Propellerbrunnen sehr schlecht auf dem Ruder lag, nutzte Erdmann in Papeete die erste Chance, sein Schiff zu slippen. Er

„Hätte ich nicht vorher noch mal lackieren sollen?" — Die „Kathena" im Schlepp vor Cuxhaven.

verschalte den Propellerbrunnen und erneuerte auch gleichzeitig die Ruderbefestigungen, die stark abgenutzt waren.

Durch die flache Bilge bedingt, mußte Erdmann zweimal am Tag pumpen, bei schwerem Wetter sogar fünfmal. Da der Schwertkasten im Indischen Ozean durch Bohrwurm-Befall sehr stark zu lecken begann, reparierte er ihn in Kapstadt mit Glasmatte und Polyester. Seitdem ist er dicht.

Pantry und Proviant

In einer kleinen Pantrysektion auf der Steuerbordseite der Kajüte kochte Erdmann auf einem Propangaskocher. Schwierig war es unterwegs, die Flaschen neu füllen zu lassen, die Anschlüsse wollten nie passen. In Papeete beauftragte er schließlich eines der sich stets an der Pier einfindenden Mädchen, die Flasche füllen zu lassen. Schon nach zehn Minuten war sie mit der gefüllten Flasche wieder da. Seitdem spannte er für dergleichen Besorgungen nur noch Mädchen ein.

Auf See hat Erdmann am Tag zwei bis drei Mahlzeiten zu sich genommen. Anfangs war Reis sein Grundnahrungsmittel, später auch Kartoffeln. Und viel Zwiebeln als Vitaminspender. Daneben ernährte er sich von Konserven wie Mais, Spaghetti und Corned Beaf. Auf seinem letzten Törn von Kapstadt nach Helgoland hat Erdmann 239 Konservendosen und 50 kg Zwiebeln mitgenommen. Wasser trank er kaum, dafür aber viel Fruchtsaft. Davon hatte er 48 Dosen mitgenommen. So kam er mit 110 l Wasser von Kapstadt bis Helgoland aus, zur Hauptsache brauchte er es zum Kochen. Die Nahrungsmittel indessen wurden sehr knapp gegen Ende der Reise. Trotzdem hatte er nach seiner Ankunft keinerlei Hauterkrankungen.

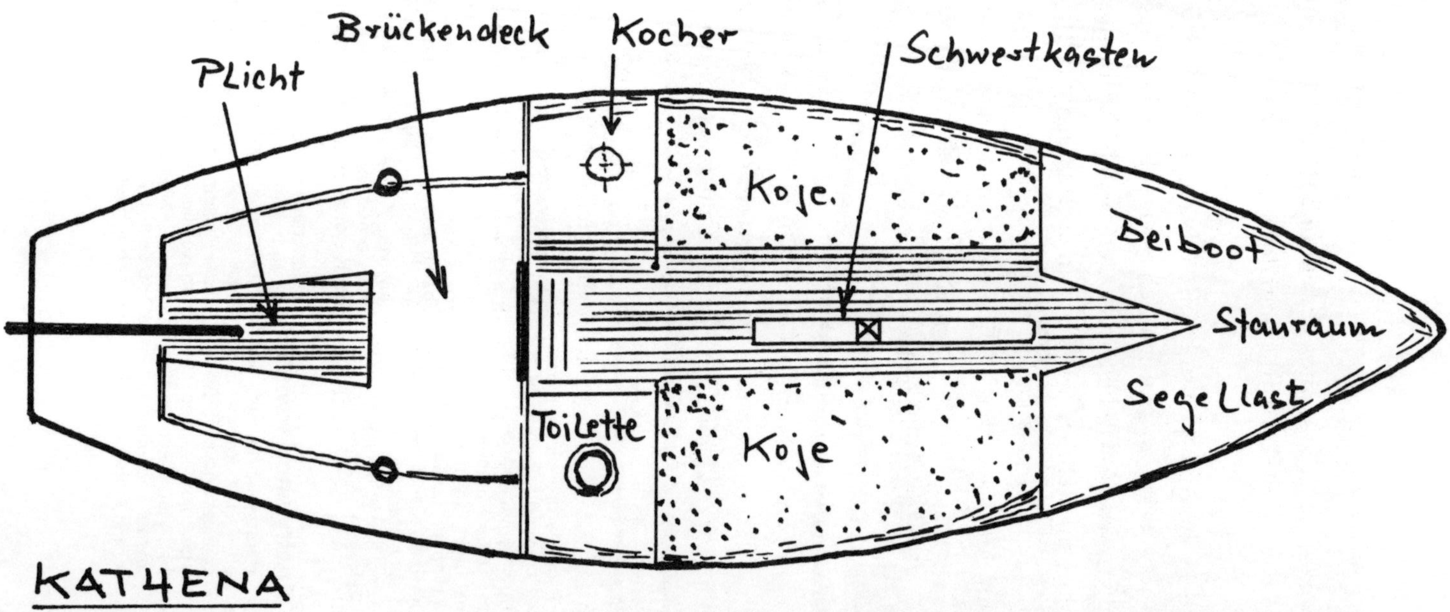
Plicht
Brückendeck
Kocher
Schwertkasten
Koje
Beiboot
Stauraum
Segellast
Toilette
Koje
KATHENA

Anhang 2

Wilfried Erdmann trifft Johannes Erdmann 2010
Oder: Langfahrtsegeln 1968 trifft Langfahrtsegeln 2006

Wir haben uns in unserem Haus getroffen. Nahe der Schlei. Das ist ein kleiner Fjord hoch oben im Norden Schleswig-Holsteins. Nach einem Pott Kaffee entern wir das Giebelzimmer, um Segel-Geschichte zu erörtern. Ungewohnt still nehmen wir Platz an einem langen mit Papier beladenen Tisch. (Ich schreibe gerade an einem neuen Buch.) Es ist ein verregneter Novembertag. Heftige Böen klatschen gegen die Scheiben. Eben unser Wetter. Novemberwetter. »Schöner geht's doch gar nicht.« Schließlich soll es um Ozeansegelei und die Leidenschaft fürs Alleinsegeln gehen.
Ich segelte mit 26 Jahren (1966/68) als erster Deutscher um die Erde, Johannes Erdmann als 19-Jähriger (2005/06) über den Atlantik. Beide allein. Beide mit kleinen Booten von sieben und acht Metern Länge. Fahrtensegeln »zu damaliger Zeit« gegen Fahrtensegeln »zu heutiger Zeit« soll unsere Aufgabe sein. Und es soll um dieses Buch, »Mein Schicksal heißt Kathena«, gehen, das viele junge Menschen seglerisch auf den Weg gebracht hat. Sagt man. Ich habe mich mit Fragen an Johannes vorbereitet, Johannes stellt seine Fragen an mich spontan. (Zum besseren Verständnis: Wir tragen nur zufällig den gleichen Nachnamen.) Also:

Johannes, du hast frisch von der Schule weg den Atlantik mit einem ziemlich ausgesegelten Boot überquert. Warum? Wolltest du etwas beweisen?
Johannes: Vielleicht dass Jugendliche nicht so ziellos sind, wie allgemein dargestellt wird. Vor allem wollte ich etwas riskieren, etwas erleben, etwas Besonderes tun. Die Reise hatte keine Überschrift. Letztendlich weiß ich es nicht genau. Wahrscheinlich stand das Tun im Vordergrund

und nicht nur darüber zu lesen und zu träumen. Ja, ich habe mit einer Jolle auf dem Allersee bei Wolfsburg angefangen und da schon gemerkt, dass Segeln um die Wette im Dreieck nicht mein Ding ist. Ich wollte mit einem Boot segeln und darauf leben. Wenn ich mit einem Auto auf Weltreise gehe, stoße ich immer an ein Ufer und komme nicht weiter. Das musst du doch auch gemerkt haben, als du in den 1950er-Jahren mit dem Fahrrad unterwegs nach Indien warst.

Mit einem Rennrad. Ja, ja.

Johannes: Wasser fasziniert, zieht mich an – und es verbindet die ganze Erde. Sie steht mir mit einem Boot offen. So kam es zu der Atlantiküberquerung mit MAVERICK.

Ich wollte mein Leben ändern. Mit Anfang zwanzig dachte ich, das kann es doch nicht sein: Arbeit. Essen. Trinken. Tag um Tag. Also ging ich leidenschaftlich daran, mir einen Höhepunkt im Leben zu verschaffen. Allein um die Welt segeln erschien mir gerade richtig, klang nach Sport und Abenteuer zugleich. Folglich legte ich mir einen Plan zurecht: Zuerst Geld beschaffen, dann ein Schiff, damit segeln üben, ablegen. Du hast ja meine Geschichte gelesen.

Johannes: So war auch mein Plan, seit ich mit 13 Jahren dein Buch in der Schulbibliothek ausgeliehen und gemerkt habe: Genau das will ich auch machen. Mit dem ersten Kajütboot hat es gedauert. Ich musste meinen Vater erst überzeugen. Zusammen waren wir dann auf der Müritz und der Ostsee. Schon da dachte ich, das wäre das offene Meer. Wenn der Tag gelblich in die Nacht überging, habe ich mir vorgestellt, wie es auf dem Ozean aussieht. Wann genau kamst du auf die Idee mit einer Weltumseglung?

Paradoxerweise lernte ich in Indien das Meer kennen: schwimmen über Korallen, blaues Wasser und ein Segelboot. Meine spontane Reaktion war: Das ist meine Welt, meine Bestimmung.

Johannes: So weit habe ich zu der Zeit logisch nicht gedacht. Ich wollte etwas tun.

Wilfried und Johannes Erdmann auf der Kieler Förde

Über deine Jolle und diverse Kleinstboote bist du bei deiner MAVERICK, *Typ Fellowship 27, gelandet, mit der du über den Ozean bist. Wie das? Wie kamst du da ran?*
Johannes: Ich habe es über Ebay ersteigert. Das Vertrauen zum Boot war sofort vorhanden, und es war günstig.
Und das Geld fürs Boot?
Johannes: Meine Familie. Vater und Onkel hatte ich schon infiziert. Zusammen suchten wir ein bequemes Ostseeboot. Jeder gab 3000 Euro, ich dagegen lieferte alle Arbeit am Schiff. Das war ein fairer Deal, und 6000 Euro war auch ein günstiger Kauf für ein seetüchtiges Gefährt. Ich dachte mir, dein Boot war noch kleiner und ebenfalls nicht für eine Weltumseglung gebaut.
Wie lange hast du über den Atlantik gebraucht?
Johannes: 31 Tage. Du musst wissen, das Wetter war sehr rau, und ich hatte einige Probleme mit dem Boot.
Ich hatte keine Probleme mit meinem Boot und habe 46 Tage gebraucht. Dafür Probleme mit mir selbst. Ich war sehr lethargisch. Segelmanöver und Reparaturen wurden geschoben und geschoben, selbst zu etwas Wichtigem wie Essen kochen hatte ich wenig Lust. Kochen konnte ich sowieso nicht. Dose öffnen und Inhalt aufwärmen war alles.
Johannes: Ich war von Anfang an mit Leib und Seele dabei. Kochen konnte ich gar nicht, hatte viel Ravioli dabei. 20 Dosen habe ich in der Karibik weggeworfen, konnte das Zeug nicht mehr sehen. Aber die Stimmung war gut.
Mir hat es auf See auch gefallen. Womöglich zu gut gefallen. Ich konnte stundenlang auf dem Deck liegen und ins Bugwasser gucken. Alles war schön. Wie sahen bei dir perfekte Tage aus?
Johannes: Generell genau so, wenn an Bord alles intakt war und blieb. 110 Seemeilen am Tag, mehr machte MAVERICK nicht. Das war für mich schon Rauschefahrt. Die blaue See machte glücklich.

Wie fühlt man sich als Alleinsegler in einem Hafen oder in einer Bucht, wenn man nach der Überquerung nur auf Crews trifft, die gemeinsam segeln, gemeinsam schwimmen, gemeinsam bummeln? Rennt man dann gleich in ein Internetcafé, um zu kommunizieren? Oder wie ich zu meiner Zeit in eine Kneipe, um Kontakte zu knüpfen.
Johannes: Allein auf See war ich immer in meinem Element und vollkommen erfüllt, aber in einem fremden Hafen fehlte mir dann doch jemand, um die Eindrücke zu teilen. Ja, zumindest nach Hause telefoniert und meine Homepage aktualisiert, das habe ich gemacht. Auch stöberte ich zum Beispiel gerne durch die Backstreets. Habe mich absichtlich in den Städten verlaufen und dann wieder versucht, zurück zum Boot zu finden.
Kommunikation war bei mir hauptsächlich Briefe schreiben. Briefe auf Papier.
Johannes: Wie lange hat es bis zur Antwort gebraucht?
Lange. Monatelang. Manchmal überhaupt nicht. An Technik hatte ich anfangs nur Sextant und batteriebetriebenen Plattenspieler an Bord. Eine Uhr und Radioempfänger kamen erst nach dem Atlantik hinzu.
Johannes: Das ist für mich heute kaum noch vorstellbar, Sextantennavigation. Ich navigierte, logisch, mit GPS. Hat man heute. Luxus war ein Satellitentelefon auf Wunsch meiner Eltern.
Was hast du beim Segeln übers Meer über dich herausgefunden?
Johannes: Es werden einem die eigenen Grenzen schon sehr deutlich aufgezeigt. So absurd es klingt: Durch den Atlantik habe ich wirklich verstanden, wie groß das Meer und wie klein mein Schiff ist. Inseln und Meer und Segeln, das ist eine Urwelt, die man nie richtig durchschaut. Diese Welt hat eigene Gesetzmäßigkeiten und deshalb möchte ich beim Segeln bleiben, beim Fahrtensegeln. Übers Meer komme ich zu Regionen, wo andere nicht hinkommen.
Hast du gefunden, was du suchtest?
Johannes: Klar doch. Amerika beispielsweise. (Lacht herzhaft).

Mir ist aufgefallen, du wirkst auf Fotos und Filmsequenzen meistens glücklich, eigentlich entrückt. Warst du es?

Johannes: Ja, mir hat alles gefallen. Ich war zufrieden mit mir, selbst wenn mir elend zumute war. Zum Beispiel wenn es Bruch gab bei schlechtem Wetter. Ich hatte auf See das Gefühl, wenn ich mich quäle, habe ich es richtig gemacht. Selbst Fehler haben mich nicht entmutigt. Ich war sogar dankbar für Rückschläge – denn meist haben die letztlich viel tollere Ergebnisse geliefert, als wenn alles glatt gelaufen wäre.

Nun, ich habe vermutlich noch mehr Fehler gemacht. Aber mein Boot konnte sie wegstecken, und folglich habe ich mir keine großen Sorgen gemacht. Auch als ich wegen mangelnder Navigationsmöglichkeiten an der Insel Barbados vorbei bin. Das hat mir nichts ausgemacht. So hatte ich später etwas zu erzählen. Außerdem war St. Vincent auch schön. Verleihen Fehler Individualität?

Johannes: (zögert) Fehler, hm, gehören dazu. So habe ich mich in vielen Dingen nicht optimal ausgerüstet: Proviant, Ersatzteile, Werkzeug beispielsweise. Fehler machen auch beweglich. Sie tragen sehr zum Abenteuer bei. Außerdem habe ich mich eher wie in einer Abenteuerschule bewegt als in einer Segelschule. Wenn nichts passiert, seemännisch wie technisch, dann wird's langweilig. So gesehen war es schön, mit so einem wrackigen Boot zu reisen.

Fehler waren Teil meiner ersten Seereise. Du weißt, ich habe mich ohne jegliche Erfahrung auf das Wagnis Meer gestürzt. Doch mit Geschick und Glück habe ich meine fehlenden Kenntnisse kompensiert. Derartiges probiert man ja normalerweise in der Jugend aus. Narben haben die Fehler nicht hinterlassen, bei dir offensichtlich auch nicht.

Johannes: Ich könnte nächste Woche gleich wieder lossegeln. Aber diesmal würde ich mehr Wert auf die Vorbereitung legen.

Wer war der Erste, der dich beflügelt hat, genauer, der dich animiert hat?

Johannes: Du mit deinem Buch »Mein Schicksal heißt Kathena«. Als

13-Jähriger habe ich es verschlungen. Gleich am ersten Abend 120 Seiten geknackt. Den Rest dann anderntags. Du warst mein erstes Segelbuch.

Danke. Die Antwort ist mir nicht neu, ist ja auch ein Jugendbuch. Aber war es nicht Robin Lee Graham, der in deinem Alter gleich um die ganze Welt ist, und von dem ich weiß, dass du ihn sehr verehrst?

Johannes: Mit Robin konnte ich mich identifizieren, aber seine Voraussetzungen waren ganz andere. Er hatte praktisch einen Segelauftrag, vom Vater zunächst, später vom Magazin »National Geographic«. Mit 18 habe ich sein Buch gelesen. Gleich auf Englisch. Mich faszinierte seine Geschichte.

Du hast mich gelesen. Hast du auch von mir gelernt?

Johannes: Selbstbestimmt sein und sich die zerbrechliche Seite bewahren, das fand ich Klasse. Und: Einfach machen und Dinge einfacher machen. Wurmlöcher im Rumpf mit Streichhölzern dichten, darauf muss man erst mal kommen. Und das Boot als Mittel zum Zweck betrachten. Ich habe unterwegs festgestellt, dass diese Einstellung richtig war.

Hat der jahrelange Blick auf dein Vorhaben dich verändert?

Johannes: Ja, im Vorfeld besonders. Im Kopf war ich fast fünf Jahre damit beschäftigt, der Reise Struktur zu geben, um mein Ziel zu erreichen. Also, das Boot kaufen, Seekarten und technische Ausrüstung besorgen. Und dabei immer die Kosten im Auge behalten. Jetzt fehlt mir ein wenig das Ziel – das Lebensziel.

Weißt du schon, wohin dein Weg dich führt? Seglerisch?

Johannes: Ich weiß, es muss ein Gegensatz stattfinden, etwas, was man nicht lange erklären muss, etwas Überraschendes. Doch. Aber es gibt nichts Konkretes. Extremsegeln hat wirklich auch viel mit Geld zu tun. Und daran hapert es allemal für solche Vorhaben.

Leistungssegeln erfolgreich zu betreiben, ist hierzulande in der Tat eine Lotterie. Gegen Frankreich sind wir diesbezüglich ein Entwicklungsland. Dabei bräuchte die deutsche Segelszene Veränderung. – Wundere dich nicht, was ich jetzt aus deinem Buch zitiere. »Ich beschloss, mir zu vertrauen, dass ich es schaffen würde. Mir und dem Anderen da draußen, diesem Jemand, der in den Stürmen auf mich aufpasst und mich irgendwie auf die andere Seite des Atlantiks bringen würde.« Das ist eine wunderbare Gedankenwelt. Du hattest eine Bibel an Bord – und hast darin gelesen.

Johannes: Auf dem Atlantik sehr viel, täglich. Ich fühlte mich nie allein. Und habe mich über Zufälle gewundert. Die häuften sich im Laufe der Reise. Das große Finale kam in den USA. Eines Tages machte ich in South Carolina neben einer Familie fest, deren drei Töchter exakt das gleiche Alter hatten wie meine Geschwister und ich und auch noch perfekt deutsch sprachen. Gelernt von einer Lehrerin, die nur zwei Dörfer neben uns aufgewachsen ist. Als ich dann für fünf Tage kostenlos liegen bleiben konnte, Ersparnis 250 Dollar, und dort auch noch eine alte Schulfreundin wiedertraf, war das Zusammenspiel perfekt.

Ich hatte zu meiner Zeit auch eine Bibel an Bord. Wobei mir im Laufe der Weltumseglung die Werkzeugkiste (gezwungenermaßen) näher stand. Wenn ich göttlichen Beistand gebrauchen konnte, wollte ich ihn nicht. Das war mir zu billig. Und wenn ich Zeit und Muße hatte, standen Erholen, Schlafen und Träumen mir näher. –

Ankunft und Ende. Mir hat das Ankommen auf der Elbmündung großartig gefallen. Es war sensationell. Die Menschen, die Neugierde, das Interesse der Öffentlichkeit. Mir wurde rasch bewusst, hierzulande etwas zum Aufbruch »Weltumsegeln« beigetragen zu haben. Auch das anfängliche Misstrauen, das mir entgegengebracht wurde und an dem ich nicht schuldlos war, steckte ich locker weg. Ich wollte nämlich nicht alles ausplaudern. Ein wichtiger Grund sollte das Ungesagte bleiben, der Bereich, in dem Fragen und Fantasien entstehen. Das ging dann schief. Mir wurde für ein paar Tage meine Umseglung nicht abgenommen. Das war schlimm einerseits. Andererseits verlieh mir dieser Aspekt Individualität. Heute ist er Teil meiner Geschichte geworden. Wie war es bei dir? Warst du glücklich nach dem Ende deines Törns, aber auch gleichzeitig bereit, wieder loszusegeln?

Johannes: Der Verkauf von MAVERICK in den USA war blöd und ging mir nahe. Gern hätte ich die Rückfahrt über den Azoren gemacht. Aber ich traute dem Boot nicht mehr. Und unter solchen Umständen macht Reisen keinen Spaß. Zudem hatte ich meinen Eltern geschworen, mein Studium pünktlich zu beginnen.

Studium des Schiffbaus?

Johannes: Ja, in Kiel. Das habe ich nach zwei Semestern abgebrochen. Es hatte zu viel mit Mathematik zu tun. Schreiben lag mir schon immer näher als Rechnen. Jetzt bin ich Volontär bei der »Yacht« in Hamburg. Mit eigenem Büro.

Und Blick auf die Alster?

Johannes: Nein, nein, auf einen Innenhof. Aber mit Blick auf ein Foto der Bahamas über meinem Schreibtisch. (Lachen beide). Ich lerne viel. Komme aber leider nicht viel zum Segeln.

Hervorzuheben ist deine Familie. Alle waren mit ganzem Herzen dabei, haben dich unterstützt und etwas beigesteuert: Mutter, Vater, Schwester, Bruder, Großmutter. Beneidenswert. Auch Onkel Uwe muss ein wundervoller Mensch sein. Solche Familien gibt es nicht allzu oft. Dieser Umstand hat sicher viele beeindruckt. Und bestimmt auch, dass du aus Wolfsburg kommt, der Stadt, in der normalerweise VW vieles richtet. Dass diese vermeintliche Bequemlichkeit nicht die ideale Atmosphäre für Abenteuer ist, hast du früh erkannt – und dich davongemacht. Bei mir, ich war zwar ein wenig älter, musste ich an Land wie auf See alles alleine regeln. Und es ist gut gegangen. Aber von einer langen Reise, ja von einer besonderen Reise zurückzukommen und niemand erwartet einen am Kai, ist ein ganz schlimmer Moment. Die »Bild« hatte das erkannt und unter dem Gesichtspunkt – »zu einem Weltumsegler gehört ein Mädchen« – meine Freundin eingeflogen. Das hat das Ankommen perfekt gemacht.

Johannes: Ich hatte diesen starken Bruch und dieses Verlangen nicht.

Womöglich lag es daran, dass ich auf See fast täglich über Satellit mit meinen Eltern telefoniert habe. Das hatte ich ihnen versprochen. So war diese Sehnsuchtsstimmung kaum vorhanden. Natürlich habe ich meine Familie vermisst, aber es gab zugleich so viel Neues zu entdecken.

Hast du bei Angst zum Telefon gegriffen? Ich werde häufig mit der Angstfrage konfrontiert. Wie sah es bei dir aus?

Johannes: Ich habe meist bei guter Stimmung telefoniert und wenn ich Fragen hatte. Bei Angst hat man keine Fragen.

Dein Buch »Allein über den Atlantik« liest sich fabelhaft locker. War der Sprung von Bord in die Schreibarbeit eine Überwindung?

Johannes: Nein, überhaupt nicht. War echt toll. Eher eine Befreiung, diesen Traum zu Ende gebracht zu haben, und dann durfte ich alles, wirklich alles nochmals beim Schreiben durchleben. Mir sind dabei Sachen eingefallen, die ich längst vergessen hatte. Merkwürdige Episoden, die ich nicht ins Logbuch eingetragen hatte. Hat echt Spaß gemacht. Ich war selten so glücklich wie beim Schreiben des Buches.

Man spürt es. – Johannes, das Faszinierende am Ozeansegeln liegt in der unglaublichen Freiheit, die man als Alleinsegler spürt. Für mich jedenfalls. Mir hat der erste Schlag auf dem Meer so gut gefallen, dass ich es nicht eilig hatte. Konnte sowieso nicht schnell sein ohne funktionierende Selbststeueranlage, ohne genaue Navigation, ohne Maschine. Trotzdem fühlte ich mich großartig und notierte schon am zweiten Seetag: Das ist mein Ding. Fühltest du Vergleichbares?

Johannes: Ähnlich. Nicht gleich nach dem Start in Lissabon, da kämpfte ich mit mulmigen Gefühlen, Seekrankheit und Abschiedsschmerz, aber nach und nach fühlte ich mich total frei. Aufzuwachen und das gigantische Meer allein für mich zu haben, war einfach fantastisch. Ich hätte nach dem Atlantikcrossing gleich weiter segeln können. Ich dachte an deine erste Nonstopumseglung und stellte mir vor, den Atlantik noch achtmal am Stück zu erleben. Da wirkte der Monat auf See sehr kurz.

Was empfandest du bei der Abfahrt von Kiel oder Cuxhaven im Hinblick auf die vor dir liegende Zeit?

Oh Gott. Nichts Gutes. Ich war ziemlich down. Frau, Kind so am Steg zurückzulassen, kostete 'ne Menge Überwindung. Lieber weiter: Was vermisst du auf See am meisten?

Johannes: Nix. Keine heiße Dusche. Keine Kühlung. Keine Steaks. Luxus brauche ich nicht. Ich hatte ja mein Telefon und meine Bücher – ich liebe Clive Cussler.

Jetzt eine hypothetische Frage, du kennst dich ja theoretisch aus. Wärst du lieber zu meiner Zeit losgesegelt?

Johannes: Ja, ja, ja. Auch unter dem Aspekt, mehr Risiko eingehen zu müssen, auf Selbststeueranlage, GPS, Computer, Radar und so weiter verzichten zu müssen. Verglichen mit den alten Weltumsegler-Büchern war nichts mehr so wie damals. Das stimmte mich manchmal traurig. Ich hätte es gern zu deiner Zeit erlebt. In den Bahamas ist es noch so, aber in der Karibik, nee … sogar die Natur hat sich bisweilen verändert.

Gleich noch eine komische Frage nachgelegt. Was hältst du davon, perfekt zu sein? Ich bin's nicht. Mir wurde das negativ ausgelegt. Ich machte zwar Fehler, kam aber niemals in die Bredouille. Nach meiner ersten Umseglung wurde ich in den Kieler Yachtklub zum Essen eingeladen. Mein Tischnachbar war ein berühmter deutscher Regattasegler. Als ich ihm bei der Vorspeise erzählte, dass ich manchmal eine Woche lang die Pinne nicht angerührt hätte, stellte er die Unterhaltung ein und war nach dem Hauptgang verschwunden. Ja, wirklich. Das habe ich nicht verstanden.

Johannes: (Lacht.) Ich bin auch alles andere als perfekt, mache Fehler und finde das menschlich. Man kann nicht auf alles vorbereitet sein, denn dann fährt man nie los. Übrigens, ich habe auf der Atlantiküberquerung auch einmal zwei Wochen lang nichts am Boot verändert.

Thema Anerkennung. Bist du zufrieden mit der Resonanz auf deine Reise?

Johannes: Ja, total. Dass meine Reise so angenommen wurde, hätte ich im Traum nicht gedacht. Wirklich. Ich durfte veröffentlichen und bekam auch noch Geld dafür. Was gibt es Schöneres.

Wenn ich die Weltkarte länger anschaue, fängt die Fantasie unglaublich zu wuchern an. Dabei muss ich nicht mehr extrem segeln. Ich habe sozusagen meine Freiheit ersegelt nach 40 Jahren in der Szene. Da habe ich es besser als du. Der junge Segler Johannes mit einem Erfolg im Logbuch muss dagegen noch für seinen »Ruhm« sorgen. Nochmals: Wie sieht es diesbezüglich aus?

Johannes: Das mit dem Blick auf die Karte kenne ich gut, aber abwarten. Erst das Volontariat bei der »Yacht« und Erfahrung im Beruf sammeln – dann kommt Neues. – Ganz sicher. Zwangsläufig! – Ich kann gar nicht anders.

Vielleicht nonstop? Mach es. Es ist mit Schmerz verbunden. Aber ein schöner Schmerz, wenn alles gut geht. Die Qualität einer Nonstopfahrt basiert nicht auf der Zeit, sondern im Bewusstsein von Kampf und Zufriedenheit.

Johannes: Das ist mein größter Traum, und ich denke, das wäre genau mein Ding. Ich hab ja noch Zeit.

Denke daran, wir sind Grenzgänger. Wenn nicht schon heute, so arbeitest du doch darauf hin. Fühlst du dich damit einverstanden?

Johannes: Sehr. Logisch möchte ich noch mal und noch mal und viele Male auf See kämpfen und staunen und genießen, weil die Erde so viele Möglichkeiten bietet.

Auch für Jugendliche? Sag, was können wir dem jungen Leser mitgeben?

Johannes: Mut machen, mehr wohl nicht. Für einen besonderen Aufbruch – mit einem Segelboot. Auf Langfahrt, aber auch vor unseren Küsten kann man viel lernen und erleben. Dies gilt vor allem für Jugendliche, die noch nicht recht wissen, was sie im Leben machen wollen. Da kann Tourensegeln richtungsweisend sein.

***

In der Tat. Nur die noch vorhandenen Möglichkeiten auszubaldowern, ist anstrengend, zeitraubend, und es gehört viel Optimismus dazu. Damals, als ich vor gut 40 Jahren unterwegs war, am Ende der »guten alten Zeit«, war eine Weltumseglung noch ein Abenteuer. Die Karibik wirklich die Fremde, die Südsee gierte nach Yachties. Ich meine trotzdem: Ja, ja, ja mit ein bisschen Glück und Mühe – und Geduld – kann eine Weltumseglung auch heute noch ein außergewöhnliches Segelerlebnis sein. Die Routen sind inzwischen zwar ausgetreten, alles ist in Büchern und Bildern und Zeitschriften ausführlich publiziert, die Inseln mit Besuchern überfüllt und überfordert. Jährlich steigt die Zahl der Yachten, selbst die entlegensten Inseln bleiben nicht verschont. Aber der neue, der junge Segler, kennt es nicht anders. Und er hat Recht, wenn er sagt: »In 20 Jahren wird das Heute die gute alte Zeit sein.«

Über den Autor

Wilfried Erdmann wurde 1940 in Pommern geboren, wuchs in Mecklenburg auf und lebt seit seinem 17. Lebensjahr in Schleswig-Holstein. Nach einer Seemannsausbildung kaufte er sich 1965 sein erstes Segelboot – die KATHENA. Das war der Anfang seines Bootslebens. Mit der nur sieben Meter langen KATHENA segelte er gleich um die Erde und sorgte damit 1968 für eine Sensation: Erdmann war der erste Deutsche, dem dies allein gelungen war. Es folgten Weltumseglungen mit Frau Astrid, mit Frau und Sohn sowie beispielhafte Törns in Nord- und Ostsee und über den Nordatlantik.

Einem breiten Publikum wurde Wilfried Erdmann durch seine Extremfahrten mit KATHENA NUI bekannt: 1984/85 nonstop und allein in 271 Tagen auf der klassischen Route durch die Südpolarmeere, um das Kap der Guten Hoffnung und Kap Hoorn; 2000/2001 das Gegenstück in 343 Tagen gegen die vorherrschenden Winde um die Welt. Während dieses Törns entstand die Idee, mit einer Hansa-Jolle über die Ostsee nach Rügen und Oderhaff zu segeln, dann über mecklenburgische Seen, Elbe und Lübeck zurück auf die heimische Schlei.

Über seine abenteuerlichen Reisen hat der Weltumsegler zahlreiche Bücher verfasst. Mit „Allein gegen den Wind" und „Ein deutscher Segelsommer" stand er monatelang in den Bestsellerlisten.

Außerdem sind folgende Bücher von Wilfried Erdmann lieferbar:
Allein gegen den Wind
Das Logbuch (Hrsg.)
Die magische Route
Ein deutscher Segelsommer
Ein unmöglicher Törn
Mein grenzenloses Seestück
Nordsee-Blicke
Ostsee-Blicke
Segeln mit Wilfried Erdmann
Segelzeit
Tausend Tage Robinson
Mehr über ihn auf seiner Internetseite – www.wilfried-erdmann.de

Weitere Bücher von Wilfried Erdmann

Ein unmöglicher Törn
ISBN 978-3-7688-0924-5

Nordsee-Blicke
ISBN 978-3-7688-1780-6

Die magische Route
ISBN 978-3-7688-0787-6

Ostsee-Blicke
ISBN 978-3-7688-2460-6

Segelzeit
ISBN 978-3-7688-1852-0

Ein deutscher Segelsommer
ISBN 978-3-7688-1972-5

Erhältlich im Buch- und Fachhandel oder unter www.delius-klasing.de

DELIUS KLASING